文化中国书系
中国社会科学院中国文化研究中心

总主编◎王立胜　李河

人文学和经济学双重视野的文化研究

章建刚◎著

中国书籍出版社
China Book Press

图书在版编目（CIP）数据

人文学和经济学双重视野的文化研究 / 章建刚著.
-- 北京：中国书籍出版社，2020.11
（中国社会科学院中国文化研究中心·文化中国书系/王立胜，李河总主编）
ISBN 978-7-5068-8098-5

Ⅰ.①人… Ⅱ.①章… Ⅲ.①文化经济学—文集 Ⅳ.①G05-53

中国版本图书馆CIP数据核字（2020）第219921号

人文学和经济学双重视野的文化研究

章建刚　著

责任编辑	杨铠瑞
项目统筹	惠　鸣　孙茹茹
责任印制	孙马飞　马　芝
封面设计	程　跃
出版发行	中国书籍出版社
地　　址	北京市丰台区三路居路97号（邮编：100073）
电　　话	（010）52257143（总编室）　（010）52257140（发行部）
电子邮箱	eo@chinabp.com.cn
经　　销	全国新华书店
印　　刷	三河市顺兴印务有限公司
开　　本	787毫米×1092毫米　1/16
字　　数	310千字
印　　张	19.75
版　　次	2020年11月第1版　2020年11月第1次印刷
书　　号	ISBN 978-7-5068-8098-5
定　　价	75.00元

版权所有　翻印必究

文化中国书系编委会

（以姓氏笔画为序）

王　平　王立胜　牛　超　刘向鸿　刘建华
李　河　吴尚民　张晓明　章建刚　惠　鸣

序言：何以谓之"双重视野"？

2020，真是个回顾过去憧憬未来的好年景！

光阴荏苒，白驹过隙。2000年成立的半实体"文化研究中心"倏忽间就掠过一个世代的光阴，我个人已列入"发挥余热"的队伍，但作为国家级文化类智库，"中国文化发展中心"发展前景可期。为了向中心20周年致贺，展示其探索轨迹；也为了在不断变化发展的形势下，反省个人思考的得失，校正继续前行的方向，特选编这本文集。希望听到同行和读者朋友们的批评！

这20年对于中国文化发展的确是个重要的时期，国家意识到文化发展的重要性和复杂性，进行过不少颇有影响的探索和实验。恰好是在这样的历史时期，"中心"诞生了，并且紧贴文化体制改革实践，开展了不少相当鲜活的调研，为有关领导部门提供过不少及时和深入的政策咨询，也带出了大批具有开创性的科研成果。回想起来，这个阶段我个人学术研究比起此前20年也有了明显差异。本文集所选篇目以反映个人学术取向这一嬗变、总结经验为目的，并祈望助推"中心"更上层楼。

这里所有的研究笼统地说都可以算作文化研究，但这与上世纪80年代国内的文化研究很不同。除了哲学上的文化言说，当时的文化研究很注重心理学和人类学，谈论文化落实不到其发生的体制机制上去。而21世纪我的这些文化研究往往有两个焦点，即人文学和经济学。人文学掌握方向；经济学讨论制度。学着用简单的数学语言说："一条连接且长于两焦点间距的线段，拉紧折成一动点P，令其围绕两焦点F1和F2旋转所形成的封闭平面就是椭圆。"方程式写作 $x^2/a^2+y^2/b^2=1$。那么我这种总以人文和经济两个学科为规范所进行的研究就与其相似。尽管各篇对两个学科的倚重程度不同，其成果大约也总会分布在这样一片椭圆形的范畴之内。这是双重视野的一种比喻。前几年，我把这一特点概括为"让美学'埋头'进入发展经济学；又让经济学不断'重返'它在伦理学中的源头"①。现在用含义稍广的"人文学"替代"美学"，命题仍然成立。

让我以例举的修辞格说明这种经验：

我偶然接触到一项农业景观课题成果。当有关方面告诉我这是一个"农业美学"课题时，我并未在意。但当翻开文稿，看到"农业景观"概念时，我马上意识到这是一项很有意义的研究成果。该课题从农业景观审美与艺术审美的区别讲起，不是将农业景观当作低于艺术景观的通俗或"泛文化"审美对象，而是将农村和农村的景色当作一个园林景观，与一般视觉艺术、听觉艺术作品的审美进行对比，强调人就生活在自己的环境中，他要不断地改造自己的景观，并获得全身心的审美感受。这里还有对人际关系、民俗节庆礼仪的遵循、参与和协调，等等。这显然是农业景观体验与视听艺术作品审美相比时的优越性所在。课题还通过浙江温州楠溪江田园聚落、云南元阳哈尼梯田景观等案例具体展现了这一人文理想。这时审美就是生活，就是有文化创造的生活。从理论上说，这实际上仍是将现代社会人类短暂的审美活动向其在理想状态中的普遍模式进行的一次推演；景观成了人的本质力量对象化的结果，审美活动成了人面对特定符号物（如包括了农民、农村的历史在内的整体和理想的农业环境）、对生活的正价值予以认定和反复回味的过程，是对幸福的见证。美学在这里再一次开显出人类学（人本主义）内涵，要求偶然和短暂的艺术鉴赏实现为永恒的现实存在。这在逻辑上是

---

① 章建刚：《制度创新 推动文化发展繁荣》，云南大学出版社，2013，第2页。

完全可以成立的。

但是从课题中也看到中国农村及农业景观极为不如人意甚至已经变得丑陋的现实，就此呼吁城市和工业不要进一步去"损害"农业文明，甚至呼吁工业社会及城市"回归"农业文明。这就显露出中国当代美学研究普遍患有的"乌托邦症候"。

"乌托邦"本不是贬义词，而是历史上一些空想社会主义者进行过的理论憧憬和现实的悲壮尝试。但乌托邦的缺陷是"空想"：不是理想本身错误，而是历史条件缺失。中国当前的"三农问题"即使是在所有既定政策落实的条件下也面临不小的挑战。现代化、工业化、城市化都是不可逆的。甚至城市景观尚且袒露着追赶者的不从容（劣质、丑陋的大面积住宅小区和一批"豆腐渣工程"），更遑论"反哺"正被剥夺、被损害着的农业及农村景观。

那么，中国的农村应该向什么方向发展呢？我认为，农村景观或景观农村的构建只能寄希望于国家发展方式的转变，寄希望于科学发展观的真正贯彻。更具体地说，只能是从经济学上为农业文明指出一条大幅降低生产成本而极大提高其产品收益水平的可行路径；让一些有条件的农村地方走跨越式发展的道路，从"前现代状况"跨过现代化阶段，直接进入"后现代"。而抓住旅游时尚兴起的机遇，转型发展"景观农业"就是一种值得尝试的选择。景观农业是旅游产业的组成部分，旅游产业也是文化产业，而文化产业正是使难以为继的现代制造业实现转型升级进入"后工业社会"的现实策略。这样我们就可以看清，为什么美学应该"埋头"，不再仅仅瞭望虚无缥缈的未来，而是埋头脚下，回到现实，用经济学及其他社会科学的手段来改造社会，在推动特定共同体可持续发展的过程中部分地实现审美理想。①

我把这本文集命名为《人文学和经济学双重视野的文化研究》，是想强调上述"双重视野"的特征。但"双重视野"的含义又不止于以上所云。它既是我个人某种略带无奈的学术命运，也照顾到学术研究本身某种特殊的优越性。

有符号学家强调过作品形象的修辞"重影"（托多罗夫）和文本中的多元逻辑（克里斯蒂娃）。对此我有某种程度的认同，而且我相信这里的文章的确都会有一定的"重影"。因此本书所说的"双重视野"有多种含义。

首先，文化中心的文化研究有更强的现实取向，甚至在很大程度上是回应公共部门的委托。这里既有个人学术动机，也有国家改革、治理的现实动机。所谓理论联系实际说的就是学者个人与社会部门双重目标的融合。而事实上这两个目标往往并不完全重合，重合了就是一个正圆而非椭圆。作为学者我们提供的意见需要建立在人文学或经济学的原则之上，提供的建议也只是某种决策参考，而不是一味对权力的迎合。因此有关部门在不同时期选择不同的专家，这完全可以理解。在这个意义上的确可以说"生命之树常绿，理论总是灰色的"。其实现实何尝不是多重视野。我们讲马克思主义中国化，讲中国化的社会主义道路，这里的"化"就是与目标确定不同但同等重要甚至更为重要的实践问题；"化"的过程就是探索，有时也会有发生偏离。

其次，才是我们上面说到的理论内部两种学科视野的融合，但融合不是重合。一般说，人文学的视野较为宏观和前瞻；经济学或社会科学的视野要具体一些，强调可操作性。这是人们运用理性解决现实问题的

---

① 章建刚：《制度创新 推动文化发展繁荣》，云南大学出版社，2013，第2—4页。"埋头"在原文中是"掉头"，现予调整。

过程中的两个阶段。二者间具有一种连续性。例如我们看到的，人的理想和发展目标是由文化哲学发现的，继而要让它们在（文化）社会学那里表现为个人间平等的（文化参与）权利；进而要使其在生产和分配的市场环境下得到落实。这前后相继的几个学科又有着各自的学术目标、方法与规范。现在的问题是，以前的经济学不研究文化，一旦处理文化问题难免捉襟见肘，因此文章中会有"重影"而不重合。我们可以看看澳大利亚经济学家思罗斯比的《经济学与文化》及其"文化品"定义。他就是双重视野，他也想把人文学和经济学结合起来，但他承认自己还无法让两种视野完全重合。

进而所谓双重视野不仅是说要从人文学直接下行与经济学接轨，而且是说要警惕这两个学科的相互抵牾或相互遗忘。两者间不仅有顺接的地方，还往往有逆接的地方。人文学志存高远，对现实保持批判的态度；经济学强调合理性，愿意接受商谈，因此两种学术研究有时不容易形成共识和理论上的"视野融合"。在对实际问题的分析上也会有所侧重。有时就要暂时采取一种"两间"的立场。这种"实用主义"态度也许在我关于文化多样性保护的政策研究中是较为明显的。我在探索过程中会有意识地让两者间保持一定的张力，要在视野中保留一定程度的"重影"。这才给进一步的深入研究预留所需"规划空间"。这对我们边学边干中的文化研究尤其如此。

20世纪以来学科分化愈演愈烈，每个学科中的理论也有各自的前提与理论假设。不同的研究可能借鉴不同的理论，因此不同的研究成果放在一起就会有一定的逻辑重影。例如我们强调文化发展依赖于改革与制度创新，与文化发展相关的制度是两个：文化市场与公共文化服务。我们希望这两种制度能有相互补充、互动而高效。但事实上，这两种制度的经济学理论并不出于同一个逻辑和系统。这种理论上的暂时不协调对于现实来说也许意味着交替推进的空间和机遇。

如果从心理学上探讨"双重视野"，问题会变得更复杂。人们都会有观赏立体电影或立体画片的经验,今天更多的人有在数字技术造就的虚拟世界中漫游的体验。这时的"观看"都要借助一副特殊的眼镜:戴上眼镜,眼前的一切都成了三维的,人们很想伸出手脚一探虚实;一旦摘去眼镜,眼前就是一片昏花、一片重影。那么,和在现实中使用肉眼的观察相比,到底哪一种视野才更真实呢?!

　　人在现实中行走奔跑,离不开视觉的辅助。我们的视野从来就是双眼两个视觉图像的合成。双眼观察必然有两个焦点和两个视野,我们的大脑靠对其间误差的分析、综合,形成对距离的正确判断。单眼观察则更容易出现误差。这就是说,我们本来就是生活在重影之中的,有重影的世界更生动,只不过我们没意识到。立体效果的"虚拟世界"只是画面更神奇,立体效果与真实仍有差距。我们看到今天高科技的手机照相功能,已经尝试配置两个甚至两个以上的镜头。这样获得的二维图像更"逼真"。让我们好好想想"逼真"这个词的含义吧!

　　现在我们是把"双重视野"用于描述写作和文本阅读。这是一本论文集,不是将单一逻辑贯彻到底的学术专著,而是调用了不同理论尺度对现实进行丈量所得到的结果。文集中的每篇文章,我都希望倚靠逻辑抵达问题的深处,但我坦承,这里的逻辑并不单一,这些不同的尺度或许还不能很方便的换算;这里的路径较为复杂。我坦承这些研究中存在多种"双重视野"观察造成的某些不和谐、不全面或者叫"破绽"。从内容上说,我们关注文化体制改革,进行制度创新设计。这一工作的目标来自人文学(包括马克思主义);而体制改革的具体方案要靠经济学辅助设计(包括总结吸取早期社会主义实践的教训)。遗憾在于这后一个方面即经济学的方面还是瓶颈或短板。特别是文化经济学在全球都是晚辈,在国内还只是最初的探索,还难以为文化体制改革提供及时和更"解渴"的政策预案。我寄希望于文化研究中心的年轻人;寄希望于中心继续破浪前行,希望他们能为这些理论图景的清晰化作出成就。好在符号和文本都是文化交往的平台,写作即对话。"双重视野"也是所有文化符号或文本的存在方式。我欢迎来自各种观察、评价视角的批评，说到底，真正有分量的批评都是建立在精读，即对多重视野多重逻辑的仔细辨认基础之上的。

在书桌前编辑这个集子的时候，我也不时侧视窗外，期盼这个不期而至的疫情能尽快过去，但很可能我们最终是以时间和一种新的文明而不仅是医药战胜它。那时的生活会有更多的仪式感，成本更高，幸福感也更高吧……

2020 年 7 月 8 日记

目录

序言：何以谓之"双重视野"？ / 1

科学发展的文化向度和文化研究的新路径 / 1
国际文化产业发展的趋势与政策环境 / 12
对国家文化发展战略的思考 / 35
作为一门社会科学学科的文化学：学科史建构述略 / 55
切入经济学的文化研究——一次学科史路径梳理的尝试 / 68
思罗斯比如何讨论文化产品的特殊性 / 80
扩大市场准入，学会依法监管，稳步有序开放
　——文化大发展大繁荣所需要的政策、机制与工作措施 / 93
划分文化企事业单位的标准及其意义 / 104
文化产业发展的几个基本逻辑 / 115
中国文化产业发展状况：数字与其结构性缺陷 / 135
打造高质高效的国家公共文化服务体系 / 148
公共（文化）需求的概念、认知及满意度评估 / 166
《保护和促进文化表现形式多样性公约》可能保护什么？ / 183
教科文组织的文化多样性立场 / 194
让资源成为产品：传统文化与现代化良性互动方式的探讨
　——关注《保护文化多样性国际公约》制定的问题 / 206
文化遗产的真确性价值与遗产产业可持续发展的三重目标 / 218

民族手工艺产业发展传承需要市场政策扶持 / 248

以新的政策促进传统手工艺的传承——第三类非遗保护政策刍议 / 259

打造本地艺术市场，营造创意通州，推进国际新城建设 / 272

西湖：一个城市公共文化设施的管理创新 / 282

文化引领农村发展——大村经验的文化经济学分析 / 293

科学发展的文化向度和文化研究的新路径[①]

文化是人及其社会发展程度的标志，也常常成为哲学反思和理论研究的对象。"发展"是一个从属于现代化的重要课题，其含义复杂而微妙。联合国教科文组织的《文化政策促进发展行动计划》（1998年）中说："发展最终以文化概念来定义，文化的繁荣是发展的最高目标。"这是一个长远的目标。当它实现时，文化与发展合二而一。历史也表明，所有民族的现代化进程（即发展）最终都会遭遇独特的文化课题并给出新的解答。中国并不例外。以"五四"新文化运动为标志的中国文化现代化创新迄今已历经近百年的艰辛尝试。在中国现代化的进程中，文化始终是一个强烈的冲动。它是中国现代化重要的内在动机。中国的现代化最终要表现为文化的创造。因此今天我们不讨论抽象的文化，而是希望将文化与发展的主题结合起来，讨论具体的、中国的文化发展问题。这是时代的要求！

一

2003年10月，科学发展观第一次在党的十六届三中全会上提出。2007年10月，党的十七大报告再次对其进行充分论述。它的基本点可以被概括为"发展是第一要务"和"以人为本，全面、协调、可持续"。当前全党全国正在热烈开展学习实践科学发展观的种种活动。这里我们

[①] 本文最初是在首届中国博士后文化发展论坛(2008,北京通州运河人家)上的发言，后以"科学发展的文化向度和文化研究的新路径"为题，发表于《哲学动态》2009年第5期，并为《中国社会科学文摘》2009年第10期摘登。

注意到，在科学发展观被酝酿、提出并不断完善的过程中，文化的主题越来越突出，越来越响亮。

2000年，党的十五届五中全会通过的《中共中央关于制定国民经济和社会发展第十个五年计划的建议》中，明确表述了"文化体制改革"和发展"文化产业"的内容。这是30年改革开放进程中的一块重要里程碑。2003年，历时三年的文化体制改革试点工作在有关省市、部门全面铺开；2005—2007年，构建逐渐覆盖全社会的公共文化服务体系的思想在党中央各项重要文献中清晰起来。十七大报告中，胡锦涛总书记提出了要让文化实现大发展大繁荣的要求。文化发展在科学发展观中的地位、作用被空前地标示出来。

二

科学发展观让中国的发展有了一个新的视野，也必将让它的发展进入一个新的阶段。中国的发展要实现现代化的目标，而全球化的现实又要求中国的现代化同时具有后现代或者叫第二次现代化的性质，必须具有跨越式发展的特征。

所谓后现代、第二次现代化或者新一轮现代化，都是指发达国家在20世纪六七十年代后逐渐出现的"知识经济"和"丰裕社会"的趋向，指现代化过程进入全球化新阶段和更快增长期。这时不仅经济过程中调用的知识流日益丰沛，社会产品不断下游化，终端消费品不断增加设计和审美的要素，而且人们对各式各样的文化产品、精神性服务有极其巨大的需求增长，用鲍德里亚的话说，生产的逻辑被消费（或者浪费甚至破坏）的逻辑取代了[①]。知识经济是高科技和高文化的联姻（high tech, high touch）；媒体的迅速过剩突显内容的稀缺，尤其是具有高质量唯

---

① 让·波德里亚：《消费社会》，刘成富、全志钢译，南京大学出版社，2006。

一性的文化内容的稀缺。文化市场几乎成了一只贪婪的饕餮：消费者几乎无选择地吞食各类文化产品，而文化企业则几近疯狂地吞食各类文化资源。于是不仅是西方各国文化产业有了长足的发展，而且西方国家的政府也纷纷制定文化发展政策，以求得在激烈市场竞争中的持续发展。于是，市场的竞争同时就是文化的竞争！可以说，瞄准了富裕、民主、和谐、文明的发展就内在地包含了文化发展的要求。正是在这个时期，联合国教科文组织推动了对"新发展观"的探索。

所谓后现代，既是现代化动机的正向延伸，又是对现代化动机的反省和矫正。它要纠正现代性的单向度和偏执，要克服商业文明的过度投机。因而后现代主张与前现代进行对话（而不是简单的决裂）。后现代不是对前现代的重新认同，而是要在现代与前现代的裂隙间释放更多的差异，强调更多的中间状态与互动（inter-; in between）。这就是文化多样性的主张。

后现代发展展示出经济全球化具有超越种种具体的传统文化、主张积极寻找普遍交往中势必通行的普遍伦理（universal ethics）的一面；同时又让现代与前现代的对话更多在文明间展开。这样的局势一面将更多"边缘国家"（沃勒斯坦语）拉入全球化；另一面由于文化多样性主张更多肯定了各种文化的自决发展权利，因此也为这些"后发国家"的全球化过程提供了某种相对有利的发展机遇。"后发国家"多一分从容便可以在内部发展动机的趋势下，将更多传统价值经过创新带入具有后现代因素的现代化进程。这时，与发达国家进行有效文明对话成了发展中国家积极卷入全球化的中间环节和有益前提。现在"普遍伦理"不是个既成的尺度，而是个形成中的构造（interculturality）。

30年的改革开放也让中国的经济有了长足的增长。目前中国已成为世界第四大经济体。但是中国的发展并不平衡，发展过程中分配的差别越来越大，环境压力越来越大，社会冲突在增加；收入增加的同时人们的精神变得贫瘠。因此像20世纪80年代，国际上发展观取代了增长观，现在我们以科学发展观取代粗放的发展观、唯GDP增长的发展观。我们需要更全面、协调、可持续的发展，需要有文化的创造对经济增长加以滋补。所以可以说，改革开放的中国还从没有像今天这样渴望文化的创造！科学发展观注定同时是文化发展观、以文化发展为标志的发展观。

全球化的市场竞争要求各国政府的出场，而政府的出场要有道义的形象。2008年中国成功举办了国际奥林匹克运动会，中国弘扬奥林匹克精神的举动受到了世界的赞扬！但这显然还不够，我们还急迫地需要有色彩更鲜明的道义旗帜！

在这样的形势下，我们有必要回顾改革开放30年来文化研究的历程。

三

粗略地说，国内30年的文化研究有这样几个阶段：20世纪的80年代学术界有"文化热"；90年代有"国学复兴"；而进入新世纪，文化发展的研究成为一个影响日渐巨大的研究潮流[①]。

这些文化研究的社会影响是值得反思的。80年代的"文化热"发生在"文革"和闭关自守时期之后，具有巨大的启蒙作用，"（中国）人"觉醒了。中国和世界迅速接近，中国人的改革发展积极性与首创精神都被充分调动起来。但这些研究具有抽象和理想主义的特征，而且和社会改革的进程相对脱节，最终为社会动荡所终结。90年代的文化政策对内是"不争论"，对外是"韬光养晦"，在一个相对沉寂的时期，

---

① 在首届中国博士后文化发展论坛（2008）上，贾旭东的论文提供了一组统计数字："在中国知网《中国期刊全文数据库》收录的8200多种重要期刊上，文献标题中含有'文化发展'的文献，1995年至1999年各年度的数量分别为87、85、65、87、109篇，而2000年至2007年各年度的数量分别为130、143、197、226、189、224、285、316篇。2001年至2007年7月间的文献数量为1580篇，比1991年至2000年10年文献综述732篇翻了一番还多。"（《首届中国博士后文化发展论坛（2008）论文集》，中国社会科学院文化研究中心编，未刊稿，第16—17页）。这从一个侧面反映了文化发展研究的兴起。

"国学"成了一种"显学"。然而这种没有竞争的学术研究虽然能起到一些普及传统文化的作用，却没有形成更大的社会影响。传统文化的脱胎换骨不是在封闭的条件下可以实现的。最近8—10年的文化发展研究还相对稚幼，尚未产生太成熟的学术专著，但它却紧紧地踩在文化发展和文化体制改革的鼓点上，为国家及地方的文化发展、文化体制改革、文化政策的制定、文化产业的发展、文化遗产及文化多样性的保护、国际文化政策合作提供了及时和有效的咨询服务。反之各种社会需求（政府的、企业的）正催促着文化发展研究深化自己的理论。

四

文化发展研究与文化哲学、经济学、政治学等相比的幼稚特征和它在我国发展中受到欢迎的程度似乎并不匹配，但并非不可理解。反之，国内的文化发展研究与国际上文化研究潮流高度吻合。

19世纪以来的西方学术传统中，文化研究有两个源头：文化人类学（或民族学）和"精神科学"（人文哲学）。前者在美国就成了社会学；后者在德国是当代的存在主义、解释学和法兰克福学派（包括伊格尔顿这样的英国学者）。但两者的方向有些悖逆。虽然二者都关心并直接切入文化的内容（宗教、价值、伦理、终极关怀等），但文化人类学关注的是不同文化（cultures）间的差异、是复数形式的文化，而且力图将其固定下来以便识别；而人文哲学探讨的是生活或存在的意义、人的本质或本真的存在，是带定冠词并大写的文化。后者尤其注意到文化是不断变动、成长、超越的，因此是很难被固定在某一特定历史时刻的。当时这两个学科似乎是分别发展的：一个是思辨哲学；另一个是经验科学。一个是规范性的；一个是描述性的。直到20世纪70年代前后（如法兰克福学派），文化研究的两条轨迹各自独立延伸。

但在20世纪70年代以后，情况似乎出现了变化。被无穷向后追溯的"落后文化"和永远射向未来的"文化本质"被两极拉开,张力突显。后来的工作一定要消弭这个差距。果然,德国思辨哲学的风头被同样高度思辨的法国后现代主义思潮取代了;而知识经济或后工业社会的来临也给美国的文化社会学带来了研究形态上的变化。这背后似乎同样是(胡塞尔)现象学传统的影响。

文化在人的研究中被突显出来。人抽象的本质是一种被意识到的理想,在现实中人必须通过实际行动(实践)去争取"承认"。这时,可以将每个个人与共同体区隔开来或联系起来的中介物就是文化,人们相互争取承认的权力(武器或工具)也是文化,而将人的所有实践呈现和记录下来的就是文化符号。这时文化既是制度、权利,也是传统与变革。这样主体才能从大写的人落实成为小写的人,或不同规模的复数的人。

以这样的认识研究文化,文本、符号、书写或者作品的功能与构造被从新的角度予以揭示。"解构"仍是一种理解与揭示,是对"发展中""目的实现中"的动态描述。反之,复数文化的研究也放弃了对"原汁原味"的心理投射倾向。事实上没有什么"原始文化",有的只是前现代文明的现代化转型与不尽相同的现代化途径。

于是,我们看到大陆哲学关注对历史的解读(福柯)及解读方法问题(德里达),力图说明文化在实际交往过程中不断被拆解和建构的过程(伽达默尔和哈贝马斯);美国的文化社会学则关注到"记录文化"(recorded culture,戴安娜·克兰),关心通过记录文化所实现的文化变迁。后者那里,终极的东西、高远的理想、事物的本质被搁置了,更为复杂的动态文化互动模式被认真地揭示出来。这些研究揭示的只是美国社会现代化、发展与文化成长的特殊道路。

70年代后的美国(北美)文化社会学不断扩张,或者换一种说法,也在分崩离析,视野变得宽广而散漫,用克兰的话说就是形成了一个正在"浮现中的理论视野"。这是所谓的社会学与多种学科相融合,形成新的景观。文化研究与经济学、政治学、社会学高度融合,形成了诸如艺术经济学、艺术管理学、文化政策学、文化政治学或媒体政治经济学等新的学科。这些学科把文化发展的制度问题凸显出来。

这些学科的重要经典、开山之作往往都还是些论文集，它们的序言中往往写着"二三十年前这样一个学科还无法想象它的存在"等等。传统的经济学家尤其是微观经济学家很少关心文化艺术问题[①]。但近些年来一些像模像样的文化艺术经济学著作（甚至中译本）已经问世。它们从知识经济背景下，信息技术日新月异、文化产业迅猛发展的现实中看到了真正的理论问题，例如文化及文化多样性与市场的关系问题（考恩：《商业文化礼赞》《创造性破坏》）、文化消费的商业交易方式问题（J. 里夫金：《付费体验的时代》）、文化产业组织中的合同问题（凯夫斯：《创意产业经济学》）、大众生产时代的社会分层与文化权利问题（霍尔和尼兹：《文化：社会学的视野》）、传媒的政治经济属性（莫斯可：《传播：在政治和经济的张力下》）等。这里要探讨的都是文化作品作为商品存在时其经济属性如何、其经济属性是否会干扰或助长其文化属性的发挥的问题，以及在一种商业社会制度条件下文化本身如何发展、成长的问题，政府是否应以公共财政资助精致艺术的问题等。这都是些实实在在的文化发展问题。在这样的潮流中我们看到，由于对现实问题的高度关注，以及对纯粹思辨的警惕与克制，19世纪两种文化理论的

---

① A. 皮科克（A. Peacock）和 I. 里佐（I. Rizzo）主编的《文化经济学与文化政策》一书（Kluwer Academic Publisher, 1994）的"编者前言"中说："'文化经济学'是时代的产儿。一本专门的刊物已经出版了一段时间，而一个专门的'文化经济学'子目录最近也被添加进美国经济学会主办的、著名的《经济学文献杂志》的经济学文献分类表。这与30年前的情况有天壤之别。" W. E. 庞莫莱纳在《文化经济学》（R. 陶斯和 A. 卡基主编，Springer-Verlag, 1992）的"前言"中说："10年前，几乎所有的经济学家听到一个叫作'艺术与文化经济学'的题目都会很诧异。那时很少有经济学家会就此写什么文章，除非他们对艺术有个人兴趣。而其中之一正是 A. 皮科克。他在1969年撰文分析对文化艺术的公共促进问题。"汉斯·桑德为本书做的另一篇"前言"也开口就说："文化经济学，如同其名称所意指的，是两个研究领域：文化与经济。这两个领域传统上被认为是冤家对头。"

背离现在消失了,两个传统在方向上统一了,尽管方向本身变得较为含混了。这就是所谓后现代的迷惘(丹尼尔·贝尔语)。

这也就是说,国际上的文化发展研究兴起时间也不长,是从20世纪70年代前后开始的。但他们的一般学术发展比我们好,因而理论成果更成熟一些,值得我们借鉴。

五

文化发展研究与一般的文化研究不同。它要解决文化发展的宏观环境与条件问题,而既不是文化的本质和定义问题,也不是研究文化生产的所谓"内部规律"问题,如作家的创作心理学问题、艺术形象的塑造问题或艺术表现手法问题。反思近年来我们自己的一些研究也逐渐认识到,所谓文化发展研究实际上也是一个跨学科的学科群,通常需要让传统的人文研究和所谓社会科学的学科如经济学、社会学、政治学等结合起来,更细的研究还涉及财政学、行政学、管理学、政策学等等。因此我们也需要重新学习新的知识,扩充我们的理论框架,并且让这些来自不同学科的理论合乎逻辑地放在每一项研究当中。目前国外能做到对文化产业或艺术经济进行多学科综合研究的著作还主要是一些大学教材[①]。

改革开放当中相对滞后的中国文化体制改革在21世纪开始提速,也将文化发展的课题提了出来。对于这些研究我倾向于将其称为发展文化学或文化发展理论。概括起来说,我们近年来所做过的研究有文化体制改革研究、文化产业研究和公共文化服务研究三个方向。文化发展研究的学科范围也大致都涉及了。

[①] 詹姆斯·海尔布伦、查尔斯·M.格雷:《艺术文化经济学》,詹正茂等译,中国人民大学出版社,2007;大卫·赫斯蒙德夫:《文化产业》,张菲娜译,中国人民大学出版社,2007。

研究中我对这样一个学科有三点认识。第一，"发展"是一个具有浓重经济学含义的概念。"发展"在一定意义上与现代化，尤其后发国家的现代化同义。而由于现代化同时也是一个全球化的过程，因此它无法回避国际贸易、国际经济秩序的问题。但经过20世纪80年代国际上的讨论（如佩鲁的《新发展观》），"发展"具有了更多政治学、国际关系、社会学、人类学、宗教学的含义。人类的发展尤其是发展中国家今后的现代化发展应该具有更丰满、更多人道主义和更多尊严的内容。"以人为本"和"国际化"会是这种较多经济学因素的研究的两个特征。

第二，我们要处理的主要是文化发展的制度环境问题，即要说明在什么社会氛围、规范和监管之下，文化较容易得到发展。文化发展研究就是（经济和国家管理）制度研究，而这时我们的制度处于不断创新的过程中，表现为各种政策的出台和调整，因此中国文化发展研究也是文化政策研究；这些政策调整（包括政府服务职能转变）过程就是转型，同时也是改革，因此文化发展研究就是文化体制改革研究、文化现代化研究。

我们的改革应该合理、有序、逐步推进。而要做到这一点，就要有体制和政策的调整、创新、设计。这就是我们要进行制度研究的目的和意义。我曾认为，文化在本质上是创造，是新事物，因而对现实多少具有一些"颠覆性"。但我也认识到，任何一个社会的发展都不希望有剧烈的震荡，震荡对许多个人来说都是难以承受的。因此这里有一个分寸问题。文化发展研究就是要对这种分寸的把握作出前瞻性研究和总结性说明。党的十七大报告中提到"要健全民主制度，……保障人民的知情权、参与权、表达权、监督权"，这里（文化）表达权的落实是与制度建设联系在一起的。

今天无论是在世界上还是在中国，文化传播在很大程度上是通过市场实现的。一个国家的"文化软实力"（约瑟夫·奈语）在很大程度上首先也表现为发达文化产业体现出来的经济硬实力。但是，市场的发展也会有自身的问题。一方面我们承认市场具有比较制度优势，另一方面我们又要看到市场还处在不断的制度发育过程中①。文化产品和服务的市场尤其可能提出许多新的问题，如知识产权的问题（网络或软件的版权、非物质文化遗产或传统知识的产权问题等）。我们并不因为市场出现问题就全盘否定市场经济制度，否定30年的改革开放；反之我们认为市场制度还有许多需要研究、设计、完善的方面。

文化的发展和社会的成熟密切相关。充分的文化表达在某种意义上说与公共领域、公民社会、公共媒体、NGO的发育程度相关。这又是与文化发展相关的制度设计的一个方面。科学发展观强调经济、政治、文化、社会的协调发展。一个人口众多的现代化国家其制度构造也必然是较为复杂的。而实际上现在强调的与经济发展相关的其他三个方面——政治、文化、社会本身就有高度紧密的相关性。这里的研究与设计应格外细致。

第三，在文化发展研究中，必须抓住文化产品研究这个关键环节。制度研究非常重要，否则文化资源无法成为社会普遍的创造力。例如，中国有极为丰富的传统文化资源和少数民族文化资源，但它们极难变成丰富多彩的旅游文化纪念品。同时制度研究也需要一个中介，当抽象的文化哲学变成具体的文化发展理论或发展文化学时，它的对象要从艺术的本质、符号的内容变成文化产品（goods & services）、艺术表现形式（cultural & artistic expressions）。我们必须能揭示出文化产品及其生产、流通、传播、消费的经济属性与特质，以及它们作为人际关系工具（power）的属性与特质。这既要对产品的经济学、社会学属性有了解，也需要对其文化学属性有清晰了解才可能做到。我觉得从这三点认识出发或许会

---

① 2008年源自美国的"金融海啸"可以让人对此有更清醒的认识。过度的投机性和效率几乎是一个问题的不同侧面。问题在于如何可以通过制度或规则制定保留高效率而限制过度投机。这时我们需要向各种竞技游戏的规则制定学习。

构建起一个比较完整的学科理论框架。当然在这个基础上才可以分别讨论文化产业和公共文化服务的问题。

六

文化发展研究不能替代全部的文化研究，更不等于多样化的文化艺术创造。它只是一个中介，在文化原创和遗产整理与社会制度之间进行疏通和协调，帮助文化融入社会，也帮助社会接纳文化原创。因为，文化原创才是人类所有进步的最终源头。有了较为深入的发展文化学研究，文化的发展繁荣与社会稳定才能同时实现。这时我们的目标并不是保证每一个文化产品都会被社会所接纳（因此它主要不是文艺批评），但希望有尽可能多的文化产品在社会中传播。我认为这样一种文化研究是需要加速推进的。

国际文化产业发展的趋势与政策环境[1]

20世纪40年代前后，法兰克福学派思想家本雅明、阿多诺等带着坚定的批判态度，首次使出"文化工业"一词，其实是想昭示艺术所面临的绝境，以及整个国际共产主义运动的窘境。这个匠心独具的怪词的确应该被写作"文化—工业"，以突显这两个对立成分被生硬对接在一起时的不相适应。然而时过境迁，人们现在是从一种更完整的视野、一种对经济增长及社会和谐、可持续发展进行综合思考的角度，重新审视文化产业的问题。这时文化产业，或者时下所说的内容产业甚至成为整个经济结构的辉煌高端。似乎只有经济发展最好的国家或地区，才会有文化产业的最大成功；反之，只有文化产业取得突出成就的地区或国家，整个经济社会发展水平才最高。文化产品与服务比传统制造业的产品更贴近消费、贴近生活、贴近人们的灵性。这时，原来生硬对接的"文化－工业"或"文化—产业"已经水乳交融，成为亲密无间的"文化产业"。

如果仅仅从审美的角度看，真正伟大的艺术并不一定能立即为市场所认可。市场与艺术是一种逻辑上的交叉关系。但人们也可以放宽眼光，从更长时段的历史发展过程中，观察二者的距离是否有一种渐近的趋势。人们尤其应该不仅站在审美的立场上，也站在社会和谐发展的立场上，站在市场和超越市场的立场上，观察一下文化产业发展的大趋势，审视一下它的发展所依赖的政策环境，进而考察一下艺术在其间的地位是否有所提升。如果答案总的说是肯定的，这个结局就是可接受的。这或许才是一种现实主义的态度。

---

[1] 本文发表于彭立勋主编：《文化立市与国际化城市建设：2004年深圳文化发展蓝皮书》中，中国社会科学出版社，2004，第447—470页。（本文与李河合作）

一、国际文化产业发展的若干趋势

（一）今天国际文化产业的发展水平

自20世纪70年代以来，西方所谓后现代、后工业社会中有一个明显的经济趋势显现出来，这就是知识经济的兴起。传统制造业（笼统说的第二产业）在整个经济中的比重日渐下降，而第三产业所占的比重不断加大。第三产业（即服务业）中高科技的信息技术服务（所谓第四产业）所占的比重日益增加，而信息技术服务中内容服务（有人称之为第五产业）的比重又日益增加。这里的第五产业可以粗略地说等于文化产业，尤其是等于文化产业的核心门类：媒体、版权贸易等。这就是法兰克福学派当年所无法预知的社会发展大趋势。人们尤其还应该注意听听这些所谓新经济的领袖人物是怎么谈论这种发展，听听他们给出哪些比较新鲜的数字的。

国际传媒大亨、新闻集团董事长兼首席执行官默多克2003年10月8日在中央党校以"文化产业的价值"为题进行讲演，他说："对于21世纪的任何一个先进国家而言，强劲繁荣的传媒产业不仅仅是有利可图的，而且是必不可少的。这是因为，一个国家的艺术和知识产品的价值，远远超过它们所带来的财政收入：它们是传播的原动力。一个国家的传播能力——分享它的历史遗产，表达它的智慧，以及在国内外交换特殊人才——才能保证这个国家进入连接着世界最强大国家的媒体网络。书籍、报纸、电影、杂志和电视，这些都远不止是休闲的消遣：它们是一个民族参与世界范围伟大思想交流的必经之路。"这里表现出市场和超市场的双重目光。文化、艺术、价值观必须有勇气、有能力穿透市场，这样才能充分发挥它们的效力。这是21世纪对所有希望强大的民族国家提出的要求。

目前，国际文化产业发展到一个什么样的水平，文化产业最发达的国家到了怎样的水平？还是让默多克给我们一些数据。他说："全世界的媒体行业一共创造了一万亿美元的财富，并且仍然以每年7%的速度稳步增长。到2006年，仅全球报纸行业，就将产生1800亿美元的财富。消费者每年将有800亿美元用于电影消费；近900亿美元用于购买杂志；超过1400亿美元付给电视网络；还有超过2000亿美元用于收看电视。"①

默多克说："在美国，现在传媒产业每年创造超过5350亿美元的财富，占国民生产总值的5%以上②。去年，美国的广告商们在全国的媒体平台上总共投入了1490亿美元；今年，他们则准备投入1520亿美元左右。仅仅美国电视产业一项，就已经能够为美国的消费者提供全方位的选择，几百个有线电视和卫星电视频道，能够满足几乎所有专业和各种品味的需求——从历史频道到自然频道，从社会事务节目到气象节目，从时装表演到外科手术展示——每天24小时用多语言不断播出种类繁多的各种电视节目。与此同时，美国媒体也成了劳动者的乐园。美国的传媒行业雇用了将近5百万劳动者，或者说它吸收了接近劳动力总量4%的劳动力——在过去的30年中，这个数字翻了三番。"③ 我们应该意识到的是，这里提到的传媒或者电视都是商业性的，它们不用国家财政拨款，反之它们会提供税收。

从各类媒体上还可以看到美国文化产业其他一些部门的数据，如：

---

① 默多克："文化产业的价值"。这里"一万亿"和"7%"两个数字让人联想。我们目前的GDP大约也就是"一万亿"，但单位是人民币。这就是说，当今世界传媒产业的产值就是我们整个国内生产总值（GDP）的8倍多；反过来说，我们的GDP是它的1/12。而其增长速度也与我国经济增长与其速度相等，都是"7%"，但基数相差8倍意味着它的增长绝对值要大得多。显然，我国传媒业如果仅仅按过去的速度发展是无法在国际传媒市场中分得更大份额的蛋糕的；而如果能顺利推进市场取向的文化体制改革，还是有可能分得更大一块的。

② 注意，这里的数字仅仅涉及传媒业，还不是包括了旅游和教育在内的整个文化产业。而我国文化产业增加值占国内生产总值的比例据权威部门测算仅有0.41%。

③ 默多克："文化产业的价值"。

2001年，各类图书（不包括教材）年生产5万种，销售额253.8亿美元；电影2000年的票房收入为77亿美元；在互联网交易方面，2002年美国占全球3330亿美元网上交易总额的64%；音像制品，美国音乐制品占全球音乐市场份额的1/3强，海外年销售额达到600亿美元；在电子游戏方面，美国2002年的游戏出产量占全球的40%。需要指出的是，这些统计尚不包括作为美国第三大零售业的旅游业，以及教育和会展产业。①

英国比美国小，但其文化产业规模与美国比例相当。"英国的传媒业占其GDP的比例大约5%，雇佣将近100万劳动力，每年创造财富将近330亿美元。其总人口的90%以上收看免费播出的电视节目。……英国总共有16种全国性的日报，15种全国性星期日版的周报和将近1300种区域性和地方性报纸，……80%以上的英国公民至少阅读一份区域性日报。大约60%每周阅读至少一种全国性报纸，星期日这个数字变成70%——在这个6千万人口的国家里，人们的这种阅读习惯带动每天的报纸销量超过1500万份。"②

默多克竟然不是在我们的读物中经常出现的概念化的、只知道赚钱的资本家！他在经济之上看到了社会效益。他说传媒可以增进民族团结。美国有8700万人看超级碗杯赛，占其总人口约三分之一，这些人住在各个不同的州、属于不同的社会阶层与种族，能像这样广泛的一个观众群体发布信息是一个非常重要的机会，所以广告客户们愿意支付每分钟4百万美元的高价发布广告。这听上去很像是赔本赚吆喝。

但他还说："美国电影院的上座率在过去10年增长了将近25%，票房年收入也随之超过了70亿美元。英国在1989年时大约有1400个

---

① 参见端木义万主编：《美国传媒文化》，北京大学出版社，2001，第5、161、230等页。

② 默多克："文化产业的价值"，2003年10月8日在中央党校的讲演。按这个比例，我国每天的报纸销量应该达到3.25亿份以上。

电影放映厅。到2001年，这个数字翻了一番——到电影院看电影的人数也同样翻番。现在，4岁以上的英国人口中，有88%到电影院去看电影。"在这个数字后面他看到的是："这一趋势极大地推动了电影产业的发展，更为重要的是，在一个家庭娱乐和自我满足方式与日俱增的时代，越来越多的人参与集体娱乐活动，这实际上意味着社区共同体本身的兴盛。"① 真应该追问默多克，我国公民为什么没有那么高的愿望去看电影，尤其是国产电影呢？！

我们似乎不需要用更多的数字来说明文化产业是一个蓬勃发展的朝阳产业，也不需要更多关于发达国家文化产业出口贸易的数据来说明它与国家综合实力的关系，这些似乎都已经是不争的事实。然而这个产业的发展并不是线性的，它带有一些很强的超越特征或不断升级换代的特征。这是我们在发展自己的文化产业时需要充分注意的。文化产业一般说是技术、内容和市场的组合，让我们分别看看其中的变化。

（二）传媒发展的技术趋势

从技术上说，人们相信现代传媒业的发展仰仗数字信息技术，问题是这种技术的发展究竟会给传媒的业态带来怎样的变化。21世纪的传媒和传媒公司会是什么样子？

最初人们没有想到现代信息技术竟然是从计算技术的发展中延伸出来的：0与1这两个数字竟然可以对所有类型的信息进行重新编码，使之因而可以被迅速且高保真地传输。人们起初也没有想到它的商业利用前景竟如此巨大。这时人们才理解了到底什么叫复制（copy），而相对于此时的复制人们发现当年本雅明谈的不过是再创作（reproduction）。

人类有过三种基本复制技术：最初是印刷技术，然后有了无线传输技术（广播和电视），最后有了数码网络技术。第一种技术仅仅是对某

---

① 默多克："文化产业的价值"。

些历史事件、现场的信息进行记载和转达，从而完成传播；第二种技术则可以将现场本身无限放大，进行实时、实况传播，但这种现场是单向的，因而是受到"阉割"的；第三种技术虽然被人认为提供的只是虚拟空间，但它真正实现了传播无限的同时性，这里是完全意义上的现场，因为这里有双向的、多向的交流。

更为关注技术的人还发现了数字技术的强大扩张能力。由于运算速度和传输带宽的迅猛提升，多媒体、流媒体[①]传输变得简单易行，于是造就了"三网并一网"的市场前景："传统电视网络是一种建立在电子模拟技术基础上的单向宽带传播的信息网络，传统电信网络是一种建立在电子模拟技术基础上的双向窄带传播的信息网络。以互联网为代表的计算网络则是建立在数字技术基础上的双向传播的信息网络，正在从窄带时代走向宽带时代。……电视产业正向交互数字电视方向发展，电视网络正在被改造成为建立在数字技术基础上的交互传播的信息网络；电信产业正向宽带数字电信方向发展，电信网络正在被改造成为建立在数字技术基础上的宽带传播的信息网络。这样，未来的电视网、电信网与计算机网都将成为建立在数字技术基础上的双向宽带传播的信息网络，从而实现三网归一，成为统一的电子计算网络。所谓三网合一，主要就是指有线电视网络、电信网络和计算机网络三种物理信息网络最终将在

---

① 流媒体（Streaming Media）指在数据网络上按时间先后次序传输和播放的连续音/视频数据流。流媒体技术是在数据网络上以流的方式传输多媒体信息的技术，被认为是未来高速网络的主流应用之一。以前人们在网络上观看电影或收听音乐时，必须先将整个影音文件下载并存储在本地计算机上，然后才可以观看。与传统的播放方式不同，流媒体在播放前并不下载整个文件，只将部分内容缓存，使流媒体数据流边传送边播放，这样就节省了下载等待时间和存储空间。常见的流媒体的应用主要有视频点播（VOD）、视频广播、交互电视、视频监视、视频会议、视频电话、远程教学、交互游戏等多媒体通信形态（参见柳士发："三网融合，走向统一的数据信息网络"，载《2004年：中国文化产业发展报告》，张晓明、胡惠林、章建刚主编，社会科学文献出版社，2004，第54页）。

数字技术的基础上合成统一的数据传播网络的过程。"[1] 如果再加上"有线变无线"的趋势，即无线上网、移动通信和无线电视接收等技术和商业的发展，未来的传媒会是一种什么样子的确是具有非常广阔的想象空间的问题。这里的要害是：数码对模拟，宽带对窄带，双向对单向，前者将无一例外地战胜后者。

我们不无保守地猜想，纸质媒介比如报刊、图书仍然是不可替代，因而难以被绝对取消的，但数字传媒显然已经成为时尚。那么，纸质传媒企业最终被数字传媒企业所商业整合也许就是文化产业发展中的一种可能前景。正所谓"赢者通吃"。据说，"美国互联网专家和传播学者所提出的整合宽带网络的概念，其内涵就是在数字技术处理信息的技术上，把所有媒介（报纸、杂志、电台、电视台、电影院）整合起来，并在此基础上将所有的信息站点与不同媒介的用户互联，保证他们可以从相连的其他站点或用户得到直接或间接的服务。所谓多媒体通信就是指在一次呼叫过程中能同时提供多种媒体信息——声音、图像、图形、数据、文本等的新型通信方式。和电话、电报、传真、计算机通信等传统的单一媒体通信方式比较，利用多媒体通信，相隔万里的用户不仅能声像图文并茂地交流信息，分布在不同地点的多媒体信息，还能步调一致地作为一个完整的信息呈现在用户面前，而且用户对通信全过程具有完备的交互控制能力。"[2] 这是一幅怎样的前景呢：福音还是灾难？

（三）与传媒手段相比，内容更重要

注重内容，也许是文化产业发展中一个更重要的趋势问题。因为技

---

[1] 柳士发："三网融合，走向统一的数据信息网络"，载《2004年：中国文化产业发展报告》，张晓明、胡惠林、章建刚主编，社会科学文献出版社，2004，第51页。

[2] 柳士发："三网融合，走向统一的数据信息网络"，载《2004年：中国文化产业发展报告》，张晓明、胡惠林、章建刚主编，社会科学文献出版社，2004，第54页。

术给人们提供的仅仅是传播渠道，渠道越宽阔、流速越快，所需要的内容势必就越多。就好比说，光修高速公路而不管有没有车在上面跑是不行的。对于一个民族国家而言，修了高速路引进的都是别国的车，这路无疑又是一条现代的"金牛道"①。

信息永远都是有内容的，因而信息产业最终都是文化产业。这一点是国际信息产业巨头们认识得很清楚的。国外有不少人非议默多克，说他"挂羊头卖狗肉"：公司的名字叫新闻集团，而他的收益却有60%来自娱乐业。但这一点并不新鲜，做网络的"美国在线"不是与做电影的"时代华纳"合并了吗？！以做计算机应用软件闻名的微软公司的"老总"比尔·盖茨不仅希望保持其技术上的垄断优势，还斥巨资悄悄地大量收购全球的影像制品使用权。他们都很清楚自己的行为目标。默多克或新闻集团的所作所为无非是说明新闻仅是其核心业务，而新闻还可以极大地带动其他各种内容消费。我们也可以看看国内传统的报纸版面是怎样不断扩张的；各种网络的新闻界面及其链接是怎样不断加长的。这里的道理是一样的。事实上，台湾地区也已经有专门进行东方艺术尤其是中国艺术授权经营的商业机构在大陆开展经营活动了。说到底，正是由于信息技术的发展，传媒手段相对过剩，才迫使传媒企业把眼光盯在了内容之上；才努力将各种介质的内容统统纳入自己的麾下。这才是传媒汇流的要害。

我们早就注意到，尽管文化产业的实质是以复制技术完成商业传播，它是现代社会在传统艺术原创与艺术消费之间插足的"第三者"，但它的出现并不会止于单纯的传播。它势必要向传统艺术原创和艺术消费两端强力渗透。两边都是它们得以扩张所必须仰仗的资源：一方面是将原

---

① 史载战国时秦惠文王打算征伐蜀国，却因山道险阻不能得逞。后来他做了五条石牛，谎称它们会屙金，表示愿送给蜀王。蜀王信以为真，命五丁开道迎接"金牛"，结果栈道修通，秦军也随之而至，蜀灭。"金牛道"的故事由此得名。再看今次伊拉克战争，美英空军也不滥炸公路、桥梁及新闻、通信设施，他们相信这些通道仅会对优势一方有用，而伊拉克军队连破坏它们都来不及。

创变成丰厚的知识产权；另一方面将艺术收藏变成大规模的展示和单元化切分的、多层次文化消费①。而当我们这样看问题时就会发现，早年人们习惯使用的术语"文化工业""信息产业"等正在许多场合被"内容产业""创意工业"所替代；而创意产业的说法，已经强调了文化产业内容中与艺术相近的方面。

  在这样的情境下，美学家也应该就什么是艺术的问题进行反省。当年本雅明对于电影演员十分不屑，认为他们比戏剧演员差劲。现在看来这样的观点显然是不合适的，与戏剧演员一样，电影演员在整个电影创作过程中，仍然有极大的个人创造空间。与此同时，美学家们也应该承认，不同的时代、不同的技术背景下，流行的艺术门类会有所变化。曾几何时，为人所倍加推崇的诗、绘画或古典音乐的主导地位已经在不经意间为电影、建筑甚至工业设计等所取代了。一些思想家以一个多少带贬义的词——"大众文化"来指称这些新的艺术表现形式及文化现象。这样做也许有一定的道理，但是问题还有另外一个积极的方面，即只有通过文化产业的方式，最大多数人的文化权利才最切实地得到了落实；而在文化产业兴起以前，一切只是一句空话。这里我们应该提及伽达默尔20世纪60年代说过的一段话，他说："那些由体验艺术观点来看处于边缘的艺术形式反倒成了中心；这里就是指所有那些其自身固有的内容超出它们本身而指向了某种由它们并为它们所规定的关系整体的艺术形式。这些艺术形式中的最伟大和最出色的就是建筑艺术。"②这话似乎很有远见。这就是说，艺术尤其不应该被当成一成不变的东西，不仅是在整个现代社会里显得反复无常的艺术内容和风格，而且还有各种各样的表现手法、表演方式、技巧和材料，甚至诉诸感官的方式等统统都

---

  ① 章建刚："文化产业发展的几个基本逻辑"，载叶取源等主编：《中国文化产业评论》（第1卷），上海人民出版社，2003年9月版。
  ② 伽达默尔：《真理与方法》，时报文化出版企业有限公司版（台湾），洪汉鼎译，1993，第221页。

在变。艺术就是创造、创新。文化产业的发展推动着艺术的发展，也推动着美学理论的创新。这是后现代社会一个重要的趋势。

（四）商业经营模式的探索

文化产业的发展通常被当作一个经济问题考虑。但是文化进入市场也是需要经过探索的。当信息技术或说数码技术、网络技术刚刚风靡世界的时候，它的商业模式并不清楚。一切似乎都还是实验，一切似乎都是免费的。但是，电子媒体、电子商务的商业模式还是较快形成了。与传统的商业相比，内容提供服务与广告的相关度似乎更高。消费者的眼球，也许还有耳膜似乎更是一种资源，消费更像是一种施舍。因而电子媒体的取费方向往往不在消费者一方，而在广告商一方。对与公共信息服务来说尤其是这样。

与此同时，更加个性化的电子文化内容服务如网络游戏、手机短信、电视节目点播等，其商业模式正在变得成熟。这时我们讨论国际文化产业发展的例子甚至可以来自国内：2001年新浪、搜狐以及网易三大门户网站在纳斯达克的股价都曾徘徊甚至跌至1美元以下，随时面临着被摘牌的危险，……可是，到了2003年，三家公司的股价不断飙升。7月9日，新浪每股报收于28.10美元，搜狐收盘价为40.72美元，网易更是达到了41.72美元，三种股票均创造了历史新高。在2002年第四季度，三大网络股已经全部实现了赢利。2003年第二季度，新浪宣布它的营业收入已经高出去年同期2倍，达到2500万美元左右。搜狐则达到了1930万美元，比去年同期增长216%。网易第一季度的收入较去年同期增长了392.3%，达到了1420万美元。本年度首季网易、搜狐、新浪的净利润分别达到830万美元、460万美元、338万美元。引领三大门户网站走出低谷的秘诀在于它们不再片面依靠网络广告，而是将发展重点集中在通过销售在线内容来获取收入。网易公司4月29日宣布，短信与游戏是网易最主要的收入来源，第一季度该公司获得收入1420

万美元，其中有830万美元来自于短信息服务，与此同时网络游戏已占到网易总收入的25%以上，并且发展势头强劲，网络广告收入所占比重已经下降到10%。搜狐第二季度的业绩主要来自两大部分，其中广告收入有680万美元，比去年同期增长了100%，而增长更大的是非广告收入，有1250万美元，增长达346%。早在2002年5月份，新浪的营收财报就已显示，短信增值业务占到其总收入的30%左右，而TOM的数据显示，其总收入的80%来自于电信增值业务。有了成熟的商业模式，这些新兴的文化产业门类才能步入持续发展的轨道。

这里我们可以看到传媒产业左右逢源的商业机遇：一边是将消费者的眼球作为资源，向广告制作商"邀功请赏"；另一边是将内容原创当作资源，取悦于消费者的钱袋。而在这样做的同时，文化企业还将经营的触角伸向传统的制造业：通过文化艺术作品的授权经营，从各种日用品或文具制造商哪里取回一块利润。台湾的东方艺术经营厂商ArtKey公司，签约代理了齐白石作品的商业开发，将大师绘出的鲜活樱桃印制到果盘上。这种果盘既可以作为装饰挂盘摆放（销售时配有一个木质支架），又可以放到微波炉中使用（包装盒上明确注明）。这种在传统产品上添加增值服务的做法正是文化产业或说内容产业经营的一种盛大趋势。日本动画中的"凯蒂猫"（Hello Kitty）、韩国动画中的"流氓兔"（Mashi Maro）在我国儿童文具产品上几乎就是随处可见。按照知识产权规则，这些都是需要向原图像拥有人付费的。

内容产业的巨大产业拉动效应不仅表现在文化产品上，也体现在文化服务当中。我们可以看到网络技术应用启动了电子商务，使网上购物成为时尚；而电子商务也拉动了物流配送营业额的增长。国际著名的图书经销商贝塔斯曼前两年还仅仅是通过上海的窗口进入中国，但人们从它的网站上订购的图书已经可以经特定的物流渠道送到中国的许多大中城市。而至今我们的不少新华书店，甚至包括一些民营图书零售商都还不愿开展图书邮购业务。

通过这样的趋势分析可以看出，尽可能开放我国的文化市场，大力发展我国的文化产业的确有一种紧迫性。而且这种紧迫性首先是文化体制改革的迫切性。因为这个问题即使对于长期实行市场经济体制的西方各发达国家也是一件需要国家政策予以支持的事。

二、发达国家大力发展文化产业的政策环境

（一）国家政策：发展文化产业的民族自觉

发展文化产业有时似乎仅仅是个经济问题。例如我们的近邻韩国，靠着大力促进网络游戏产业，迅速从金融危机中复苏。这里政府的作用体现在文化观光部下面专门设立了文化产业振兴院，由振兴院对网络游戏开发实行政策性支持。文化产业振兴院实际上就是一个官办的高新产业孵化器。今天，韩国的网络游戏、影视与通俗音乐作品对于中国市场来说，已经是志在必得。

当然，韩国人很聪明，他们总和中国人说儒家文化很伟大，很值得发扬光大，于是就在这个方面和中国人一起挣钱。而前几年国内不少美学家抱着精英意识大谈大众文化问题，似乎对其很不屑。但他们并没有真正看到，所谓大众文化并非仅仅是通俗，而尤其应该被理解为大众传媒时代的文化；进而它就是大众传媒发达的国家或文化的文化。这才是个问题的核心。文化产品与服务的输出（靠货币投票，诉诸体验）同时输出文化价值，挑战其他民族国家现有的主权权威及现成的国际经济秩序。这本是需要认真对待的。

所谓"文化政策"一般是指"指导某一社会共同体处理文化事务的价值和原则"。[①] 它既可以是国家的官方政策，也可以是某一教育部门

[①] 引自互联网 Webster World of Cultural Policy；范中汇：《英国文化》，文化艺术出版社，2003，第27页。

和企业等社会实体所奉行的部门准则，还可以是在人们处理文化事务的日常行为中体现出来的（de facto cultural policy）。总之它是一种超市场行为，不是放任，而是"看得见的手"。我们可以看看"这只手"是如何作为的。

首先，欧美等发达国家的文化政策反映出他们对文化产业发展的重要意义有着清醒的自觉。例如美国可以说是自由市场经济最为发达的国家，政府对市场是"无为而治"，通常不加以干预，无论积极的还是消极的。但我们还是可以看到美国"全国州立法会议"2002年公布的"文化政策工作组报告"：《文化投资：州的政策创新》（Invest in Culture——Police Innovation of States）。所谓"州立法会议"是由十余位民主党和共和党成员组成的常设咨询机构，旨在为美国各州决策者们所关心的议题提供研究和讨论机会。2002年，该立法会议委托一个工作组起草上述文化政策报告，工作组成员包括6个州的众议员以及文化管理方面的专家，它对美国文化产业的发展及各州的文化投资政策进行了调研。这个调研得到了一些重要基金会的资助。而这次调研形成的报告最终成为美国促进文化产业发展尤其是文化投资的"事实上的政策"。

从题目可以看出，这个报告聚焦于文化投资。它尤其是对文化投资可获得的回报予以揭示，然后才对各州相关的政策创新予以讨论。如果文化投资会有巨额回报，那么个州的政策创新就像是榜样，其他地方政府和企业当然有理由积极效法，而用不着做更多的"政治思想工作"。

报告告诉人们，根据"美国人文"组织2002年6月公布的调查结果："全国非营利性文化产业（各博物馆、剧院公司、表演艺术中心、管弦乐队、舞蹈公司及文化协会），每年创造的收入高达1340亿元，这个数字比世界上大多数国家一年的国内生产总值还高。这1340亿元中，有532亿来自文化组织的直接开支，较1992年的368亿增长了45%；808亿来自参加各种文化活动的观众支出——包括停车费、购买纪念品、餐饮及其他。此外，这1340亿还提供了总共约485万个全职工作机会，其所占美国从业劳动力的比例，比医生、律师或会计的比例还要高。"更为具有吸引力的是："非营利性文化产业每年为联邦、地区、州及地方创造244亿元的税收。相比之下，联邦、州及地方各级政府每年为支持艺术而投入的资金不足30亿元。政府每年对非营利性文化产业投资的资金回报是8倍多。"

另一个事例同样引人瞩目："1980年以来，'国家重点街区保护中心'一直同国内各社区一起努力，以恢复其历史或传统商业区的生机。这种'保护重点街区'方案在保护具有历史意义的商贸建筑和由美国社区建筑环境构成的建筑风格的同时，也成为一个强有力的经济发展工具。该项目启动以来，迄今已有超过1650个社区加入，共获得公共及私人的重新投资达161亿元，平均每个社区970万元。而社区用于重点街区保护的每一个美元，则带来了40美元的再投资。"这就是说，在市场经济条件下，文化或文物的保护也是一件赚钱的事。同时它也显示出一项正确的政策所包含的经济意义。

报告还说："一地区新经济的发展取决于人才的招聘。而社区文化氛围的提高、生活质量的提高会使一份工作对知识人才的吸引力增加33%。"如果是这样，经济发展与社会发展才会形成良性循环的态势。

在这样的告示之后，文件才介绍了各州在文化的直接投资与间接投资方面的经验，让它们成为其他各州形成新的文化产业政策的参照。值得注意的是，在报告的最后，这些最具经济头脑的专家还是看到了文化的实质，他们竟然成段地引用加拿大参议员劳里·拉·皮埃尔的话说明这一点：

"文化并不是一种产品。一个国家的文化就是这个国家的灵魂。灵魂当然不是可以被买卖的商品。是的，艺术和文化是一个大的产业。但文化不仅是经济的推动力量，它还有更重大的意义：它是社会进步的推动力量。在地方层次上看，艺术和文化可以通过无数种方式丰富社区的生活。剧院、画廊、博物馆和遗产场所，都是我们社区的心脏。它们吸引志愿者，使古老的市镇中心焕发生机，吸引众多的游客，帮助理解我们的过去，也帮助我们建立各种社区、地区与民族之间的桥梁。

"所有的民主国家都拥有一个共同的目标，即建设一个鼓励自由表达思想和多样性的世界——而且这种目标是有充分的存在理由的。因为只有那些深信自己的文化不会受到威胁的人，才是更加强大、更加自信的公民。这种自信有助于人们树立对他人的宽容与尊重。在我们的一生之中，以前从来没有出现过如此重要的目标。"

了解这个文件以后我们也许就会懂得，美国的文化产品出口贸易位居其所有行业出口贸易第一绝非偶然。

（二）"创造性"：文化产业发展的核心竞争力

现代文化产业本质上都是媒体，但媒体不是空洞的形式，它要负载实实在在的内容。传媒时代说到底还是内容为王。因为内容体现的是创造性：无论个人的还是民族的创造性。因而文化产业的国际竞争就是创造性的比拼。

1998年3月，联合国文化与发展委员会在斯德哥尔摩举行主题为"促进发展的文化政策"（Cultural Police for Development）的政府间会议，并同时出版两年一度的《世界文化发展报告》。斯德哥尔摩会议的行动方案敦促世界各国"设计和出台文化政策或更新已有的文化政策，将它们当作可持续性发展中的一项重要内容"。[①] 可见文化与经济的紧密联系已经被越来越多的政府意识到了。

事实上，早在1990年，英国就率先将文化战略调整提到议事日程上来。英国文化委员会就接受政府委托，会同英国电影协会和手工艺委员等共同起草英国文化发展战略，并经过两年的调研、研讨和论证，在1992年形成"国家文化艺术发展战略"讨论稿。1993年这个讨论稿以《创

---

① Culture & Unesco: Cultural Policy Recources. www.unesco.org/culture/policy。

造性的未来》为题正式公布:"这是英国有史以来首次以官方文件的方式颁布的国家文化政策"。[1] 这里"创造性"(creativity)一词不仅适用于各类艺术创作,也适用于各种"文化产品"开发,因为它是整个文化发展的精义所在。也因此,文化产业这个词正更多地被"创意工业"即"创造性产业"所取代。

紧随英国其后,以"创造性"为主题来制定文化政策的做法便在发达国家展开,"创造性"首先成为英联邦各发达国家确定自己文化政策的基本母题。1994年,澳大利亚"在历史上第一次推出"自己的文化政策,其标题是《创造性的国家:澳大利亚联邦文化政策》。同年,加拿大政府和它的几个省也以"创造性"为题推出了自己的文化政策文件。

接着,"创造性"主题于1998年在西方各国全面铺开。这一年,欧盟理事会文化指导委员会(The Steering Committee for Culture of the Council of Europe)确定,将建设"创意欧洲"(Creative Europe)当作自己的战略目标。依照这一框架,欧洲各国在1998年后相继推出自己的官方的、半官方的文化政策。目前,出台文化政策的欧洲国家已达27个,其中不仅包括英法德这样的发达国家,还有俄罗斯、波罗的海三国和匈牙利等原苏联东欧地区的国家;此外,希腊、爱尔兰、马其顿、塞尔维亚-黑山共和国、斯洛伐克和乌克兰也将在近期颁布自己的文化政策。有趣的是,连加拿大这个传统上属于英联邦、地理上属于北美的国家也接受了欧盟的这种文件框架,从而加入到"创意欧洲"的行列。

"创造性"概念的提出改变了人们原先对文化产业的看法,以为那不过是以工业方式生产文化产品,现在人们知道这是和一个民族或一个社区的持续而和谐的发展相关的。前面提到过的、可视为美国文化政策的《文化投资》一文就郑重推荐了美国最发达的新英格兰地区发展创造型产业的做法:"2000年,新英格兰委员会发表了有关创造型经济的初

---

[1] 范中汇:《英国文化》,文化艺术出版社,2003,第26页。

步报告，考察了艺术和文化在新英格兰地区经济生活中所处的地位。该报告试图将创造型经济视为一个整体，并着重关注其中的三个关键部分：（1）创造型产业群，指那些直接或间接生产文化产品的企业和个人；……（2）创造型劳动者，指那些接受过专业文化与艺术技能培训的思想家和实业家；……（3）创造型社区，指那些创造型的工人、企业和文化单位集中的地区。"这里第三个范畴尤其值得关注。

1998年《英国创意产业路径文件》出台，其间这样界定"创意产业"（creative industries）："所谓'创意产业'是指那些从个体的创造性、个体技艺和才能中获取发展动力的企业，以及那些通过对知识产权的开发可创造潜在财富和就业机会的活动。它通常包括广告、建筑、艺术和古玩市场、工艺品、时尚设计、电影和音像、互动性休闲软件、音乐、表演艺术、出版业、软件和计算机服务、电视和电台，等等。此外，还包括旅游、博物馆和美术馆、遗产和体育等。"[1] 这个关于"创意工业"的文件实际上是1993年英国文化政策的实施文件，它要求政府"为支持创意产业而在从业人员的技艺培训、企业财政扶持、知识产权保护、文化产品出口方面"作出积极努力。2000年，英国负责文化、传媒和体育事务的国务秘书C.史密斯指出："21世纪最成功的经济和社会将是创造型的。创造力可以改变面貌——它可以使企业达到竞争的极限，使社会找到解决难题的全新途径从而改善生活质量。"[2]

芬兰对发展创意产业有独特的感受。我们知道芬兰是信息产业最发达的国家之一。2001年，芬兰被瑞士世界经济论坛和洛桑国际管理学院分别评为世界第一和第三最具国际竞争力国家。竞争力主要来自信息产业。其互联网和移动电话普及率均居欧洲第一和世界前列；信息技术

---

[1] *Creative Industries Mapping Documents*, "Background"。

[2] 参见 Forward *of Creative Industries Mapping Documents* (2000), by Chris Smith。

及产品出口占工业出口总额近30%，已超过其传统的森林工业和金属工业。现代信息产业的高度发展大规模促进了芬兰经济和文化的融合。正是根据传媒技术负载文化内容的特征，芬兰信息发展协会才在《2000—2004年内容创造启动方案》（SISU）中特别强调要大力发展以市场运为依托、以现代传媒技术为平台的文化内容生产，把芬兰文化、由芬兰文化符号包装的物质产品推向世界。

与英国、芬兰类似，荷兰、澳大利亚和加拿大等国的文化政策对文化与产业的链接均采取相当积极的态度。如《创造性的国家：澳大利亚联邦文化政策》指出："这个文化政策还是一个经济政策。文化创造财富。……此外，文化增加价值。它对我们的创新、市场营销和广告作出了巨大贡献。文化是我国工业的品牌。它本身就是一个重要的出口产品，是其他出口产品的重要附加物。它对我们的经济腾飞是不可或缺的。"[1]

我们在这些发达国家的文化产业促进政策中，在"创造性"概念的提出当中还可以体会出一种迎接挑战、接受竞争的意味。这是发达国家之间的文化竞争，是文化产业发展的"第二世界"与其"超级大国"美国的竞争。

加拿大的选择有鲜明的象征意义。虽然它无疑属于"发达国家"，但在文化生产领域中与美国完全不是一个数量级。2003年版的《加拿大文化政策》在谈到自己国情时不仅提到"地广人稀"，而且还提到"与美利坚合众国——当今世界最庞大的文化超级大国——毗邻"。[2] 美国的存在以及发达的文化产业出口贸易对加拿大维护自己的文化特性和文化政策是一个巨大的压力。事实上欧洲国家文化政策出台的一个潜在动机都是为了应对美国在文化生产和输出方面的强大态势。欧洲也有欧洲的长项，正如《芬兰文化政策》对此的概括："美国偏重于经济的可开

---

[1] 参见 Forward, *Creative Nation: Cultural Policy of Commonwealth of Australia*。
[2] 参见 *Cultural Policy of Canada*，第一部分，"历史回顾"。

发方面,而欧洲国家则较偏重保护艺术及表演的创造力。"

对于欧洲与美国的竞争,我们没有坐山观虎斗的闲情逸趣。相反我们应该从芬兰人的话中听出一种隐忧才对。事实上,西方国家的文化产业政策不仅是在成熟的市场经济体制下做出的,也是在长期大量文化创造资源积累的基础上做出的。而我们无论媒体还是内容,无论大众传播还是高雅艺术都还十分落后,尤其我们的文化市场开放度还十分有限。欧洲各国的文化产业发展比中国整个超前一个阶段。在这个问题上,与我们同处亚洲的日本、韩国已经大致可以被视为与欧洲、加拿大或澳大利亚等平起平坐的文化产业发展"第二集团"。与奥运会一样,与我们在文化产业发展上同台竞技的对手还是很多很强的。

(三)"一臂间隔":文化管理的制度创新尝试

在经济全球化过程中,国家的身份在发生变化,它日益从市场的直接操控干预者、一个经常的"越位者"和"错位者"变成一个安分守己的"守夜人"。这种变化体现在西方各国文化产业政策的实施上,就是"一臂间隔"原则逐渐得到认同;它反映出大多数发达国家中旨在给文化发展松绑的所谓"分权化"趋势。

"分权化"(decentralization)在发达国家文化政策的语境下并不具有改变国家体制的意思。在文化政策的通行术语中,"分权化"文化管理观念通常被形象地表述为"一臂间隔"(Arm's length)原则。所谓"一臂间隔"原指人在队列中与其前后左右的伙伴保持相同距离。该原则最先用在经济领域,针对的是一些具有隶属关系的经济组织,如母公司与子公司、厂商和经销商等。根据这个原则,这些组织在策划和实施各自的营销规划、处理利益纠纷乃至纳税义务上都具有平等的法律地位,一方不能取代或支配另一方。"一臂间隔"原则被挪用到文化政策具有两种主要含义。它多是指国家对文化拨款的间接管理模式,但这种管理模式同时要求国家对文化采取一种分权式的行政管理体制。从对文化的集中管理到分权管理，这是"一臂间隔"原则的基本要义。

《芬兰文化政策》指出，"一臂间隔"原则具有"垂直"和"水平"的两种分权向度。所谓"垂直分权"涉及中央政府与其所属行政部门和各级地方政府的纵向分权关系：即一方面，中央政府将文化政策制定和实施的主要权力以及部分文化拨款的责任交给其所属的文化相关部门（如芬兰的文化和教育部、英国的文化、新闻和体育部、澳大利亚的艺术和通讯部等等）；另一方面，它还要求各级地方政府行使相应的权力或承担相关的责任。譬如，英国90年代中央政府对文化领域的年平均预算为10亿英镑，而同期英格兰、苏格兰、威尔士和北爱尔兰这四个大行政区对文化的年资助额超过了10亿英镑。在芬兰2000年的公共预算中，中央政府对广义文化产业的财政支持占支出总额的58.6%，地方政府文化财政支出占41.4%。而从对狭义艺术生产的资助来说，中央政府和地方政府各占一半。澳大利亚、日本的情况也大体如此。[①]

"水平分权"是指各级政府与文化方面的非政府公共组织（non-department public bodies）的横向分权关系。这类组织是介乎政府与具体文化单位之间的一级中介机构。它有两个基本特性：其一，这类组织通常接受政府委托，为政府提供文化政策咨询，甚至向政府提供文化政策设计，并策划具体的文化政策实施方案；同时，它还负责把政府的部分文化拨款落实到具体文化单位。就此而言，它是代理政府具体管理文化的准政府组织。其二，这类组织往往由艺术方面和文化产业方面的中立专家组成，它虽然接受政府委托，但却独立履行其职能，从而尽可能使文化发展保持自身连续性，避免过多受到政府行政干预，受到各种党派纷争的影响。因此，它具有非政府、超党派的含义[②]。与不同级别的政

[①] 参见 Cultural Policy of the Netherlands。此外，关于欧洲各国地方政府文化拨款与中央文化拨款比例的数字，可参见欧盟 cultural policy 网中的表格，Share of Total Public Cultural Expenditure Broken Down by Level of Government。

[②] 参见《英国文化政策》，第95页。

府相对应的非政府组织之间通常不具有隶属关系。

2003年的《芬兰文化政策》称,芬兰"是'一臂间隔'原则的最早实践者"。而2000年成立的"国际艺术理事会和文化机构联盟"(IFACCA)在2002年5月公布的文件中却说:"成立于1945年的大不列颠艺术理事会是全球第一个体现一臂间隔原则的中介组织。"[1]可见欧洲国家施行这项原则是有着较长时间的历史演变轨迹的。

英国艺术理事会由各文化行业内的专家组成,理事会成员由政府任命,任职后获得独立的法律地位。艺术理事会的任务包括:(1)向政府提供文化政策建议咨询。当政策通过立法程序以后,他们还要制定各种实施方案;(2)对艺术成果进行"同行评议"(peer evaluation),对艺术创作和文化发展状况进行专业性的常规评估;(3)依据专业评估,部分代理政府对文化优先项目的财政拨款。同时,对拨款效果进行监督和评估。如果被扶持文化单位的状况不能得到改善,艺术理事会将给出18个月的警告期,以决定是否取消扶持。这样一项原则的施行与文化生产的特殊性应该也是有密切联系的。随着时间推移,英国艺术理事会在文化政策咨询方面的作用还在进一步加强,前面提到的英国在1993年出台的第一个官方文化政策文件就是它的手笔。

体现"分权化"内涵的"一臂间隔"原则已经得到发达国家的广泛认同。"国际艺术理事会和文化机构联盟"的文件指出:"目前在世界各地,无论穷国还是富国,也不论英语国家还是非英语国家,都普遍建立了对文化艺术进行资助的准政府国家机构。"这项制度还得到了联合国教科文组织的大力支持。在发达国家的文化政策中,加拿大、澳大利亚、英国、奥地利、比利时、芬兰、瑞典、瑞士等国明确声称采用这一文化管理原则。1993年出台的澳大利亚文化政策《创造性的国家》指出:"澳大利亚理事会是这个国家最重要的文化资源之一。在它成立的21年中,

---

[1] IFACCA 网站主页,https://ifacca.org/en/

艺术活动和文化产业有了长足发展，……澳大利亚理事会需要把越来越多的资源用于发展视听众、与广播技术领域建立各种联系、开拓市场、鼓励赞助商和拓展对外出口等领域。"为鼓励文化产业开发，澳大利亚理事会还专门设立"主要文化组织董事会"，董事会成员来自那些对国家具有重要意义的、经营状况较好的文化企业。其任务是监督和处理重要文化企业的财政状况，以避免它们沦落到向政府寻求援助的地步。

美国准文化政策文件《文化投资》的形成方式表示出他们对这一原则的赞赏。这一文件的出台经过了"基金会—专业研究—立法或行政实施"这个流程。文件最初的底本就是两位号称"政策伙伴"的专家做出的。这是美国式文化管理体制的典型操作程序，它表明美国人通常是怎样把人文社会科学的研究转化为公共制度产品的。该文件中还介绍了一些州在文化管理方面的分权化经验。

当然，在这个问题上，欧洲各国也有不同的意见。德国和法国对"一臂间隔"的原则就抱一种消极态度。在德国，艺术理事会仅仅是表达、协调各具体文化单位或行业协会利益的论坛性机构。但这种局面在德国也引起了争论。法国文化体制中根本没有给"一臂间隔"性质的艺术理事会留下一席之地。《法国文化政策》骄傲地指出："法国文化政策的历史可上溯到16世纪的皇室庇护传统，从那时直到今天，法国文化政策一直具有这种皇室扶持特征：即提高文化知识和文化艺术，逐步完善国家文化行政管理结构和文化预算。"而文化产业发展上与美国的巨大落差使法国人的这种政策标榜没产生太大的魅力。

在发达国家以外，前苏联东欧国家大部分都在文化政策中申明接受"一臂间隔"原则。然而，实践上的困难以及德国、法国的保留态度使这些国家还在进一步探讨。2000年欧盟理事会出版的文化政策论文集刊载了匈牙利学者西蒙·蒙迪的文章《对文化的一臂间隔资助：要与不要的原因》。从这个题目可以看出，是否接受"一臂间隔"原则并强化作为中介组织的艺术理事会，是这些国家面临的政策选择。

（四）新一轮世界贸易组织规则谈判：文化永远例外吗？

据说，酝酿中新一轮世界贸易组织谈判上会有某些大国努力推进文化产品及服务贸易自由化进程，甚至愿意在补贴方面做出一些让步[①]。人们也在猜测，如果这场谈判展开，一直持"文化例外"观点的法国将如何表现。

法国总是采取与美国完全不同的文化姿态。1994年法国通过的《杜邦法》要求在新闻传媒和互联网上捍卫法语的地位，它所针对的显然就是以美国及其英语文化。然而在这个问题上，似乎不能对法国的作用抱更多的幻想。市场经济毕竟是一个更强大的趋势。法国在文化发展上不太信赖市场的作用，更相信国家扶持和庇护的神通；在国内加强政府对文化发展的扶持力度，在国外则由法国外交部和其他涉外机构推进文化交流，加强法国文化的对外影响。这一方面出于法国对其历史传统的骄傲；另一方面也出于其对自己在文化竞争中处于守势这一现实的无奈。"文化例外"也许不是一块太大的牌。

联合国教科文组织也一直倡导文化多样性。从道义上说这甚至比法国人还有道理。但如果讨论仅仅停留在对市场经济的批评，或对市场失灵的职责上，问题并不能得到有效的解决。而且对于新一轮世界贸易组织规则谈判，联合国教科文组织也许没有多少发言权。

因此，作为一个经济持续增长、国际地位正在日益增强的国家，中国人还是应做好积极迎接挑战的准备。这时，正在国内全面展开的文化体制改革试点就显得格外重要。美国人最先领悟使一个文化资源小国变成文化产业大国，并使文化服务于其全球战略的真谛。中国是一个文化资源大国，但其文化原创能力长期无法释放。这一次中国人能把握住机遇吗？2004年或许会让人看到一部分答案。

---

① 参阅夏阳：《与国际文化产品和文化贸易相关的几个问题》，载《2004年：中国文化产业发展报告》，张晓明、胡惠林、章建刚主编，社会科学文献出版社，2004，75—79页。

对国家文化发展战略的思考[1]

党的十七届六中全会的主题是文化强国、文化发展，会议形成了《中共中央关于深化文化体制改革、推动社会主义文化大发展大繁荣若干重大问题的决定》。在国家层面上，文化问题第一次明确地和发展问题联系在一起。党的十八大对这一政策方针再次予以确认，并将相关行政体制改革作为推进这一进程的开端。这标志了中国党和政府对文化在整个国家发展中的重要性和紧迫性有了高度自觉！也是在这样的背景下，国家文化发展战略的构建应该被提上日程。对此我们有如下思考。

一、全球化、现代化为中国文化发展提供的机遇

我们讨论的是文化发展的国家战略。国家战略既是对国内各项发展的协调，又是对国际环境的策略应对。尽管最终战略的形成与多角度的战略性思考有区别，后者是前者的准备性过程，但战略本身所强调的全局性、目标及实施手段等基本元素是所有战略思考从一开始就需要具备的。因此我们首先要从对现代化、全球化这些人类历史大趋势的理解中，发现它们对中国文化发展提出怎样的要求，提供了哪些机遇和挑战。

（一）发展含义的变化：从现代到"后现代"

一切发展最终是人的发展。现代化曾被从技术的角度上作简单的理解。现代化最直观的表现就是经济增长，而增长都通过工业、市场和城市表现出来，因此在主流经济学家的视野中，发展起初就是个（经济或

---

[1] 原文发表于胡惠林等主编：《文化战略与管理》，上海人民出版社，2011，原题为"关于国家文化发展战略的思考"。

GDP 的）增长问题。

然而随着世界各国尤其"南方各国"走上发展的道路，人类学的思考被越来越多地带入讨论，增长的内涵发生了变化。人们发现，在不同国家里，经济增长、市场经济体制的构建与文化因素相关。反之，已有的增长都是发生在西方国家里的，这里的增长只是在他们特定文化历史中的一种探索。经济增长有不同的道路。在跨文化背景下，增长是整个社会的发展问题。

阿玛蒂亚·森的理论是近年来国际上讨论发展问题的一个代表。森强调以"自由"定义"发展"。自由是用"可行能力"（capability）和"生活质量"而不是单纯的"收入"界定的[1]。在森那里，可行能力即参与发展（首先是经济活动）的实际能力，它往往通过教育形成，并由医疗条件加以保障。生活质量不仅强调充分的物质消费，也强调幸福感。这样自由就不能简单地被理解成政治权利或一般意义的行动自由，而是可能成为经济学可以加以观察与探讨的对象。强调"以人为本、全面协调可持续"的科学发展观与之有异曲同工之妙。

发展就是实现全面的现代化。抽象地说现代化是人类生产方式和社会组织方式的一次大变革，经济增长同时促进社会制度的变迁，也必然促进人类文化的变化。这样传统国家不断向现代国家转型。所谓传统国家就是更多依靠暴力进行管理的国家；而现代国家就是更多依靠契约和协商进行管理的国家。在现代国家中，与政府同时发育起来的还有媒体和公民社会。

现代国家的建设从根本上说就是公民权利的落实和公民国家认同与凝聚力形成的过程，是国家管理体制不断创新调整的过程。用马克思主义的术语说，就是经济基础与上层建筑同时生成、相互调节的过程。这

---

[1] 阿玛蒂亚·森：《以自由看待发展》，任赜、于真译，中国人民大学出版社，2002，第19—21页。

时，经济基础单方面的增长是不可持续的，国家的发展必须能实现全面统筹的发展。经济、社会、政治、文化（也许还有生态）各个维度都必须在变革、调整中实现体制机制创新。国家结构的复杂要求全面协调整合，要求在功能运作上有效率与可持续。这就是发展对上层建筑、国家制度层面不断变革的要求。

观念的现代化导致了文化发展。在高速发展过程中，人们看待、评价世界的方式，即人的世界观发生了巨大的变化。换句话说，就是要求对全部传统的价值进行重估。

人类的历史上，共同体和共同体之间曾经是借助暴力进行统治和交往的。这时的文化是苍白的，作品数量稀少，语言表达隐晦。而现代化过程中，人们越来越多地使用语言进行沟通，尽管是出于各自的利益，是激烈的讨价还价，也掺杂着投机和狡诈，但与动辄大开杀戒相比，这毕竟是更文明的方式。人类的文明始终是由语言及其符号表达所负载的。现代文明比前现代文明有更多的文化含量。在经济不断增长过程中，文化表达充分的国家其分配结构会比文化表达不充分的国家要合理；而在文明之间，由于语言沟通更困难，因此暴力的使用会更多。所有走上现代化道路的国家都会经历文化的繁荣与发展，这就是启蒙。

20世纪70年代前后，"后现代"趋势开始超越现代化。现代化造就的丰裕社会中，富裕了的消费者的消费偏好逐步从物质产品向文化产品偏移。工业再一次把教育的因素带给了工人阶级：产品更加美观，工作环境更加人性化，员工得到更多培训，城市景观带上更多文化表达。20世纪60年代，美国社会学家丹尼尔·贝尔就预言了"后工业社会"的来临[1]。那时，他对使用"后工业时代"的概念还略感踟蹰，而今天，几乎没人怀疑他的先见之明。20世纪70年代以后，西方各主要工业国

---

[1] 丹尼尔·贝尔：《后工业社会的来临》，高铦等译，商务印书馆，1984，第20—42页。

家先后进入了"知识经济"时代。知识经济是对后现代或后工业社会的正面界定,也有一些学者把"后现代"称为第二次现代化。这时发达国家国内生产总值中有60%以上,甚至75%的增加值是来自"以知识为基础的"行业。这种发展趋势让发达国家重新调整其国家战略,调整原有的社会制度和公私部门的界限,鼓励产学研之间更多开展合作,构建国家创新体系。

在这个大趋势之下,人们还看到了文化创意产业的崛起,正所谓高技术与高文化的联姻。美国这样的世界强国不仅实体经济(如航天工业、汽车工业)和虚拟经济(金融业)都较为壮大,其文化产业如电影、出版及网络在线服务等也十分壮大。美国文化产品出口在其全部外贸产品中占据数一数二的地位;美国文化产品在国际贸易中所占份额更是显赫,连欧洲国家也感受到不小的压力和威胁;美国电影无可置疑地覆盖了全球最多的银幕,并赢得了最多的票房。在这种情况下,有美国国际地缘政治学者谈论起"不战而屈人之兵"的"软实力"来。现在所有的国家都需要重新思考文化与发展的关系问题,尤其是其文化本身的发展问题。

(二)全球化是所有国家发展及文化发展的共同环境

现代化是一个普遍的趋势,而全球化则是不同国家的居民在现代化发展时遇到的具体环境或条件。全球化首先是经济和市场的全球化,也许最终会通往文化的全球化。因此当市场还不得不以民族国家为单位的时候,不同国家相对实力不同的竞争对手而言,对它的感受是不一样的。人们还经常在使用文化还是暴力应对局面的问题上存在选择的困难。

现阶段的全球化具有一种历史地形成的三层同心圆的结构。首先,全球化是现代化的结果,人在不断地觉醒,现代社会则给了更多的人以发展的机遇。个人在哲学上被叫作主体或个性,而在经济学、法学上被叫作财产权和个人权利。个人及其权利和尊严的觉醒是无法阻挡的,同时更加富裕的生活及生发的文化表达是人类无法抵御的诱惑。技术手段的持续改善，使人与人之间的距离变小，竞争烈度不断提高。这时如果没有良好的沟通意愿与沟通技巧，冲突甚至大规模的冲突是难以避免的。因此对话就成为实现人际间沟通最现实也是第一位的伦理准则。如今这些普遍的价值除了通过亲身感受被人了解，也通过建基于高效复制技术的全球媒体网络进行传播。当今世界在线即表达，表达即存在。全球化已经进入深度现代化时期。

其次，市场是全球化的主要推手。应该说，现代化主要物质层面的变化都是透过市场经济的环节实现的。历史已经表明，强调效率的市场经济是一项具有比较优势的制度安排。市场经济带来了富裕，而等价交换是其能够大行其道的内在伦理准则。通过广泛的交换和遥远人际关系的建立，人越过了自然经济的疆界，也在很大程度上克服了民族国家垂直等级体制的限制。在市场经济中，并非只有少数英雄可以出人头地。同时，市场似乎特别垂青技术，技术使市场竞争不断提高其数量级，反之市场竞争也支撑了技术的迅速进步。市场成了全球化最宽阔的实现平台。

尽管市场被经济学家中性地称为最有效的资源配置机制，但仍然有一些经济学家承认有种种"市场失灵"现象的存在。例如谋利动机可能造成贫富差别的增加和社会关系的紧张，另一方面也会造成资源的过度开采和环境的迅速恶化。市场失灵的存在说明单有市场制度这只"看不见的手"是不够的，还必须有政府公共服务这只"看得见的手"予以援助。

然而市场大于国家。全球化局面下跨国公司的出现已经使各国政府对企业和经济的监管变得困难，而不同国内市场合成的全球市场并没有一个统一的政府进行管理，市场在一定程度上处于无政府状态。近年来全球性的金融危机及其导致的经济衰退让全世界感到恐慌。

在对全球治理的期待中人们很难指望联合国。而根据市场进程，那个通过竞争占得先机的国家往往不仅可以获得高额垄断利润，而且还要进一步制定或改写游戏规则，以确保其未来的利益。在20世纪后半期，美国无疑成了这个大赢家。美国还倚仗强大的经济及军事实力在很大程度上挟持着联合国,它更像事实上的世界政府。美国对全球化的推动是不遗余力的。第三,世纪之交的全球化在很大程度上是美国主导的。有专家说,美国的权力"比起纯粹由赤裸裸的强权所确保的要大,然而比起由完全合法的权威所保障的要小"①。然而"9·11"事件的发生及其后的反恐战争让人们看到,美国的实力独大并没有大到可以单独统治世界。

全球化是一个特定的互动与融合过程。全球化的上述三个层面相互叠压、交错推进,形成复杂的各自演化、相互影响的线索交织。三个圆形半径递减:现代化影响最大,历时最长。现代化尤其是它那些启蒙的特征和表达在当代社会处于边缘和下层的位置,但同时它也发挥某种基础和定向的作用。市场化不断扩张,逐渐向全球市场格局演进。美国化则是时间相对较短的趋势。沃勒斯坦等人研究认为,美国在1945年开始的这个世界体系中的霸主地位已经于1967至1973年间从巅峰状态转为走下坡路。反过来看,美国化占据了市场化的中心;市场化占据了现代化的中心(冷战结束后尤其如此)。市场为现代化提供动力,也易于使现代化进程产生某些偏向。美国希望控制市场,既为本国经济谋求利益,也为全球的现代化进程提供某种稳定的局面。各国的现代化进程必须与这样的利益结构打交道,必须能突破美国的影响和市场的局限,才能完成自己的历史任务。美国的优势、市场的优势,最终都是由于现代化的承载。而由于对美国和市场的怨恨拒斥现代化,这对任何国家来说都不是明智的选择。全球化这三重叠压和变化合在一起,对相对全球化有着特殊位势的各民族国家产生了不同的意义和要求,启动了各自"全球—地方化"(glocalization)的复杂进程。

---

① 丹尼尔·贝尔:《后工业社会的来临》,高铦等译,商务印书馆,1984,第3页;特伦斯·K.霍普金斯、伊曼纽尔·沃勒斯坦:《转型时代——世界体系的发展轨迹:1945—2025》,吴英等译,高等教育出版社,2002,第3页。

全球化格局下，各民族国家的政府一方面要通过开放市场，减少行政干预，放弃传统的社会管理模式，集中力量对市场及国际贸易实行宏观调控。同时也与市场进行持续的博弈：向市场收税，以此滋养自己；也在这个基础上使自己民主化，更透明，培育民主、法治的公民社会。这种双向的嬗变会使各国社会变得更理性，更和谐。

全球化进程也使文化的作用变得更突出。所谓文化的作用不仅在于大众文化产品和服务的提供，而是要求能超越或者兼容不同意识形态、文明、民族、宗教的对话格局形成。对话、协商变成国际关系常态，人们必须有所表达。失语症不仅意味着甘拜下风或者放弃，而且可能被逼走上恐怖主义的道路。事实表明，无论国际贸易争端的解决，还是国际政治冲突的化解，最终都是要能提供一套道义的论证。这种道义原则必须是基于双赢结局的，因此必须比以往的价值观具有更强的普遍性。这套道义论证也是需要不断接受检验的，以赢得信任。于是更多艺术性的表达变得不可或缺。也就是在这样的情境中，国家需要有自己更清晰的、应对全球竞争的文化发展战略。

我们这样看待全球化，就能理解为什么和平与发展一样，是当代世界另一个重要的主题。和平靠文化来营造。主张和平，不等于否认竞争，竞争就会有失利的可能。但我们也变得坚韧，百折不回。具有这样的精神才会将所有的挑战都看作新的机遇。

二、制定国家文化发展战略的必要性

现代化发展和全球化竞争格局使每个民族国家的发展目标都最终指向文化；媒体技术的日新月异甚至凸显了文化发展战略形成的紧迫性。这无论是发达国家还是处于发展中的新型国家都是不能回避的。国家文化发展战略必须能满足双重的目标：其一是推动自身文化表达的繁荣；其二是同时促进整个社会-经济的可持续发展，例如通过推动文化产业的发展，改善整个经济结构和发展质量。这既需要我们的政府对文化发展的特性有更清醒的认识；也需要对使用恰当政策工具调控经济－社会－文化的发展有更高的水平。

（一）发达国家已经制定了自己的国家文化发展战略

欧美各国现代化的任务基本完成，人均GDP大大超过2万美元，正走在丰裕社会或者通往"后现代"的路途中。欧洲人常以整个欧盟成为世界第二大经济体感到骄傲。欧洲国家有着深厚的文化遗产，又有着民主的社会体制和自由的文化氛围。欧洲政治一体化进程也在逐步推进。但在全球化格局下，欧洲各国仍然强烈感受到经济全球化对其文化的挑战。

应该说，欧洲一体化进程令世人瞩目。在眼下的经济危机当中，欧盟在应对南欧一些国家严重的主权债务危机和整个欧洲经济衰退前景时还是表现出了强烈的欧洲认同倾向。危机中文化还是发挥出不可忽视的作用。但欧洲的文化毕竟不是或不仅是一个整体。在欧洲之下是几十个独立的民族国家。多数欧洲国家的语言在世界上的使用人口非常有限，因此主要由不同语言负载着的欧洲各国的文化产品市场规模过小，无力与美国的文化产业、风靡全球的美国文化产品抗衡。在这个背景下，欧洲国家自20世纪90年代以来，启动了一系列文化战略，为若干亚文化构成的欧洲文化"组团"打响了"保卫战"。

战略的重要性表现为犀利的前瞻性。自20世纪90年代起，欧洲及其他一些发达国家开始关注文化发展问题，纷纷制定国别文化战略。英国政府在1990年，要求大英艺术委员会协同英国电影协会及各地区行业委员会共同起草英国文化发展战略；1992年，形成了"国家文化艺术发展战略"讨论稿；1993年"首次以官方文件的方式颁布"了这份题为《创造性未来》的国家文化战略。英国的文化战略制定也影响到其他英联邦国家。澳大利亚几乎是在同时（1992年）启动了文化战略制定工作，1994年以《创造性的民族：澳大利亚联邦文化政策》为题推出①。这样一些文献不仅明确了欧洲各国推动文化发展的政策意向，甚至也模塑了欧洲国家文化战略的文本样式。芬兰在2003年制定的《芬兰文化政策》，在框架上与此前分别推出的英、德、法等国的文化战略文本一样，都是由文化政策历史回顾、管理机构及决策机制、文化政策总目标、现行政策的发展及争议、主要法律条款、财政对文化的支持、主要文化机构的地位及合作关系、国家对创造性和公众参与的支持这八个部分组成。于是，欧洲各国制定的文化政策也成为整个欧洲的文化战略。

欧洲各国的文化战略文件都会对文化及本国的文化特质进行原则界定，但对国别文化特质的界定并没有表现出传统主义或与相邻文化绝对切割的倾向，而是表现出一种迎接民族文化创新、接受民族认同不断重新锻造的开放姿态，一种努力打造多样的全球–地方化文化格局的倾向。作为英联邦国家，澳大利亚的文化战略文献《创造性的民族》就强调了当代澳大利亚文化创造与文化认同的重要性，既要反对"狂热的亲英情绪"，又要反对"粗暴的本土沙文主义"。于是这些文化政策或文化战略在高度一致地强调对传统文化资源进行保护的同时，也高度一致地强调对艺术现实原创的支持，对知识产权的法律保护，对文化产业发展的促进，对信息技术带来的挑战和机遇要理智应对等。近十多年，几十个欧洲城市还先后启动了创意城市网络构建行动，推出了以《创意欧洲》为题的政策调研报告。现在这些文化战略已经取得了明显的成果。欧洲人的文化优越感似乎得到了更大的提升。

美国在传统上不强调对文化的国家庇护政策。美国的"文化立法"就是《宪法》第一修正案："国会不得制定法律剥夺人民的言论和出版

---

① 或许《创造性未来》应该译为《创意未来》，而《创造性的民族》应译为《创意民族》。

自由。"宪法对立法机构的权力都进行约束，更不要说对政府行政的授权了。但美国的州立法会议在2002年也公布了一份文化政策报告《文化投资：各州的政策创新》。从题目上看，这是一份经济学视角的报告，关注的是文化投资，但它特别强调了新时代里"新经济"的意义，主张推动"创造性产业群、创造性劳动力和创造性共同体"的发展。这里我们尤其应看到报告对"创造性共同体"形成的强调。所谓共同体就是社区，但同时包括了都市、城镇和乡村，它的着眼点落在了全体人口素质的提高，落在文化价值的传播上。结尾部分这份报告引用加拿大议员的观点说明："文化并不是一种产品。一个国家的文化就是这个国家的灵魂。"而在最后段落它更是直言不讳："只有那些深信自己的文化不会受到威胁的人，才是更加强大、更加自信的公民。这种自信有助于人们树立对他人的宽容与尊重。在我们的一生中，以前从来没有出现过如此重要的目标。"这种多少带有民间口吻的表述把政府的政策目标揭示得淋漓尽致。

在这样的趋势下，一些中等发展中国家及地区，甚至一些发展较快的发展中国家也纷纷制定自己的文化战略。韩国、新加坡及东欧一些"新欧洲"国家与俄罗斯都不甘其后。在这个潮流背景下，法国等国家更是主导在联合国框架下推动一项国际公约的制定。

除了大批发展中国家，若干欧洲国家也对全球化进程持保留态度，其焦点就对准了国际文化贸易的不平衡，对准了美国在全球文化贸易中的垄断地位。围绕世贸组织服务贸易谈判，"文化例外"的口号被提出来。"文化例外"的讨论转移到教科文组织，就有了2001年的《世界文化多样性宣言》，然后是2005年通过的《保护和促进文化表现形式多样性公约》。这些国际法文件，都强调民族国家有对国际文化贸易采取特定政策措施的权利，也强调了对濒危文化表现形式保护开展国际合作的可能性。"2005年《公约》"迄今已得到120多个国家的批准。应该说，欧洲国家的文化战略正在成为世界各国文化发展战略的范例。

（二）国家文化发展战略整合公民价值重估，促进公民创造性表达

对于一个现代民族国家而言，国家意识形态、核心价值观都是不可缺少的。所谓"文化软实力"更是跨越民族国家疆界的共同价值观。但国家文化发展战略制定并不是简单地指定某些意识形态规范或核心价值观，而否认普适价值的存在更是彻底放弃了"（文化）软实力"构建的努力。我们需要理解现代文化发展的民主方式，也需要理解所有前现代民族在向现代民族转变过程中会面对的一些共同趋势，而且要学会在市场经济框架下引导文化发展。一般说，当代民族国家的现代化进程中都会面对三种文化思潮。新的文化传统正是在这三种思潮的涌动、拍击、交汇中被锻造的。中国这样的发展中国家，工业化、市场化和城市化进程都还没有完成，但也要在一定程度上"三步并作两步走"，兼顾"后现代"的发展与文化发展趋势。我们不断地讲，要发展面向现代化、面向世界、面向未来的社会主义文化①。这就是说，这里的社会主义文化是被放在现代化、世界和未来即全球化的大背景之下来憧憬的。历史上我们在文化发展上缺少经验，但今天我们必须能处理好文化发展的新课题，必须能通过对话主导社会思潮和价值观的变革。

这三种文化倾向中最主要的一种是价值重估。驶入现代化快车道国家的文化表达必然会表现为对传统的、前现代的文化价值的重估。人类对一个知之甚少的世界，总是试图予以有常的解说。人们的世界观当中其实有两种成分，一类是经验事实；另一类是主观的综合。世界曾在漫长的年代里几乎没有多少发展，进入现代以来，发展开始提速。当发展到了一定程度时，人们眼中世界的事件—背景关系似乎发生了变化。以前熟悉的事物变得陌生了，一些本来没有注意到的事物突然占据了主导的地位，一些长期以来顺理成章的事变得不能被容忍了。这就是世界观

---

① 参见十七届六中全会《决定》第二部分。

变化的开始。继而纷繁的经验世界需要用新的尺度予以重新丈量和解释。价值重估就是解释世界与人类社会的尺度的变换。如同近年的中国东部地区，不少地方的民营企业职工，在进入企业时与之签订了劳动及报酬合同。工作了一段时间他们会觉得受到盘剥。因为他们来之初，那个报酬期待是与在原籍的收入相比较存在的；而后来，他们看到了发达地区人们普遍的工作状况和报酬待遇，心里有了一个新的标准。因此他们会要求增加工资，并推动工资水平不断上涨。

西方各国现代化进程中，社会财富总量在增长，所有人的收入都在提高。但大量涌现的批判现实主义文学作品中，社会变得极其不人道，人类的前景变得极其暗淡。这除了有一些传统主义者以旧道德衡量新世界之外，也有一些理想主义者在勾勒新的道德规范。西方各国的中世纪，没有多少艺术作品出现。而在文艺复兴之后乃至整个近代史当中，由于人的觉醒涌现出大量的艺术精品；而在20世纪到来以后，从事艺术职业的人也越来越多，最终使得艺术的标准甚至概念都发生了变化。那些惊世骇俗的种种现代主义、先锋前卫作品竟然慢慢也被世人认为司空见惯，一时间，怎样才可能再"新"成为问题。

所有价值的变化中，社会伦理的变化是首位的。今天，传统社会建立在血缘家庭关系基础上的伦常关系已经无法有效规范市场交易实践了。以爱为核心的传统伦理更多地被以平等为核心的伦理甚至权利观所取代；传统上更强调内心真实意义上的诚的观念正在被强调人际间相互约定的诚信观念所取代。这是因为，一个不断扩大疆域的全球统一市场正将所有人的家庭生活挤到了社会生活的边缘。今天，我们的确需要重新确立我们的核心价值观。看来，社会公正意识更像是现代社会的核心价值观。对核心价值观的探讨和追索的过程也是一个文化不断发展、艺术不断繁荣的过程。新的世界观在不断"颠覆"的过程中生成。

其次，后现代与前现代重新对话。现代化对传统社会来说像是一次彻底的变革。"Modern"是永远的时尚时髦。19世纪的思想家喜爱谈论与历史决裂或是告别。20世纪的现代主义艺术家们更是强调与传统的切割。在这个意义上，中国"五四"时期的新文化运动是一次坚决的现代主义运动，它极大地推动了中国文化的发展，为中国文化史留下了一大批现代艺术之作。然而历史是难以割断的。人民在新的生活中还是不断追问生活的意义问题，追问什么是"好"的问题。新的生活也有新的问题和挑战，在有些方面甚至是误入歧途。因此人们还是可能怀旧，会怀念过去，需要理性地对待过去。人们也注意到，仅有科学和技术是不够的，技术对人的作用是双刃的。人们注意到，过去的神话故事中还有深层的意蕴隐藏着，它们也可能滋养现代生活。语言与科学相比，更像是文化源源不断的矿藏。因此在价值重估过程中，旧的事物被重新打量，生出新的含义。

与前现代的对话不是复古，不是对传统的回归，而是批判地继承，是对传统中蕴含的价值的拯救。通过对传统伦理的追问，更具普遍性的道义准则呈现出来。全球化将使更多文化背景的人生活在同一个环境中。文明间的文化表现形式多样性将向文明内的文化表现形式多样性转化。

第三，大众文化广为流传。前现代社会的文化通常是分为两层的，即上层的精英文化、精致艺术和下层的民俗文化与民间艺术。文化分层从政治上说，是为了维护"天经地义"的社会垂直等级划分；从技术上说通过文字和教育的垄断实现的。文字系统越复杂的社会，文化的分层也越明显。上层文化更精致，或宏大或细腻；下层文化口传为主，叙事模式简单。现代社会改变了这种状况。不仅是工业的需要，公民社会的建立、传统国家的转型更是基于普遍的知情权与表达权，基于所有社会成员间的文化认同。而大众传媒的兴起更为文化传播推波助澜。在一定程度上，复制技术产品的普及让人们在没有多少专业训练的状况下就进入了持续表达和交往的过程。反之古典艺术的精美是以无数普通民众丧失文化表达权为前提的。今天的通俗指向的是明天的精美。我们不能要求昨天的农人，今天进城后就立即喜欢上古典音乐。

人们还会批评市场，说过强的谋利动机会使传媒过分迎合公众浅薄的文化需求，而且过多关注收入较高人群的需求。但在现代甚至后现代社会里，流通决定流传的道理是不该忽视的。重要的是，现代国家还有另外的制度安排调控市场，保障各类特殊人群的文化权益。我们要承认，文化发展过程是充满喧闹的，有着许多的声音及不同意见。我们只能让这些文化表达充分呈现，通过有序的对话、理性的辨析、必要的宽容与耐心的尝试，逐渐变成公民的共识与认同。人类文明进步的趋势是不需要怀疑的，冥冥中确实像是有一只"看不见的手"始终在助推。

（三）国家运用政策工具，通过改革和制度创新推动文化发展

上述全球趋势、国际竞争格局的分析也表明，国家文化发展战略制定是由各民族国家政府主导的，而对于政府而言他所做的主要是制度创新和政策实施，是有关法律体系的不断完善，也是行政管理方式的变更。这些都是国家建设中最重要的侧面，也是国家与文化获得公民认同的过程。因此中国也应尽快制定自己明确、有效、可操作的国家文化发展战略。

在发展改革进程中，我们经常听到有关方面强调中国国情，并以之与某些国际经验相拮抗。其实，国情总是在变化的，从前的国情在今天已经被大为改变，同理，明天还将改变很多今日的国情。这就是进步。在谈论国家文化发展战略制定的时候我们也应意识到，我们并不是站在一个可以向任何方向进发的位置或已经很坚实的基地上可随时从容启动的，我们有不少的历史包袱，在某种程度是被倒逼机制所迫使：尽管中国已经成为世界第二大经济体，但环境资源的极限已清晰可见，粗放的增长已不可持续；社会分配不公导致的动荡愈来愈频繁，且难以化解；媒体技术的日新月异使传统的舆论管理制度失效，而社会的理性因素却无法在过度压抑下顺利成长。再加上行政体制的传统弊病，腐败愈来愈难以遏制，效率愈来愈低。甚至我们应该承认，改革的红利正在耗尽，"中等收入陷阱"已经临近，传统体制的路径依赖倾向甚至正在把中国

的发展向回拉，"计划经济"的弊病正变本加厉。这样的国情并不值得赞许。

值得庆幸的是这些年科学发展观的提出。科学发展观不仅与国际上发展理论的创新（如可持续发展的理论）相凑泊，而且针对中国发展的特殊国情突出强调了"以人为本"和"全面协调"，要求调整经济结构，要求经济、社会、政治、文化诸方面的协调发展。这样的发展理论尽管在贯彻中还不尽人意，但的确为未来一段时期中国的发展指明了方向。更为难能可贵的是，在科学发展观的贯彻过程中，文化发展体制改革的基本思路逐渐形成。十七届六中全会的《决定》首先明确了建设文化强国的中长期目标；其次对近10年甚至改革开放以来我国文化体制改革的重要成果和经验进行了总结；第三则是明确指出文化大发展大繁荣要依靠两种制度的建立：文化市场和公共文化服务。但是第四，道路如何走，还需摸索。这里说的两种制度都还没有很好地建立起来。所以《决定》说："束缚文化生产力发展的体制机制问题尚未根本解决。"我们就是在这样的基础上来思索国家文化发展的战略主轴问题。

三、国家文化发展战略主轴勾画

着眼于顶层设计，文化发展战略的主轴是由核心价值观的提炼生成、文化产业政策及公共文化服务政策的实施构成的；价值观体系的重建也是在两种制度创新过程中完成的。应该说，国家文化发展战略的雏形在近十几年的发展中已经被感性地捕捉到了：2000年的"文化产业发展"、2003—2006年的"文化体制改革"、2007年以来的"公共文化服务体系建设"，以及在"三个代表"思想中蕴含着的"和市场经济相适应的伦理观"探索和在科学发展观要求中蕴含着的"核心价值体系"构建。现在我们的任务是让它们更鲜明地表达出来，更有机地组合在一起，成为国家战略！

（一）努力开放文化市场，大力发展文化产业

面对国际文化竞争和国内文化需求的增长，我们首先应该承认，市场是实现资源最优配置的制度安排，文化市场是满足公民文化需求的基本平台。同时，流通决定流传，没有强大的文化产业，没有文化产业动机推动的文化创新，任何文化传统都将被远远地抛在历史的后面。而发展文化产业的关键在于开放市场。

当代文化产业已经有被创意产业、创意经济称谓取代的趋势。文化产业崛起是由数字复制及网络传播技术的迅猛发展推动的。今天，文化产业由两个大的组成部分构成：首先是大型的传媒机构；其次是小微型的专业内容制作机构。前者位于市场链的下游，努力吸引消费者；后者位于市场链的上游，把更多艺术原创拉进市场。一般说，前者更容易取得盈利。

大型媒体并不必然直接生产文化内容，它们可以仅仅通过知识产权交易购买内容，然后应用复制技术制作大量的作品副本，实现文化传播。它们靠传播速度和商业网络获利。明白这一点我们就会懂得，除了极少数公共媒体，绝大多数媒体应该成为企业。出版社、报刊社、广播电视台、互联网站，它们才应该是文化市场的主体，而且越来越可能成为具有多种复制手段和媒体的跨行业传媒集团。

当然这个领域存在激烈的竞争。文化产业的发展趋势是内容为王、媒体过剩。这时媒体企业会以横向和纵向的"一体化"策略加以应对，出现同时运营多种媒体的企业集团；它们也格外关注技术进步。目前中国的文化企业缺乏市场竞争力，很难在市场上赢利，也很难实现跨地区、跨媒体的联合。CD技术产品在市场上盛行不过十来年的时间，但在它从兴起到衰落的整个时间窗口期内，我们国有的音像出版企业根本没有踏上浪头。当前国内大量低效的广播电视机构主要靠政府拨款度日。而已经"改制"成为企业的出版机构，并没有在真正的市场环境下运营。只有一个主体的市场缺少价格形成机制，也就不是真正的市场。这种高

度垄断的局面必须尽快扭转。

另一方面，尽管大型传媒集团出于控制内容和新产品、新时尚的动机不断向小微企业一端渗透，但文化内容产品开发具有过高风险，很难得到足够激励。文化产品开发过程也出现了"纵向非一体化"的趋势，新的技术与高科技产品大量涌现、应用在这个环节当中。因此世界各国均大力扶持小微文化企业的产品开发，孵化相关的企业和项目。以促进产学研结合为特征的国家创新体系构建体现出国家意志与战略意图。不少欧洲国家还以文化多样性保护的名义，动用公共财政支持文化产业发展和文化产品的国际贸易。因为这与世界贸易组织规则有一定的冲突，因此这些国家对把对文化产业的支持尽可能向原创端设置。而目前在中国国内，小微型、专业化的内容产品开发部门已悄悄萌发，并在不少大城市周边形成自发的集聚。但这种趋势并没有得到政府发展部门的关注，这些小微型的文化机构不进行工商登记，成为规范的市场主体；也进入不了统计部门的视野。与此同时，这种状况极不利于进行公平的知识产权交易与有效的知识产权保护，对文化原创无法给予充分激发。这种自由放任的局面也需要尽快扭转。

（二）打造高效高质的公共文化服务体系

市场不是自足的。市场失灵的存在给了政府提供公共服务以合法性依据。"看不见的手"还需要"看得见的手"来帮衬。公共文化服务提供是对文化市场失灵的必要补充。当前国家的公共文化服务首先是要提供公共文化服务基础设施网络，其次是对弱势群体进行文化救助。在这些方面，近年来国家的投入在大幅增加，公民也得到了一些公共文化服务的"实惠"。

但是，我国的公共文化服务体系的基本构架存在严重的缺陷，导致公共服务的极度低效。许多公务人员把公共文化服务机构看做计划经济的遗留物。他们会不假思索地说"公共服务就是政府出钱满足公民的基本文化需求"。这种含义模糊的表述必然造成公共服务的"缺位""越位"或"错位"。实际上,公共需求只是公民对某些非竞争性、非排他性物品或服务即公共品的需求,而不是所有的基本需求。公共需求也是一种社会集体的认知,它是通过预算程序得以认定的。问题是今天,这种有效的程序还没有合理地构建起来。"一把手工程"的构建模式不仅会造成浪费甚至腐败,还会对文化市场造成"挤出效应"。

当今世界发达国家中,尽管公共开支总量在不断增加,但也不断有"最小化政府"的专家呼声。事实上,"政府失灵"的危险并不必"市场失灵"小。因此我国公共文化服务体系打造过程中最根本的举措应该是预算程序民主化。因为"公共服务是预算制约的"。显然,这是我们实现科学发展中的一项艰巨任务,也是需要我们在国家文化发展战略制定当中给以设计和规划的。

国内一些地方已经尝试围绕预算程序进行改革创新,人们称之为"静悄悄的革命"。当这项改革没有彻底完成甚至在改革完成以后,可能提高公共文化服务效率的措施可以先行构建起来。六中全会的《决定》就提出,要对各地各级领导的文化建设方面的政绩进行考核。在国家文化发展战略制定过程中,各地提高公共服务效率的经验值得总结。

(三)抓住机遇,制订时间表、路线图,有序推进文化体制改革

文化体制改革是一个老话题。十几年来,我们以文化体制改革为名,推出过多项全局性政策举措。六中全会《决定》发表后,中办、国办也制订、下发了《国家"十二五"时期文化改革发展规划纲要》,给出了种种建设项目、工程的清单。但是我们清醒地看到,文化体制改革"攻坚阶段"毕竟还没有提上日程。对文化体制改革有些同志会有恐惧,于是我们一次次重新站到历史的起跑线上。最近的一次,有意混淆文化产业和公共文化服务区分的做法使我们再一次离开改革的入口。改革是一

连串的政治行为，势必改变原有不合理或不够合理的利益关系和利益格局。改革中相关领域的制度会暂时地不匹配，带来各种矛盾、问题，甚至面对危机。但不改革，科学发展观就无法落实，社会就难以真正公正，文化就难以获得大发展大繁荣，更遑论在国际上发挥"软实力"的功效。

文化的本质是价值观，文化的社会功能是凝聚人心。有中国特色的社会主义市场经济体系已经经过了30年的构建。但由于历史的原因，我们对这个市场制度下蕴含的伦理原则并没有充分地进行阐发，因而我们的市场制度很不完善。包括知识产权在内的所有权观念还没有深入人心，商业运营过程中诚信原则也没有被充分尊重；全体人民作为经济活动参与者的基本权利还远没有得到落实。而这些才是符合现代化要求的核心价值体系中最重要的价值核心。

眼下阻碍文化体制改革的观点是市场放开后文化内容无法管控。这种预测有一定的道理，但文化发展总有某种"颠覆性"特征，否则人类就不会进步。反之因此不开市文化市场，公民无法参与文化创造、生产、销售和传播，社会紧张度会不断积聚，最终导致社会动荡。其实世界上所有的现代化国家，也都遇到过文化内容管理问题，色情、暴力及危害国家安全的内容会受到严格的管制。但解决的办法都是依照法律。国家文化发展战略应推动文化立法。

文化市场开放之初可能会遭遇某些政治问题。这里的确有一个处理好发展、改革、稳定三者关系的问题。但三者当中发展是目的。不发展就会被"开除球籍"。同时中国的发展是从旧体制中起步的，发展的基本方式是改革。没有改革就谈不上发展。而改革和发展又需要相对稳定的社会环境，任何大的改革措施、利益格局的剧烈改变可能引起较强烈的社会反响，因此稳定是要求改革的烈度处于可控范围，要求尽可能多的"软着陆"，而不是以此借口停止改革。

毋庸置疑，任何新思想的提出对既定的社会形态都具有一定的震撼力。因此今天谈论文化的大发展大繁荣及文化体制改革也必然是要求文化表达和社会稳定同时实现，要求言论开放与文化管理体制改革同步完成。因此，无论开放文化市场准入也好，依法监管内容也好，都应是一个较为长远的目标，这都是些战略性目标。但另一方面，现代化也是时代的要求，也需要只争朝夕。因此，抓住一切机遇，分时间、分场合、分（媒体）行业、分（内容）题材、分地区、分学科，一句话分别轻重缓急是有序开放言路、全面推进文化体制改革的基本实施原则。按照我们分时间场合、分期分批开放的思路人们可以设想，印刷媒体的开放应该在广电媒体之前；图书出版的开放应在报刊出版的开放之前；电影或时装频道的开放应该在新闻频道之前，等等。应该说，近年来的改革实践中曾经显露出国家文化管理方式的某些变化迹象。对文化内容进行意识形态属性强的和意识形态属性弱的区分就是一个积极的开始，文化市场就是在一些意识形态影响相对较弱的领域先期开放的。分时间场合开放也强调对特定历史机遇的把握，例如新一届政府上任之初就较少历史负担，较易出台新政。

十七届六中全会开幕当天，《人民日报》发表署名文章，大声疾呼"一切妨碍文化发展的思想观念都要坚决冲破，一切束缚文化发展的做法和规定都要坚决改变，一切影响文化发展的体制弊病都要坚决革除"，决心不可谓不大。应该说，经过几十年的改革开放，人们热切地期盼新的伦理价值观能在思想解放、在公民理性而喧闹的讨论中重构和诞生。这时人们希望一部思路清晰、既显示了改革的勇气又具有较强可操作性的"国家文化发展战略"能够尽快制定并投入实施，我们在此仅仅是对它进行了粗线条的勾画。

作为一门社会科学学科的文化学：学科史建构述略[①]

关于文化，已经有上百种概念界定。它们各有所长，又足以使人莫衷一是。而这里我们希望讨论的首先不是文化，而是文化学问题。我们注意到无论在国内还是国际，多数学者还不太认可有一个名为文化学的学科存在。有不多的大学或科研机构设立文化学系、文化学院和文化研究所，但这个名目之下是否开设有更严格意义的文化学课程则并不明确；而伯明翰大学著名的文化研究中心（CCCS）则已于本世纪初（2002年）被撤销了。有感于此，我想结合学术史或学科史的反思，对文化学建构的必要性和可能性发表一些评论；通过对思想史上一些大师及其思想的定位，简略勾画一幅文化学学科的地图。

一、文化学主题在哲学中的源头

可以说，所有学科的源头都是哲学。而一般而言，哲学总是以反思的方式面对文化。它总是在思考对象（客体）的同时思考方法或思维能力。于是它从对外部世界的思考反及自身（大写的人或主体），结合对自身的认识、能力评估而谈论世界；于是有了哲学认识论和人本哲学或哲学主体论。进而哲学又从对人的思考——对人类、个体和社会的思考反及文化。种种文化哲学（例如卡西尔）总是人本哲学的镜像。例如席勒是用艺术来界定人；黑格尔则是用精神现象来界定人的存在。这些都是通过对文化内容的解释来界说人。但这里人与文化是不区分的，讨论

[①] 本文发表于《学术探索》2020第4期。

文化就是讨论人（人类或个体的集合）。

二、文化学方法在哲学中的产生

哲学对人或文化的思考是辩证的或叫思辨的。按照伽达默尔的说法，理解是人类存在的方式。这些哲学终于发现并表达了人类最根本最普遍的价值观。它们把先前以宗教的那种情感的、模糊的甚至扭曲的方式感知到的普遍性，用概念的方式和清晰的语言表达出来。然而这些表达还需在持续的对话及相应的社会交往即不断的商榷、论证中得到确认。因此结合种种现实，人们还希望以科学的方式，即经验的、实证的方式在生活中看到它，直至将其充分地落实为更普遍的现实。因为人们见证了自然科学的有效性，相信它也可以作为方法被用来处理传统上由人文学科所处理过的各种社会、文化课题，所以就有了近现代的实证主义哲学和种种社会科学（有学者相信，"实证主义是启蒙的唯一正确道路"[1]），学者们希望用自然科学的方法，如观察、实验、测量、分析和归纳等说明并改进人与社会的现状，确认那些普遍的价值，也要求能对各种学科对象予以一种形式化的描述。于是我们有了各种人的科学或社会科学，并且我们也看到了它们形式化地（价值中立地）处理人文课题的能力和效力。实证科学的成果往往更具在社会层面落实的可能。如果我们希望以大致相似的方法去处理文化问题，就会产生一门叫作文化学（culturology）的社会科学。它将通过某种客观的、形式化的方式对种种文化哲学理论（价值内容）予以确认（包含证伪和修正），并实际推动文化的发展繁荣。

---

[1] 维多利亚·亚历山大：《艺术社会学》，章浩、沈杨译，江苏人民出版社，2009，第378页。

三、文化学名称的出现

对这个名称还很拗口的学科,美国科学哲学家和人类学家莱斯利·怀特(Leslie A. White)曾作过强烈的建议[1],并简单追溯过这个学科化努力的历史。怀特被认为是文化学在美国的早期"倡导者之一"[2],他说自己首次使用"文化学"是在1939年(而《文化科学》的成书年代在1949年)。他把文化学名称最早的使用者追溯到杰出的德国化学家、诺贝尔奖获得者威廉·奥斯特瓦尔德(Wilhelm Ostwald)1915年的一次演讲《科学的体系》[3]。他说14年后,社会学家里德·贝恩也使用了"文化学"的名称[4]。他还特别提到两位中国或华裔学者(程澍雨和黄文山,应为两位人类学家)曾在40年代使用过文化学术语,这使怀特知道了"文化学"的汉语读音[5]。这之后,断断续续有学者使用文化学这一术语;在俄罗斯(苏联)文化学的称呼使用得更正式一些但其学科内容似要宽泛一些。

四、文化学独特研究对象的确定

文化学(culturology)的称呼要比宽泛的文化科学(science of culture,人类学家泰勒在1871年就使用过)概念更专门,首先就要求有明确的研究对象。如同社会学的称呼直到杜克海姆(Emile Durkheim)在

---

[1] 怀特:《文化科学》,曹锦清等译,浙江人民出版社,1988,第21页。
[2] 怀特:《文化科学》,曹锦清等译,浙江人民出版社,1988。
[3] 怀特:《文化科学》,曹锦清等译,浙江人民出版社,1988,第389页。这使"文化学"有了一个德语名词"Kulturologie"。这位科学家更早是使用另一个德文词"Kulturwissenschaft"表示这一含义。参见纽宁等主编:《文化学研究导论》,闵志荣译,南京大学出版社2018年中译本,第42页脚注⑥。
[4] 怀特:《文化科学》,曹锦清等译,浙江人民出版社,1988。
[5] 怀特:《文化科学》,曹锦清等译,浙江人民出版社,1988,第390页。

《社会学研究方法论》（1895年）中专门论及并逐渐剥离出一类"社会现象"（或"社会事实"）后才逐渐从以前更模糊的人文科学如心理学中区分出来并得到广泛认可，属于社会科学的文化学也需要有特定的研究对象可把握才行。文化不仅是人们生活的意义，也是人类、社会及个人成长的普遍性工具或交往介质；这时的文化既非主体又非客体，而是主体间的（很像卡尔·波普所说的"世界3"）。

　　社会学在很大程度上就是文化社会学的原因在于它往往来自文化人类学，研究早期或偏远小型人类社会的典章制度、习俗、神话、禁忌等。这些文化现象被认为制约着特定社会中的个体行为。这些文化内容都被当作某种社会现象或社会事实纳入社会学视野。怀特创建文化学的努力也是如此。他自己就是人类学家，他的文化概念基本取自另一位人类学家泰勒（Edward B. Tylor）。但怀特还是抓住了重点，他特别强调了符号（symbol）及符号运用（symbolling）对于文化学研究的意义。他宣布："符号是全部人类行为和文明的基本单位"；"全部人类行为起源于符号的使用"[1]。这是文化学可能区别于社会学（包括文化社会学）成为一个专门学科的关键。

五、符号学的打造

　　要建构独立的文化学学科，最直接的任务就是要能把文化现象或文化事实从社会现象中剥离出来作专门处理。怀特已经抓到了解锁的关键，却未能得其门而入。作为人类学家，他仅仅看到不同文化或符号系统的内容差异，并努力寻求评估这些差异的民族学、人类学尺度，却未能找到可以衡量这些差异的表达性尺度；他的符号概念是平面而无法解析的。同时在怀特那里，符号行为也在很大程度上被当作一种心理现象看

---

[1] 怀特：《文化科学》，曹锦清等译，浙江人民出版社，1988，第21页。

待。他说:"文化系统是由一系列生理—心理事件构成的";"文化构成一个超生物,或超机体的事件类型"①。他的科学主义倾向限制了他的视野。而最终揭示文化系统形式化特征的是符号学家(semiology 或 semiotics)。他们把符号现象(符号事实)从社会现象和心理现象上区分出来,成为文化学的专属对象。从语词上看,symbol 也多被 sign 所取代。

我们注意到,各种文化概念都是对文化内容的解释、抽象、概括、归纳或分类。例如泰勒的界定:"文化或者文明在最广的种族学意义上是知识、信仰、艺术、道德、法律、习俗和其他一切人类作为社会成员而习得的能力和习惯之总和。"②又如著名文化哲学家卡西尔,他的符号论哲学主要是对人类广义知识系统进行分类,将语言、神话、宗教、历史、科学、艺术等视为人类文化饼图上的不同扇面③。这些文化概念的外延涵盖极为宽泛,具有一种整体性特征,如"价值观和生活方式"及各种物质文化、制度文化,还往往不能与人的心理活动明确区分,如卡西尔等都十分重视以心理学家对盲女海伦·凯勒语言学习经验的记录为例证。而对较为经验和实证的文化学而言,更为重要的是要能从形式上对文化现象进行解析。如果经验的文化研究是从符号开始的,那么我们就还需要有一个能对符号现象进行进一步切分的系统工具或理论框架。

六、罗兰·巴尔特的符号学贡献

对符号进行系统化描述的工作是由巴尔特(Roland Barthes)实质性展开的。他的主要贡献是:在索绪尔所做工作的基础上,他也选择 sign 这个西文词表示符号,并进一步明确了符号构成三要素:能指、所指及

---

① 怀特:《文化科学》,曹锦清等译,浙江人民出版社,1988,第 14 页。
② 泰勒:《原始文化》,连树声译,上海文艺出版社,1992;纽宁等:《文化学研究导论》,闵志荣译,南京大学出版社 2018 年中译本,第 22 页。
③ 卡西尔:《人论》,甘阳译,上海译文出版社,1985,第 87 页。

联系二者的意指关系。他的经典表述是:"能指面构成表达面;所指面构成内容面。"①

他更重要的贡献是,看到了"语言"与"神话"的区别。在他那里,神话是一个双层或双重的语言构造。语言作为符号自身有能指和所指两方面;同时这两方面还形成一个新的能指,具有深一层的所指即深层意指。他广为人知的例证是杂志封面上的宣传画:一名身着法国军装的黑人士兵向国旗敬礼。表层的含义只是军人对国家的忠诚,而深层含义则可能是对殖民主义的礼赞。这当然是巴尔特对法国国家意识形态的揭露和批判,而其更普遍的含义在于说明,人类文化的高明所在恰恰在于神话而非简单的语言或言语。不少符号学家,如美国的西比奥克(T. Sebeok)和意大利的埃柯(U. Eco),都较多关注了动物界甚至自然界的信号传递过程(动物的叫声或基因复制)。这样不仅把其符号学理论搞得很复杂,而且分散了对本应重点开展的人类符号现象研究的精力。心理学家曾明确区分过人类两类信号系统:第一信号系统诉诸人的感知觉过程;而第二信号系统诉诸理解。作为文化学理论,我们的符号学研究也强调应主要开展对巴尔特所说"神话"类型符号的研究。具有双层结构的神话才是文化符号的典型形态。

巴尔特还极为强调符号的系统质,说明作为人类文化各级单元的符号具有不断向内容和形式即能指和所指两个方面展开的可能与动能,向内容面的追究是含蓄意指;而向形式方面的拓展叫元语言②。这样一来,巴尔特实际是揭示了人类普遍文化内容得以不断显现——由不可见(理念或理想)到可见(形象和语词),进而从可见到成为物质现实(实践及其历史)即被构建或创建——的过程。在这一过程中,每一个由能指所指所构成的符号、每一次使用符号的交往行为都像一根魔棒,可以唤

---

① 巴尔特:《符号学原理》,李幼蒸译,三联书店,1988,第134页。
② 巴尔特:《符号学原理》,李幼蒸译,三联书店,1988,第169-172页。

醒、搅动并变更整个符号系统。这个符号系统负载着人类的全部文化，通过不竭的符号活动，人们可以理解，也可以批评、创新既有的文化，从而推动文明的进化。通过对巴尔特的学习和阐释我们可以懂得，符号就是文化的存在形式或载体，文化学应是关于符号负载文化的属性、结构、功能或用法的学问。符号是文化的构成（与拆解）单位。更为重要的是，在人类交往中始终处于人们之间的符号能指具有物质性特征，人们可以经验地、具体地把握它。使用符号的过程就是沟通。人们运用符号打造各类文化品；通过对符号和符号产品的分析，就可以了解整个文化的构造，进而开展各种类型具体的文化研究。因此关于符号结构的符号学是文化学的核心内容。人们常常因为文化内容的丰富多彩，就赞叹世上无所不是文化。但如果文化真是无所不在，文化学就无法成立，它仍然会处于一种哲学世界观的状态。而通过符号与非符号形态的甄别、区分，我们可以把文化与社会、心理现象区分开来。我们知道了什么不是文化，也才会有专门的文化学。

七、文化学的主要内容

　　文化学当然是研究文化（内容）的，但现在我们首先要研究符号，如同我们要进行文学创作首先要学习语文。首先我们在世界观层面可以确定符号在实践中的位置。简单说，实践结构中，符号以其特定的物质形态处于人与自然、人与社会及他人之间，并在整个实践活动中发挥不可或缺的系统功能。在人的所有物质实践中，符号交往处于核心位置。人类在符号交往活动的历史中也有意识地保存了大量符号品，即各种文物、文化遗存。在符号论的文化研究中，我们可以暂且将自然、社会和他人的心理观念等存在悬搁在外。同时我们也相信，人类实践活动总体已经在符号系统中被以这样那样的方式反省、映射和呈现过。这些想法显然表现出马克思早期关于实践、感性活动、统一科学等思想的影响①。

被从种种实践要素中区别出来的文化符号仍然是一个巨大的系统，还需要有一个形式化理论工具对其进行系统研究。巴尔特的符号学就是在这个背景下被引入的。同时我们也看到，这些专门的符号学研究有很长的历史可追溯。在对符号系统进行更完整、更深刻地研究与揭示之前，人们已经开展过对部分符号系统的研究，如语言学或叫语法（句法）学。巴尔特在《符号学原理》的"导言"中说："符号学知识实际上只可能是对语言学知识的一种模仿"；"其目的只是要从语言学中引出一些分析概念"②。

巴尔特的思考是从对索绪尔语言学成就的高度评价开始的。巴尔特说："索绪尔以前的语言学主要关心在发音演变、词义自发关联和类比作用中研究其历史性变化的原因。因此它是一种有关个别性言语行为的语言学"；"索绪尔以语言的'多样性和杂乱性'为出发点"③。但索绪尔抓住了语言系统或语言结构这个关键性因素。他区分了人们具体言谈中使用的"言语"和作为其间共同结构的"语言"。索绪尔所说的"语言""即人们进行交流所必需的规约系统，它与组成它的记号的质料无关"。巴尔特总结说："语言结构就等于是语言（Laugage）减去言语。"④

巴尔特充分理解了索绪尔《普通语言学教程》中"普通"（générale，general）两字的含义。索绪尔追求的是一门最"普遍"的语言学。甚至他也是把语言学看作未来符号学的组成部分⑤。巴尔特比索绪尔的追求更强烈，他希望建立一种更"普通"，即更普遍、更抽象、更高层级上

---

① 马克思：《1844年经济学—哲学手稿》，刘丕坤译，人民出版，1979。
② 巴尔特：《符号学原理》，李幼蒸译，三联书店，1988，第115页。
③ 巴尔特：《符号学原理》，李幼蒸译，三联书店，1988，第116页。
④ 同上。索绪尔的表述是："语言就是言语活动减去言语。"（《普通语言学教程》，商务印书馆1985年中译本，第115页）两者的意思是相同的。
⑤ 索绪尔：《普通语言学教程》，高名凯译，商务印书馆，1980，第38页。

的符号学。这种普通符号学不仅能揭示出各种自然语言和方言的内在结构，还要能将艺术语言和今天的计算机语言也涵盖其中。巴尔特对"符号"或"神话"构造的揭示已经让人看到这种概括的前景；而语言科学迄今的充分展开（语法学、语义学、语用学、修辞学、叙事学……）也印证着这个学科发展的潜力。

我们可以进一步想象的是通过符号构造的分析和对符号功能的理解，各种艺术表现手段也被作为相互可通约、可匹配的符号系统同时调用。例如今天的一位电影导演，可能充分利用电影这种综合艺术的各种艺术表现手段，这时文学、绘画和音乐的"语言"及表现手法服务于厚重、复杂、多重含义的艺术作品表面肌理的塑造。传统美学中表现主义与形式主义、写实主义和超现实主义理论所强调的艺术表达功能现在被同时用于一件艺术作品的创作。这样我们可以想象，传统的文艺批评及今天广义的文化批评将会获得怎样精准和犀利的批评工具，同时又有多少种类的符号表达作品成为批评的对象，例如时装、建筑、汽车、美食等等。传统的文艺批评和美学和语言学一样，可以被纳入符号学构建的统一话语之中。现在我们也可以意识到，克罗齐当时（1958年）把美学称作"作为表现的科学和一般语言学"进行的讨论具有多大的语义解释空间。

通过符号学理论来认识文化还有比传统各类别文化分析及语言学研究更新的内容。例如当我们思考文化符号的能指面会不断元语言化的倾向时，我们还要思考文化作品的复制性产品的特性问题。数字化技术的飞速发展不仅解决了计算的问题，也带来符号"界面"即外观形态的重大变革。这里涉及的不仅是文化接受的问题，也会包括文化品创作的技艺问题。未来的艺术作品将更多同时拥有话语、图像、韵律三种符号纬度，而且其创作可能都是通过手工的"键入—发送"（type-send）完成的；而其传播、流通的展示的方式又通常都会涉及复制问题。在文化交往过程中，什么是符号作品的原作（原始能指），这不仅要在哲学解释学层面讨论，更要在社会或市场的环境中加以确定。符号学对其要进行基础研究。

八、文化学对其他文化研究学科的意义

符号学是经验研究的文化学。在符号学方面人们的研究成果不少，但仍然不是很深入。尤其是很多符号学研究过多关注人或动物、生物甚至自然界中的通讯（信息传递）过程，研究个人（心理）的信息接收、发送及加工处理能力，而不是紧扣住符号系统与人类交往活动的对应关系，尤其是类似在传统语言学中更多关住了语音学、语法学，而忽视了修辞研究。巴尔特在提示了"神话"对符号学研究的重要性时，也就提示了神话地使用语言时修辞方式的重要性。我们期待符号学在这方面能产生更多的成果。

然而符号学的文化研究还是给许多与文化相关的社会科学学科带来了新的视野。当然我们也可以反过来说，许多与文化相关的社会科学学科研究给符号学研究带来更多启迪。这里我们简单提及文化经济学与文化社会学。这是 20 世纪 70 年代后发展较快的两个与文化相关的社会科学学科。

（一）文化社会学

自哈贝马斯开始，符号交往就是作为文化社会学、文化政治学、伦理学加以讨论的。伯明翰学派以及国内很多年里的文艺理论或批评也是文化社会学的。这里我们想提及的一个案例是戴安娜·克兰（Diana Crane）。这位美国社会学家起初是作科学社会学的，著有《无形学院》（1980年，中译本1988年），讲科学家团体如何（不仅通过有形的学术机构，并且通过无形的）社交网络促进研究成果的涌现。后来她的视野慢慢转到文化社会学上来。这时她发现，处于传统社会学边缘的各类文化社会学研究已经对学科社会学发起了挑战，正在成就一个"浮现中

的理论视野"（1994年。参见《文化社会学》2006年中译本）。研究中她特别指出："在新'文化社会学'业已力图在无数繁复的脉络背景中给文化概念以精确的定义的时候，主流社会学基本上还继续以经典社会学理论和经典社会人类学的观点来看待文化。"而她自己在看到了印刷物、胶片和电子媒介等文化产品形态后，倾向使用"记录文化"（recorded culture）这样的概念。这样她才能统一地处理城市环境中的各种文化表达及相互影响[1]。我们在纸质或电子媒体上是否看到了传统文学艺术作品的一个新的能指（或元语言）层面呢？

另一个可以提及的社会学案例是欧文·戈夫曼（Erving Goffman）的符号互动论研究。在《日常生活中自我的呈现》（1959）一书中，戈夫曼是将社会生活及人际交往看作舞台上的戏剧表演。这时人们不仅一般地受到各种社会、文化规范的约束，也会以符号为道具对社会进行对话或博弈，进而创新既有的文化。如果说关注文化制度对个人具有规范作用的社会学是宏观的，那么关注个人对种种既有规范的反抗、改变的社会学就是微观的。后者对于个人的符号使用方式会有细致的观察和揭示。[2]按照戈夫曼的思路，人们的社会交往也无不使用种种艺术表现手法，对人们在交往过程中使用的各种修辞策略需要有更多的了解。

在这些研究中我们看到，新闻报道的文体和电视主持人的出镜模式都构成了统一的符号学应该关注并加以概括的特定系统对象。

（二）文化经济学

社会学本来就与经济学距离不远，宏观经济学讨论的就是经济发展的社会制度环境问题。而从微观经济学中也已经发展出不少艺术经济学

---

[1] 克兰：《文化生产：媒体与都市文化》，赵国新译，译林出版社，2001。

[2] 菲利普·史密斯：《文化理论——导论》，张鲲译，商务印书馆，2008，第91—99页。

和传媒经济学的成果。掠过这些具体的成就，我们这里也想提到一个案例，大卫·思罗斯比（David Throsby）的《经济学与文化》（2001）①。他谈到主流经济学在处理文化问题时力不从心，很难解释珍贵文物的经济价值与文化价值不相称问题。从价值论的角度说，经济价值与文化价值本应是一致或密切相关的，然而在对文化产品进行经济价值评估时，发现这些对象自带了另一套价值尺度，于是导致了"经济学失灵"。当然我也看到他很有创意地给出了一个适合经济学家使用的、双重的文化定义。其中第一重含义大约是人类学家、社会学家所说的"一个群体所共有或共享的态度、信仰、传统、习俗、价值观和惯例"；第二重含义则涉及对象必须同时具备的三个特征，即"创意""象征意义"和"知识产权"②。这为他文化经济学的探索开辟了道路。在我看来，思罗斯比所说的第二重含义就已不是对"文化"而是对"文化品"（cultural goods）的界定。相对整体性的文化而言，文化品已经是一种具体的符号形态。确定文化价值在每个具体文化符号或艺术家在每一个作品中的分布与估值是文化经济学的一个新的研究方向。现在关于复制性的大众文化产品及奢侈性的高端艺术品都有较成熟的市场，关于教育工作者的工作也有较成熟的价值评估体系。沿着对这些文化商品价格形成机制进行探索的思路，各种现在看来很难得到激励的艺术创造生产活动也会得到合理的解释，产生新的制度安排。

对一类文化产品估值过高必然导致对另一类文化产品估值偏低。思罗斯比说："类似科技创新这样的活动是不包括在（文化）定义中的，尽管它涉及了创意，并且能生产可以获得版权或专利的劳动成果，但它

---

① 戴维·思罗斯比：《经济学与文化》，王志标、张峥嵘译，中国人民大学出版社，2011。

② 戴维·思罗斯比：《经济学与文化》，王志标、张峥嵘译，中国人民大学出版社，2011，第4页。

一般出于约定俗成的功利性目的，而不是为了交流的意义。"[1] 后工业社会及文化经济的蓬勃发展与计算机和网络技术的发展密切相关，而且文化产品的新样态中科技成分日益增加。如果更自觉地从符号学的角度切入，如将其作为文化产品表层能指的新层面考虑，科技创新活动是否能被经济学家更体面地看待呢？

九、简单的结语

以符号研究为核心的文化学还像是一个"浮现中的理论视野"。但从它的学科特征及现实意义上看，无疑是大有可为的。与对文化进行宏观解释的各种规范性的人文学科不同，这种文化学是经验性的，可以从经验观察开始。我们根据经验就可以识别大量和大部分的文化符号，尤其是21世纪的今天，人类社会的符号交往空前活跃，新的符号产品层出不穷。从对这些符号物品（cultural goods）属性、结构等系统质的观察和归纳，我们会对文化的微观运行有更多的了解，也可以更好地使用各种符号工具，参与文化交往及各种社会实践。

文化学是要对各类符号系统进行统一的、形式化的认识。在这个意义上说，它又是价值中立的，可以为所有的符号使用者提供操作指南。这既有助于人们清晰认识各种既有文化传统的具体内容，又有助于人们发挥主观能动性和创造性，与各种传统文化进行积极互动。了解了文化内容的符号构成方式，人们既可对其加以更精致的构建，也可对其加以必要的解构（批判），从而让人类文明向更高层次跃升。文化学符号研究的不断深化也有助于各相关文化学科研究及广义文化批评的推进。我们愿继续关注并参加到这个社会科学学科的发展进程中去。

---

[1] 戴维·思罗斯比：《经济学与文化》，王志标、张峥嵘译，中国人民大学出版社，2011，第5页。

切入经济学的文化研究
——一次学科史路径梳理的尝试

20世纪后半叶以来，种种原因导致了文化在世界范围的复兴。文化消费兴旺、新媒体和新的娱乐形式层出不穷、全球旅游时尚兴起。人们用知识经济和创意产业正面界定"后工业社会"，这也就是所谓的"后现代"。此时各国国内及国家间经济、社会、政治、文化、科技因素相互激荡；经济的竞争、综合国力的竞争归根到底是文化的比拼。这种竞争民族国家的边界无法阻挡；挡住、回避信息交流就会抑制一个民族最强大的创造力，其市场就发挥不出有限资源的更高效率，进而影响人心向背，也意味了最终的失败。于是各国均以国家创新体系、创意城市网络、文化表现形式多样性保护行动予以应对。

伴随文化的兴盛，文化研究也变得越来越活跃。人们好奇，要扩大视野，也要反思，理解自己。但这件事并不容易。人们知道，关于"文化"这个概念，世界上大约有200个定义，人们莫衷一是。而我们这里所说的"文化研究"就是一个极为多元、内部关系错综复杂的学科大全或学科集合，许多研究都是跨学科甚至跨多个学科的。接触到其中不同派别及传统，也总感到这些理论林林总总、各执一端，让人无所适从。文化研究这种复杂性令人着迷，提示着深入展开的必要性和紧迫性。我们首先就需要对近一个世纪甚至更长时间的人类文化反思本身的路线进行反省和梳理，进而看清其间研究方向的转折和变化。我们发现，大众参与的文化场域中文化研究不断切入现实，走向微观，关注社会制度与市场调节的细节，在新的文化学科不断分化产生的同时，文化研究向经济学扩展的趋势明显。

一、什么是"文化研究"?

稍加检索就会发现,"文化研究"是个专有名词。而且它有广义和狭义两种用法。狭义的是指自 20 世纪 50 年代从英国伯明翰文化研究中心发起的文化社会学研究,尽管其研究方法被一些学者带到了美国和澳大利亚,但这个中心在 2002 年最终被伯明翰大学(宣布)取消了[①]。稍广义的"文化研究"比上述范畴大,它包括了和伯明翰学派有种种思想联系或承继关系的文化研究,主要指英国、美国和澳大利亚这几个英语国家的一批学者开展的文化研究(所谓"3A 轴心")。这样的文化研究脉络可以参见澳大利亚学者约翰·哈特利的《文化研究简史》。

据哈特利梳理,这个中等规模的"文化研究"包括了六种不同的研究路径。第一个派别来自传统的文学艺术批评,尤其是关于文艺作品内容的社会性政治性批评。而伯明翰学派几位鼻祖霍格特、威廉斯和汤普森大约都是从这里出发开始自己的文化研究的,如霍格特《读写能力的作用》、雷蒙德·威廉斯《文化与社会》、汤普森《英国工人阶级的形成》等,60 年代前均以出版。[②](《简史》第 46 页)。

第二个派别是"大众文化研究"。这里包括了两种观点的交锋。一种是保守派(如阿诺德等)的观点,认为"二战"后的英国社会变得粗俗甚至堕落,传统的价值观念和文化趣味慢慢被腐蚀掉了,这甚至会引起国家的解体。因此必须要重整高文化(high culture)、精致的艺术,让社会精英对文化经典作出反响。而反方是"民主派",认为大众文化虽然有些低俗,但这才保证了所有公众的文化权利。鼓吹高文化,就是想将工人阶级从文化领域或文化表达中排挤出去,想继续垄断文化话语

---

① 〔澳〕约翰·哈特利:《文化研究简史》,季广茂译,金城出版社,2008,第 17 页。

② 〔澳〕约翰·哈特利:《文化研究简史》,季广茂译,金城出版社,2008,第 46 页。

权。大众文化的兴盛则刚好反映出全民文化参与,也塑造了每个现代国家新的共同文化(不再分为两层)。于是民主派极力为电影、电视和爵士乐等各种大众文化形式的存在进行辩护。

第三个派别的文化研究多少有些费解,主要是一些直接干预现实的文化行动。这也包括对某些先锋派艺术的创作意图及其含义的解释。但他把这部分称作"艺术史"。

第四个派别被称为"政治经济学"。这个派别的文化研究经历了复杂的历史演变。它的出发点是马克思主义的政治经济学,同时也是对它的修正,即强调文化意识形态对社会经济基础的"反作用"。但这样的研究最终还是会导出结论说,工人阶级其实是愚昧的,只会为媒体资本所欺骗。后来这种研究找到新的切入点,研究公民-消费者-媒体公共政策之间的关系;研究创意产业和创意经济等。这样的研究还在展开之中。

第五个派别是对于种种文化差异的研究,也是对都市或城郊日常文化生活的研究,包括人类学、女权主义、游客和消费者研究等等。

第六个派别涉及教育,讲文化研究如何在大学课堂上进行。兹略。

这样的梳理对我有一种导引的作用,但我觉得他的视野有很多缺失。虽然这本书图文并茂,多少也提及一些德国人和法国人的名字,但我觉得,这还只是一个中等规模的文化研究"景观"。一个更完整的当代西方文化研究的视野起码要包括这样几个大的传统:一是法兰克福学派对文化工业进行批判的理论序列,这是德国人或西方马克思主义的传统,与其他一些德国思想资源有关联。二是伯明翰学派开创的文化研究的序列,这是英国人的传统,并延伸到美国和澳大利亚等国家(英语传统);这是哈特利着重介绍过的部分。第三是"后现代主义"理论序列,这主要是法国人的传统,从巴尔特到福柯、鲍德里亚等。然后是美国人的艺术经济学序列,有很多书都把它的源头追溯到鲍莫尔和鲍温(Baumol & Bowen)1966年所作的一项研究,到现在也已经产生了很多研究成果和新人。

二、文化研究的学科转换路径与逻辑

（一）路径转换

即使把文化研究的圈子放得那么大，也许仍然是不全面的。因此我们可以进一步审视哈特利的研究分类，他在其所关注到的范围内已经可以看出文化研究在学科上的分化趋势。我们起码可以看到，第二个部分的文化研究在向社会学靠拢；第三个方面的文化研究向史学靠拢；第四个方面向经济学靠拢；而第五个方面在向人类学靠拢。我们对此进行一些综合和概括，给出以下当代文化研究学科分类列表：

表1　当代文化研究学科分类列表

文化哲学（哲学家的文化研究）	文化史学（史学家的文化研究）	文化社会学（社会学家的文化研究）	文化经济学（经济学家的文化研究）	文化人类学（人类学家的文化研究）

我认为这里每个学科都还包括很多研究内容分类，但人文社会科学的文化研究主要就是这样几个方向或部门，而文化心理学、文化地理学在西方的教育研究体系中可能更多属于理科或自然科学，暂时不考虑。接下来我还想给它一种历时性分析，把它变成这样的框架：

表2　文化框架

文化史学↓	文化哲学（20世纪50年代前）↓	文化人类学↓
	文化社会学（20世纪50—70年代）↓	
	文化经济学（20世纪70年代后）↓	

应该说，这样一个历史顺序的存在是我阅读过程中慢慢意识到的。我在从传统美哲学研究转入文化研究阅读时慢慢注意这些著作的产生年代了，这样才较为细致地知道它们的传承关系和内在理路变化。给我印象深刻的是，竟然有一些书上说，相关学科只有很短的历史，源头只能追到20世纪60—70年代。这样我就慢慢看出一个历史顺序来。其中最

重要的就是文化社会学与文化经济学的转变。然后再从逻辑上反回去将其接在文化哲学的线索上。这里的文化史学和文化人类学作为其补充或者两翼，各自也有其历史演变路径，和中间这个主流的变化相对应。需要说明的是文化社会学与文化经济学不是后者取代前者的关系，后者出现之后前者依然发展，但也明显受到后者研究成果的影响。

这里无法把各种学派的主要著作都按时间表摆放出来进行归纳和论证。我们仅以下列几点略予证明。

（1）文化哲学不是很大的哲学流派，词典上一般的词条都只提到恩斯特·卡西尔，尤其他的《人论·人类文化哲学导引》（1944年）。他的另两位鼻祖维柯和赫尔德是逆推出来的。我们可以再补充一位作者，即美国学者莱斯利·怀特。有人认为它只是一位人类学家，但他的著作《文化科学·人和文明的研究》说明他关心的是整个人类的文明发展模式，具有准哲学的水准。这本多篇论文改写成的专著成书于整个40年代。还有美国美学家、与卡西尔共同倡导符号论艺术哲学的苏珊·朗格，她的主要理论也出现在20世纪四五十年代。所以我们把文化哲学时代的下限放在50年代。

（2）文化社会学的开山之作一般诞生于50年代，前面提到了伯明翰学派几位鼻祖，霍格特的《读写能力的作用》、威廉斯的《文化与社会》、汤普森的《英国工人阶级的形成》都出版于60年代以前。后来这个学派又产生了很多具有重大影响的著作和学者，在60、70年代有过极大的影响力（甚至如伊格尔顿在90年代前后的研究）。但2002年伯明翰大学决定关闭文化研究中心，这可以视为该流派和学科走向颓败的某种迹象。

这里我们应该提及法兰克福学派的批判理论。在一定意义上说它是介于或横跨在哲学与社会学之间的。其批判无疑是哲学的、思辨的，而其对象是社会，尤其是社会的文化现象。将其视为一种批判的文化哲学与卡西尔肯定的文化哲学并举也许是合理的。但我们也看到，社会学的研究也分两类：一些研究强调实证和统计；另一些则强调理论模型的应用。后者与哲学的距离很近。

（3）经济学的文化研究（无论艺术经济学还是媒体经济学）则都是在70年代前后才慢慢成军的；才开始有了公认的学科带头人和自己的专业刊物。文化经济学家特劳伯回顾说："传统经济学几乎不关注各类艺术，而且只有极为稀少的思考涉及艺术与经济的关联。"20世纪60年代以后，"尝试并持续对与种种艺术相关的事务进行经济分析的努力似乎主要是由鲍莫尔（Baumol）和鲍恩（Bowen）引导的。两人将传统经济学提供的概念与分析工具加以运用，其成果体现在《文化经济学杂志》（1966）上。"[1]

（4）与艺术经济学共同构成文化经济学主体的传媒经济学的情况也是一样。传媒研究自50年代起开始兴起，但那主要是社会学的传媒研究。七八十年代以后，随着传媒技术迅猛发展和放松管制的公共政策出台，传媒研究走向了新的方向。美国学者安澜·艾尔布兰在90年代中期撰写的《传媒经济学——市场、产业与观念》上说："传媒经济学是一个相对年轻的学科，自20世纪80年代以来才逐渐得到认可并赢得了学术地位。"而这个领域的核心期刊《传媒经济学学刊》是在罗伯特·皮卡特等人的倡导下于1987年在美国创立，1988年春才出版了第一期。

（5）我想关于文化研究学科转换趋势的观察应该很充分了，但我手边还有一个文化史学历史分期的佐证。英国文化史学家彼得·伯克将西方文化史写作的历史分为四个阶段[2]。①从1800—1950年是"经典"阶段；②始于20世纪30年代的是"艺术的社会史"阶段；③60年代是大众文化的发现阶段；④这以后则进入了一个"新文化史"时期。上

---

[1] W.亨顿、J.山纳罕、A.麦克唐纳：《关于艺术的经济政策》，联合图书公司，1980。

[2] 彼得·伯克：《什么是文化史》，蔡玉辉译，北京大学出版社，2009，第7页。

述"经典"阶段的代表作是布克哈特的《意大利文艺复兴时期的文化》，这些著作所涉及的文化是当时重要的文学艺术哲学科学"经典"。而从20世纪30年代开始兴起的"艺术的社会史"及"大众文化史"阶段刚好是我们说的社会学的文化研究或文化社会学时期。这里有两个主题，一是市场社会对于高雅艺术（high culture）是否有利；二是日益增多的"大众文化"作品是否也对高文化构成冲击。在彼得·伯克说的第四阶段"新文化史"时期（60—70年代以后）他看到了很多更多精微、新颖的文化研究，遗憾的是没能关注到文化经济学的兴起。在我看来，在这个历史演进趋势中尤其需要关注20世纪70年代这条历史分界线，它也许是现代向后现代转变的关节点（制造业→知识经济）。因此，文化经济学的兴起具有特殊的意义。

（二）内在逻辑

任何重要的历史性转折都是人们后来标记出来的，而其中的根据则是某种逻辑。上述学科史变迁轨迹也可以做下述底层逻辑分析。

1. 文化哲学

和所有学科的理论研究一样，文化研究也是从哲学领域开始的。哲学家把视野投射到文化上来，反映出人类认识水平的进步或者世界观的变革。刚才我们提到，文化哲学的代表人物是卡西尔。有关词条对这个传统的简洁勾勒是从维柯（1668—1744）、赫尔德（1744—1803）到卡西尔（1874—1945）。我们说这个历史线索也是人们从后往前推出来的，没有卡西尔就看不懂维柯、赫尔德的意义。所以重要的是读懂卡西尔。

从根本上说，文化哲学是一种人的哲学或说是人本哲学的一个品种。它要通过对文化或者艺术及其功能的描述来论证人的本质，回答（抽象的）人的本质是什么的问题。我们还可以加上席勒，因为他说："人啊，唯你才有艺术！"文化确证了人的本质。这样一来，西方大多数美学或艺术哲学理论都在一定程度上成了文化哲学。

人的问题是西方近代哲学问题的核心。人们现在对其认识论、理性的内容讲得比较多，而对其启蒙的内容关注不太够。其实上面这条线索就是伴随着德国古典哲学的线索发展起来的。康德的认识论很深刻，但简单地说，他认定的真理主要是数学、（形式）逻辑和经验科学的真理（美学只是沾了个边），并且他的思维比较形式化（保留很多"二律背反"）。根据他的认识论，文学、神话、宗教的很多内容都要被排除出真理的范畴，这与人们的历史生活经验明显不符。黑格尔做了非常伟大的工作，将人类历史的全部内容都纳入"精神"（其意义就是文化）演进的历程之中，并且给出了真理可能由"谬误"来开显的辩证逻辑。这就超越了康德。而卡西尔作为新康德主义哲学家，则需要找到一种"扩大的认识论"，即一种可以解读人文真理的逻辑，从而挽救康德，同时也将人的哲学推向新的高峰。

卡西尔通过符号哲学的构建完成了这个任务。他认为人是符号的动物。凭借符号，人不断地从自然或客观的必然性当中解放了自己；而符号形式包括了神话和宗教、语言、艺术、历史、科学等，它们作为一个个扇面，共同构成了人类文化的完整图景。这样我们就会懂得，神话与信史相比荒诞不经，但它传递出早期人类在社会生活当中积累的重要经验；那是当时人类探索自身真理的最伟大成就，并且具有真理和启蒙的功能。又比如诗，它可以借助比喻说出真理。在这个论证过程中，人们也就可以反过来看到维柯、赫尔德工作的意义：维柯讲了"诗性思维"，也给人类历史制定了一条进化线索；赫尔德则讲到"不同民族的文化"。这些都是文化哲学的先声。总之，通过文化哲学的探索，人在世界上的地位得到了极强的论证。

人本主义哲学的历史作用非常大，是人类关于自身的最高反思。文化哲学不仅高扬了人的主体地位，而且将其与文化自身的进展联系在一起，将人的创造性、民族的创造力的问题摆到了发展的最高位置。然而真理一经说出，一切大白于天下，自此人们不必重复地说：人很伟大，有创造力，有尊严。但人是谁，是你是我或者他吗？谁可以做人？谁有权利被人道地对待？这样提问，一般的人本哲学就变成了伦理学、法哲学、政治哲学和社会哲学，现在要解决普遍人权在每个社会成员间均等分配的问题了。相应地，文化也马上成为复数的，人们开始讨论文化差异的问题。在历史上不同时期中，不同个人的文化权利不尽相同，很多人事实上被剥夺了接触文化和进行文化创造的权利。看到这一点，文化哲学就要转入文化社会学当中来了。这时文化研究阵地前移，解决问题的方式不同，文化哲学也就相对衰落了（当代哲学总要"拒斥形而上学"和"宏大叙事"）。

2. 文化社会学

从人本主义哲学出发，文化社会学一般说总会带有政治色彩，总是为特定社会中的文化不公进行申诉，或者说带有批判的倾向。文化社会学也不同于文艺批评，它关注的不是文艺作品的内容、文本，而是人的文化活动与社会制度的关系，既包括价值或生活的意义如何在社会关系中生成，也包括社会中各种文化不平等现象的克服。这样它不仅关注了各种文化、价值、身份认同的创造、生成方式，也提出了对各种与文化相关的不合理社会制度的矫正、更新方案。

文化社会学还有一个相当集中的焦点，即对市场或市场社会、现代资本主义制度对高文化表达与传承的压抑进行揭示和抨击。在这种情况下，作者通常是将高文化的创造作为社会变革的力量或社会解放的希望看待的，而文化进入市场所带来的各种现象让他们愤怒和失望。他们会看到市场制度压抑了一些阶层的文化权利，造成了某些社会成员的麻木和愚昧，或者形成了某种区隔性的社会"亚文化"，等等。而要解决这些问题，就要对市场社会进行改造，还是要让文化在市场之外的环境下发展。20世纪50年代以后，这样的文化社会学研究慢慢形成了较大影响[1]。

---

[1] 戴安娜·克兰主编：《文化社会学——浮现中的理论视野》，王小章、郑震译，南京大学出版社，2006。

文化社会学的这种观点或说成见的形成显然有马克思主义的影响，但也经过了复杂的变异①。我们知道"文化工业"（"文化产业"）这个概念就是马克思主义传统中法兰克福学派思想家阿多诺和霍克海默的发明。"二战"时期在美国的生活见闻让他们担忧由机械参与炮制的各类大众文化会消磨掉工人阶级的革命意志，从而让社会失去希望，人类难以得到解放。按照《1844年经济学—哲学手稿》的思路，资本主义悲惨的经济现实是私有制的存在导致的，而要消除这种不人道的经济现实只能是用共产主义取代私有制。然而马克思以后的一个多世纪发展，当年悲惨的经济现实（即工人阶级在饥饿驱使下，不得不在极为恶劣的条件下、接受极为低下的工资标准为资本家创造剩余价值）在很大程度上得到改变，而且这种改变并不是在废除私有制的情况下逐步实现的。这就使马克思主义被边缘化了。于是马克思主义思想家将这种窘况归咎于资产阶级国家的意识形态和文化制度，为了解决私有制的问题他们先要解决文化问题。这就是后来西方马克思主义理论家逐渐关心社会文化问题，抨击文化市场化、商业化的动因与驱力。在他们看来，大众传媒通行的是资本的逻辑，出资人的意志（通过运用单向传播技术）控制传播的效果；而且商业目的、谋利动机导致文化的低俗。这样的观点不仅是法兰克福学派所主张，伯明翰学派及不少法国思想家也主张，在一定程度上的确好像所有的知识分子都反对市场，反对文化的市场化！

然而，阿多诺、霍克海默、伯明翰学派的理论再一次被边缘化了（他们自己在60年代有所承认）。人们通过现实分析发现，这些思想家自己的艺术趣味乃至人文理想都是精英主义（或"贵族化"）的，他们的文化观还是旧的，脱离群众；并且他们把工人阶级受众的文化消费过程理解得过于被动；他们还对机械的传播—复制技术理解得过于消极，对这些技术导致的传播手段的分化、扩散及其效果完全不了解。更多的思

---

① 约翰·哈特利：《文化研究简史》，季广茂译，金城出版社，2008。

想家则在传媒业的发展过程中,看到了传播技术的迅猛发展(数码化的、双向即网络的传播技术),当代社会文化传播手段、文化产品生产、文化消费方式的新发展,也看到了这一切对社会民主化、公民文化权利落实所发挥的积极作用。这时不仅私有制还存在,而且资产阶级民主制度还在有所完善,因此工人阶级或说社会大众的生存状况都在改善。看来沿着消灭私有制的思路继续要求消灭商业媒体的思路过于激进,也再一次缺少了追随者。这样文化经济学就登场了。

3. 文化经济学

与社会学家可能对市场采取激烈批评的态度不同,经济学家一般说都承认市场对社会发展的积极作用。如果说,承接了文化哲学家的思路,文化社会学家讨论了基本人权包括基本的文化权利如何在社会中公正分配的问题,那么文化经济学家就是要讨论市民的文化权利如何可能通过市场得以实现;通过市场机制的激励,文化产品如何得以被大量开发和广泛流通,被社会大众所易于接受(落实对文化内容的可得性,accessible);并实现对传统价值的社会重估,促成文化创新及新的文化价值观认同。换句话说是要讲文化平等的经济可行性问题。最近的几十年间,以数码技术和网络技术为代表的高科技给文化生产和文化市场带来了新的机遇,也导致文化市场交易、传统文化传承等方面出现了一些新特点、新要求。这些问题都需要展开专门的研究,而文化经济学的发展就回应了这种新的社会需求。这样我们简单讨论了文化哲学经过文化社会学再转向文化经济学的学科演化趋势。这一趋势也反映了社会科学进步的进程。让我们记住:1970年,从文化社会学到文化经济学。这就是大趋势!

在结束我们的梳理之前,还可以简单看看,文化经济学是如何讨论文化发展和市场化问题的。经济学通常可以有宏观和微观之分。宏观经济学主要考虑市场制度问题,也叫作政治经济学。在一定意义上它是文化社会学与文化经济学的过渡环节。而微观经济学则主要研究市场内部的交易问题。当前有越来越多的文化内容、产品及服务进入市场，吸引了不少经济学家参与探讨相关问题。

经济学家首先是从文化品（cultural goods，及服务）进入考察和分析的。这是文化经济学与文化哲学、文化社会学、文化政治学最大的分野。经济学家特劳伯说："无法避免的窘境是，只有让艺术屈尊沦为产品和服务的范畴，经济学才可能处理它们。"[1]今天时代所谓文化品，主要就是作为商品的文化二次制成品。而我们很多文化人对文化产业、文化市场化不能理解就因为他们心中所想的"文化"不能抵达这个"文化品"。

其次，文化经济学要努力揭示文化创意产业特殊的产业结构及运营模式。文化进入市场不是被动的，并非简单地由商人选择艺术家。在消费需求的推动下，文化产业产生了不同于制造产业的特殊业态及市场链。

再次，文化经济学中有一些涉及公共服务的内容。许多涉及文化遗产传承的问题需要公共部门即政府与社会予以支持和赞助；创意产业弱小时也需要公共部门的支持，但这种支持要能够符合这个产业自身的特点及发展规律。

我的考察和梳理至此可以暂告一个段落，文化研究已经从较高的文化哲学层次逐渐"放低身段"，切入社会文化发展、大众文化参与的基础层面，并产生了不少很有价值的研究成果，拉升了整个社会文化交往及文化交易的数量与质量，也让人们对文化本身的性质及表现形式有了更深的体悟。对于这样的文化研究我们需要进行全面、系统的了解，与相关研究者展开深入交流。这样才能助推我们这样一个后发现代化国家努力实现跨越性发展，全面融入全球社会，对人类作出我们的贡献。

---

[1] 罗杰·特劳伯："传统经济学、制度经济学和新制度经济学当中的艺术问题"，章建刚译，载叶取源等主编《中国文化产业评论》第10卷，上海人民出版社，2009，第265—276页。

思罗斯比如何讨论文化产品的特殊性

　　文化繁荣是当代社会发展的一个重要趋势，文化产业更是迅速崛起，这引起各学科学者持续的关注和研究。而文化产业研究首先就要讨论文化产品的概念或说文化产品（及服务）的特殊性问题，其实质是说明文化产品是否可能成为商品，是否可以通过市场广泛传播。经济学家说过："只有让艺术屈尊沦为产品和服务的范畴，经济学才可能处理它们。"[①]那么，对文化的这种经济学的处理方式合适吗？

　　十余年来，国内学者追随改革进程，对文化产业发展也开展了不断深入的研究，其间也参照了国外一些学者的先期研究。目前对国内业界尤其文化研究者影响较大的有澳大利亚学者思罗斯比（David Throsby），他的两本著作被译成中文[②]。思罗斯比是澳大利亚麦考瑞大学经济学教授、国际文化经济学协会前主席。其文化经济学观点受到联合国教科文组织的重视，他的文章曾多次被散发以支持与文化相关的多个国际公约的起草和谈判。思罗斯比认为文化产品既有经济价值，也有文化价值；有所谓二元性，且二者并不完全匹配。进而他认为，市场无法对文化产品进行充分合理的定价（或实现交易），因此文化产品的文化价值无法仅仅通过市场交换得到体现；市场不利于文化生产，需要公

　　[①] 罗杰·特劳伯："传统经济学、制度经济学和新制度经济学当中的艺术问题"，章建刚译，载叶取源等主编：《中国文化产业评论》第10卷，上海人民出版社，2009，第265—276页。原文见威廉·亨顿等（William S. Hendon、James L. Shanahan 和 Alice J. MacDonald）编：《关于艺术的经济政策》，Abt 联合图书公司出版，1980年版，第7页。

　　[②] 戴维·思罗斯比：《经济学与文化》，王志标、张峥嵘译，中国人民大学出版社，2011；索罗斯比：《文化政策经济学》，易昕译，东北财经大学出版社，2013。本文以下引用各处均见这两个版本。

共部门的支持。这些观点在国内有较大影响，一些学者认为它们与我们所说文化产品具有意识形态属性因此不能商业化的观点相类似。那么，这种理解合理吗？

针对上述两方面的问题，我们给出几点简单分析。

一、思罗斯比肯定还是否定了文化产品商品化的可能性？

由于与英国文化研究尤其伯明翰学派的文化理论具有一种继承性关系，思罗斯比的学术背景也相当宽泛。它主要是经济学的（包括经济史和经济学说史的），但也有较深的人文主义色彩。同时当他借用某种价值理论处理文化或文化产品问题时，又回避直接引用某些思辨性的理论来源。这使我们准确把握他注重经验性的经济学思想有一定的难度。也是因此，当我们注意到他说"为了经济分析的目的，必须将文化商品与文化服务定义为一个界限清楚的商品门类"，说"文化经济学家一直在争论，究竟有没有一类叫作'文化商品'的商品，在一些基本方面这类商品与'普通经济商品'有所不同"[1]时；当他认为，文化产品（包括文化商品）既需要用经济价值评估，也需要用文化价值进行评估时；当他说"我们认为价值的二元性适用于文化政策领域的所有现象"[2]时，很容易把思罗斯比所说的文化产品的"二元性"理解为文化产品与普通商品不同，仿佛普通商品是属性单一的。有时还把这种多出来的内容大致理解成意识形态；认为这是文化产品不能完全交给市场去推动生产的原因。这样他们又会推论认为，文化产品的特殊性及因此需要特殊政策对待的看法在西方国家也不是例外。我认为这是对思罗斯比的一种简单

---

[1] 戴维·思罗斯比：《经济学与文化》，王志标、张峥嵘译，中国人民大学出版社，2011，第5页。

[2] 索罗斯比：《文化政策经济学》，易昕译，东北财经大学出版社，2013，第21页。

化的看法，甚至是一种误解。

首先思罗斯比可能会同意说，任何商品都具有二重性，即同时具有使用价值和（经济）价值，因为他谈及经济学中的价值理论时首先是从亚当·斯密关于商品使用价值和交换价值的论述开始的[①]。这应当是商品的基本属性。例如馒头或者面包能在市场上作为商品出售，首先是因为它可以充饥，而且价格还比较公道。文化产品被称为精神食粮，也可以填补心灵的匮乏，因此同理，如果它（诗歌或小说）能有个好价钱，我们也会乐于购买、消费。在这个意义上，文化产品与普通商品并没有什么区别。对于我们的讨论这里反倒是应该强调普通商品（如面包）和文化商品一样也具有价值二重性。进而人们没有理由因为具有这样一种二重性而反对文化产品进入市场。这里，文化商品并不具有异于普通商品的特殊性。文化产品并不天然拒斥市场，反之市场也不天然排斥文化产品。用思罗斯比的话说：“我们不难算出消费者为了获得文化商品而愿意放弃的其他物品数量，并且可以建立起文化商品的需求函数，这种需求函数看起来与非文化商品的需求函数并无两样。”[②] 我们认为，通过提及商品价值二重性属性，思罗斯比是肯定了文化产品可能成为商品、进入市场的（逻辑上的）必要条件，而不是相反。文化产品如果没有文化价值，怎么可以称为文化产品呢！

那么思罗斯比说文化产品有不同于普通商品的特殊性是什么意思呢？

二、公共性：思罗斯比关于文化产品特殊性的讨论

市场经济一般不强调政府干预，人们相信"看不见的手"。但思罗

[①] 戴维·思罗斯比：《经济学与文化》，王志标、张峥嵘译，中国人民大学出版社，2011，第21页。

[②] 戴维·思罗斯比：《经济学与文化》，王志标、张峥嵘译，中国人民大学出版社，2011，第25页。

斯比是强调文化生产需要政府或公共部门予以政策和财政扶持的。为此他给出的理由是："许多文化商品和文化服务事实上都是混合商品，它们兼具私人物品和公共物品的双重属性。"[①] 原来。他所说的二重性或双重属性是指某些或某类商品同时具有私人品与公共品这两种属性。公共性和混合商品概念的引入才通往文化产品特殊性的界定。

这里我们可以分辨一下，思罗斯比所说的文化产品的价值二元性与这里所说的私人性与公共性的双重属性是不同的两件事。前者是说一件文化商品既需要使用经济价值尺度进行评估，也需要使用文化价值尺度进行评估。这是两种维度、并行不悖的评价，分别针对文化商品的使用价值与价值。其实人们在现实的每一次交易中都在进行这两种尺度的综合评估，根据产品的性价比决定是否成交。后者是说文化产品的内容可能同时满足消费者的私人需求与公共需求。这种双重属性都是针对文化产品的使用价值而言的，它们会影响其（经济）价值（暂且不推论其存在的问题）。思罗斯比这两个"二重性""二元性"或"双重属性"的含义不可混淆。

说一件物品如文化产品具有公共性，就会带来一个重要的问题：对于具有公共性的物品或者说公共品，市场通常不感兴趣，企业没有生产积极性。因为公共品是具有天然垄断属性或非竞争性非排他性消费特征、通常具有较高正的外部性的产品，企业难以盈利。例如国防，一个国家只能有一支军队（天然垄断），保护所有公民（非竞争性非排他性消费），而无论他缴税多少甚至是否缴税。所以国防要由政府动用公共财政提供。一些文化产品也具有这样的公共性，例如大型博物馆或图书馆[②]。卢浮

[①] 戴维·思罗斯比：《经济学与文化》，王志标、张峥嵘译，中国人民大学出版社，2011，第24页；索罗斯比：《文化政策经济学》，易昕译，东北财经大学出版社，2013，第22页及前后。

[②] 章建刚："打造高质高效的国家公共文化服务体系"，载《文化经济学视野的搭建》，章建刚著，社会科学文献出版社，2014。

宫中的艺术藏品件件价值连城，谁能拥有甚至独占它呢？只有法国政府拥有它，并将其作为公共产品向公众开放，这些产品的文化价值才得以充分发挥出来。人们常说，文化相关人们的身份认同。这也许是一个事实，但强调这一点更多是出于民族国家的某种特殊考虑。

　　文化产品的公共性特征可以从两方面考虑。首先从文化作品的本质或基本特征上看，它总是服务于特定社会或人类共同体的价值规范形成及身份认同，对这种内容的消费、体验是群体性的。换句话说，文化产品的创作或生产的目标就是服务共同体所有成员的，文化内容不具有排他性①。在全球化的今天，这种文化认同的形成更具有某种紧迫性和竞争性，因此文化创意、文化产品的生产对于社会发展尤其发展中国家的可持续发展不可缺少。但另一方面，文化产品的这种内容又可能有许多个体消费者无法感受或知晓，对作品内容的文化价值难以准确评估，从而难以形成与之相适称的消费意愿，难以作购买决策。同样，文化产品的消费效用也难以测量，消费者对文化产品的消费、体验往往需要有较长的偏好积累过程，他要先尝到甜头、取得一定经验才会进一步消费。因此文化产品的消费总体上要较明显地滞后于文化产品的生产。一些重要的文化经典甚至在漫长历史进程中才慢慢转变了消费者对其最初的恶评，得到广泛认同。其间也不能排除"搭便车"心理或行为的存在。如果我买的东西并不归我所有，而且他人其后还可能低价甚至免费消费，我为什么要为此付费呢？因此一个规范、繁荣的文化市场总是难以形成的。

　　进一步说，与普通消费品不同，文化产品的物质载体往往并不随受众的视听消费过程而消失，仍然可以为更多消费者所接触和体验。这种消费的集体性、历史性特征导致文化经典、艺术杰作的经济价值在市场交易发生之后总是处于不断的变动之中，并总有一部分作品在不断升值，

---

　　① 虽然我们看到许多思想或艺术作品被题献给某某人，但这只是作者借此向特定个人表示敬意。即使是献给特定个人的创意作品如情诗，作者也是潜在地与整个文化系统进行沟通，期待有朝一日能让更多的受众接触到。

这也让消费者对其难以准确估价,从而无法形成交易。思罗斯比说:"作品也可能以一种思想的形式存在";"由于思想是不断传播的,个体评估(从而其总价值)可能随着时间而发生变化,因此,可能需要花费很长时间才能确立一件作品'均衡'的文化价值。即使达到了'均衡'的文化价值,其仍然可能随时而发生变化"[1]。这就是说,如果一定要假设这些文化产品从诞生之日起就已经具有了特定的内在价值或固有价值,那么这个数值一定是无法用经验的方式确定的(用分析哲学的话说也是无法证伪的)。产品的使用价值及其效用如果是不确定的,其经济价值(尤其价格)当然也是难以确定的。文化产品作为商品其经济价值似乎注定有某种不确定性,在一定意义上也可以说,这带来新的一类"市场失灵"。

按思罗斯比的说法,文化产品的公共性属性源于个人消费和集体消费行为模式的区别。当前的市场消费基本是个体行为,而文化消费"是群体或集体行为的表现"。这种适合集体消费的商品在经济学上被称为"俱乐部产品"。只是文化俱乐部通常都很大,成员众多,以至很难给一个国家甚至全人类冠之"俱乐部"这么轻巧的名称。思罗斯比说:"我们提出如下命题:经济驱动力是个人主义的,而文化驱动力是集体主义的。"[2]正是这两种行为模式的差异导致对文化产品的经济价值评估和文化价值评估不能完全匹配(尽管是正相关),甚至出现价格倒挂(负相关)的情况[3]。具体地说,文化消费过程中,消费者个人在微观消费过程中需要完成与集体或社会以及与历史的跨时空沟通。文化消费的这

---

[1] 戴维·思罗斯比:《经济学与文化》,王志标、张峥嵘译,中国人民大学出版社,2011,第112页。

[2] 戴维·思罗斯比:《经济学与文化》,王志标、张峥嵘译,中国人民大学出版社,2011,第13页。

[3] 戴维·思罗斯比:《经济学与文化》,王志标、张峥嵘译,中国人民大学出版社,2011,第33—37页。

种复杂性导致对文化产品的两种价值评估出现差异，难以相匹配，进而对文化创造构成持续制度性抑制，因此文化生产的发展需要获得公共部门的持续支援。

三、混合产品：思罗斯比对文化产品多样性的讨论

通过对文化商品具有普通商品的价值二重性特征的分析，思罗斯比一方面肯定了文化产品可以作为商品存在的必要条件；另一方面，通过对文化商品具有公共性（内容）的分析，思罗斯比又讨论了文化商品作为商品存在的充分条件，即它们必须具有内容方面的私人性才易于通过市场进行交换、传播。问题是思罗斯比指出，文化产品具有成为商品的必要条件，却未必具有成为商品的充分条件。逻辑地说，必要却不充分条件下，文化产品成为商品的可能性还是有的。但逻辑上的可能等值于可能不。这等于是说，有些文化产品可能或可以成为商品，另一些则不行。

这就是说，思罗斯比对文化产品因内容公共性而造成的市场不适应的讨论是特称的、有限度的。他并未将所有的文化产品都划在公共产品的范围内，且因而断言文化完全不能在市场环境中发展繁荣。他只是说文化产品在市场环境中还不能大昌其道。因此我们可以注意到他使用了"混合产品"的说法，即文化产品的精神性内容既有私人性的，也有公共性的；在不同产品或不同类型的产品中二者的比例是不同的，文化产品的文化价值和经济价值不相等或不相称的情况也是需要区别对待的，不能一概而论。

思罗斯比认为，文化创意是最具公共性的，对全社会具有广泛的、正的外部性。或者说，越是"高文化"的产品越具有外部性，越难以经济价值尤其是当下的市场价格（会计价值）来衡量。反之，文化产品的内容含量或密度越低，其内容对理解或体验所要求的能力越低（通俗文化产品），其经济价值就越容易在市场得到充分体现。我们可以看看他

据此对文化产品所进行的分类。

思罗斯比也通过一个同心圆模型对文化产品的生产部分即文化产业进行了分类。这与我国文化产业统计所用的同心圆模型具有某种相似性和可比性。思罗斯比认为：其"模型以产生创意思想的条件为中心，不断与其他投入要素结合，以涵盖不断扩大的产品范围，由此向外辐射"[1]。首先"创意艺术"作为这个同心圆的核心圈包括了音乐、舞蹈、戏剧、文学、视觉艺术、手工艺，也包括一些新的艺术形式如视频艺术和计算机与多媒体艺术。同心圆模型的第二圈是核心圈的扩展，被称为"主要文化商品和服务"，"包括图书和杂志出版业、广播电视业、报纸业和电影业"，还包括博物馆和美术馆。而这个同心圆的最外层是"那些本质上不属于文化领域但部分产品含有某种程度文化内容的产业。这类产业包括广告业、旅游业和建筑服务业"[2]。接下来思罗斯比就说："在圆的中心是那些根据给定的标准来看文化内涵和商业内涵之比最高的核心行业；随着产品和服务的文化内涵降低，商业价值升高，圆弧一层层向外展开。"[3]应注意，"文化内涵和商业内涵之比最高"是指以经济价值为分母，文化价值为分子所形成的分数值。实际这是在强调这些行业的产品难以通过经济价值或价格回报其生产成本及价格预期，因此这些行业在市场条件下是难以持续的。

根据对文化产业这样的理解，思罗斯比对文化政策的建议就是针对

---

[1] 戴维·思罗斯比：《经济学与文化》，王志标、张峥嵘译，中国人民大学出版社，2011，第122页。

[2] 关于这三个圈层划分的内容，见《经济学与文化》，第123页。关于电影业是应该分在第二层还是其他圈层，索罗斯比承认有不同看法。与之相比较，我国文化产业的划分核心层最主要是文学艺术创作及广播电视、新闻出版业，还包括博物馆、图书馆等公共部门；第二层即外围层是一些互联网、歌厅舞厅网吧及旅行社、休闲健身、广告制作、会展服务之类的市场化小的文化企业；第三层被叫作相关层，已经包括了纸张文具玩具游艺器材制造及广电及视听器材制造业。

[3] 索罗斯比：《文化政策经济学》，易昕译，东北财经大学出版社，2013，第29页。

市场失灵，国家要对文化生产尤其艺术原创给以种种政策甚至财政支持，且这种考虑应与整个经济社会可持续发展相关，逐步推广到就业及城市发展等方面。这样做也会反过来促进艺术自身收益能力的提高。同时，这样的财政政策规模也并不必然是持续扩张的，应随着文化产业和文化市场的发展、与企业或非营利组织建立种种新型伙伴关系、开展广泛国际合作等而逐渐收敛。这也是依据文化产业同心圆模型作出的。

四、经济学处理价值和文化问题的局限性：一点评价与讨论

总体上说，思罗斯比认为文化产品可能作为商品在市场进行交易的同时起到文化传播的作用；同时又认为市场价格对文化产品的文化价值评估是不充分的，这是由作为混合产品的文化产品中有部分内容具有公共性造成的。他还认为文化产品种类繁多，上述因公共性内容无法充分实现其经济价值的文化商品只占整个文化产品中的一部分，而多数的文化产品（尤其在同心圆模型外圈的产业所提供的商品）已经可能在文化价值与经济价值上实现基本匹配的局面。本文开篇提出的两个问题，现在其实已经有了答案。第一，文化产品完全可以作为商品进入市场，尽管还有一些困难需要克服。第二，思罗斯比是说，文化产品内容的公共性特征使它不易进入市场，而不是因为他有某种意识形态属性就不该进入市场。两种观点有着明显的差异。

但他书中有些表述还是让我们感到费解，它使思罗斯比已经说清的问题重新变得含混，让我在此作一些讨论。比如他在书中说："文化商品体现或引起了文化价值和经济价值，而'普通'经济商品只产生经济价值。"[1]仿佛文化产品因文化价值的存在成了市场中的异类。这里的

---

[1] 索罗斯比：《文化政策经济学》，易昕译，东北财经大学出版社，2013，第172页。

问题在于到底如何理解经济价值，更在于如何理解价值这个概念。

我们可以懂得思罗斯比这么说的本意，但这句话有逻辑缺陷。如果说，所谓"普通经济商品"等于"非文化商品"，而"只产生经济价值"意味着不产生文化价值，那么这句话的意思等于"非文化商品没有文化价值"。当然是这样，但这只是同义语反复，不增进人们的理解。而如果是在对普通商品和文化商品的使用价值相比较的语境下，假定文化商品是可能产生或携带文化价值的，那么又容易让人认为普通商品不具有经济价值之外的使用价值。这其实是有问题的。作为人类文化中的人工制品是否完全没有文化价值，这是很可分析的。这里我们姑且认为所谓普通商品的文化价值过低可以被忽略，但我们仍然认为普通商品也体现了特定的使用价值。例如市场上可以买到的非处方药，显然除了经济价值也具有维系生命的价值、提升生命质量的价值及间接的各种社会价值，因为它会使人及社会健康、强健。这里的关键在于，当说"普通商品只有经济价值"时是否暗含了对这些商品使用价值或实用价值的认定，却忘记了说明其同时具有的其他使用价值。因为所有的商品都具有价值二重性。不太严格地说，只具有经济价值的商品只有货币或金融产品，但货币一般被认作"特殊的商品"，它恰好不普通。

更深入地分析和讨论需要在价值理论的层面展开。思罗斯比已经认识到："价值是联结经济学与文化的基石。"[①] 他说过："讨论文化问题实际上就是讨论价值问题。"[②] 思罗斯比还说："文化价值是一种多样化的、变动中的观念，……换句话说，价值既是多元的，又是可变的。"[③]

---

① 戴维·思罗斯比：《经济学与文化》，王志标、张峥嵘译，中国人民大学出版社，2011，第21页。
② 戴维·思罗斯比：《经济学与文化》，王志标、张峥嵘译，中国人民大学出版社，2011，第27页。其实这里的这句话更宜于调换过来说：讨论价值问题就是讨论文化问题。
③ 戴维·思罗斯比：《经济学与文化》，王志标、张峥嵘译，中国人民大学出版社，2011，第30页。

不知是否可以合理地推论说，思罗斯比已经意识到，人类的价值观不仅是复数的，也是有组织和系统性的，且这个系统高度复杂、多元、可变，而不仅"二元"。我想在这个问题上，思罗斯比可能并未考虑那么深。

要对一个远远超出经济学范围的人类价值系统进行思考就需要解决两个基本问题：首先是价值本质的界定问题；其次要说明价值系统中多种维度（即多元）之间的一般关系问题。我不得不说思罗斯比对这两方面问题的思考都是有限的。

第一，虽然他意识到不仅要关注"复数形式的价值观"，更要对"单数的价值观"进行探讨，但《经济学和文化》一书及整个第2章尤其"文化价值"这一节中没看到对单数价值观的深入讨论。我理解，所谓单数的价值观就是指价值观的本质或概念。而他的策略似乎是不去触碰对最根本概念下定义的难题，而是直接援引、概括人文学者已经建立并取得一定共识的下层价值尺度及价值概念的外延，如按照审美价值、精神价值、社会价值、历史价值、象征价值和真实价值的序列对文化价值概念进行了分解。对文化遗产的价值分析也是照此办理的。这些对我们美学家或文化批评学家来说几乎是常识。

第二，如果仅考虑经济价值和文化价值这两个维度，那么思罗斯比的上述表述也是可理解的。这两类商品的区别就是文化内容的有与无、是与非。问题是即使对于商品来说，其使用价值也是多元的。"二"是"多"，但"多"可能不仅限于"二"。思罗斯比的上述表述的缺陷可能在于对普通商品其他使用价值评价尺度或系统的忽略，也可能在于其价值系统的理论构建不完整。这就是说，（如我上述关于药品的价值分析，）普通商品经济价值之外的使用价值也是多元的，可以用多种价值尺度衡量，因此其实只有在与普通商品其他使用价值尤其是区别于文化产品的精神性、符号性使用价值的实用价值相比较时，文化产品的文化价值的存在与表现方式，以及与其各自经济价值的差异才可以得到更精准的揭示；对文化商品在市场境遇的特殊性的揭示才更符合实际。当然我们不能苛求经济学家同时要做文化哲学家或价值哲学家,但我们相信,经济学所说的经济价值只是人类复杂价值体系中的一个评价维度,也应能从对整个价值体系的某种理解中说明它与其他评价维度的有机关联。

对思罗斯比可能的疏忽有点儿吹毛求疵了,实际上我还是非常赞赏思罗斯比的学术探索。《经济学与文化》的书名显示了一种不平衡。它把两个不太对等的概念用一个"和"字并联在一起。但这是文化勃兴的时代发展对经济学提出的新要求。思罗斯比不仅遵从艺术经济学自鲍莫尔和鲍文所开创的传统深入思考[1],而且勇于接受挑战,通过这一课题的研究思考了经济学的局限,也作出了拓展性探究。这是它准确概括了全书内容的书名可能传达的意味。当然我们也对思罗斯比的研究有更多的期待。既然文化问题已经进入了经济学家的视野,那么更多理解、借鉴人文学者的研究成果尤其是其思维方式也许是必要的。

人文学者善于以历史的眼光看待文明的发展。对于市场他们也会进行同样的考察。借助这样的方法人们会意识到,市场是一个与文化相比历史稍短的进程。人类早期的生活很少依赖市场,相当多的生产生活资料并不依赖市场,因此很难说它们有经济价值[2]。城市生活与市场的发展相互促进。今天市场对城市化了的人类社会生活已渗透无边,经济学家用自身独特的方法描述社会生活方方面面的野心也路人皆知。但文化产品还是市场交易的一个新的商品种类;文化的发展特别是文化市场化进程毕竟还是它所努力要进行刻画的一个新领域。尽管思罗斯比坦言"如果经济学家宣称,经济学可以将文化价值完全包含在内,且经济评估方法能够把握文化价值的所有相关方面,那么他们就是在自欺欺人"[3],

---

[1] 两位作者1966年合著的《表演艺术:经济学困境》被有关学术圈内认为是文化艺术经济学诞生的标志。参见《经济学与文化》,第12页及相关注释。

[2] 这里我们会想到,"经济"这个词只是很晚才具有了今天我们理解的意思。而无论拉丁语言中的economy,还是中文中的"经济"都曾指称着其他的含义。

[3] 戴维·思罗斯比:《经济学与文化》,王志标、张峥嵘译,中国人民大学出版社,2011,第44页。

但我们对文化市场化进程及文化经济学家的努力倾向持更乐观的看法。因为我们看到，文化与文化市场的勃兴源自经济发展自身逻辑。工业化进程把教育和文化的因素带给更多的市民，使他们具有接触文化的条件，也使他们有更多参与文化创造的机会和冲动，而一个民主化进程中的国家也会使其公民有更多的收入和闲暇用于文化活动。同时市场也是一个会成长、不断创新的制度安排，会把许多以前具有公共性、外部性的俱乐部产品等吸纳到市场之中来。若干年前，人们不知道道路（如高速公路）这种公共品可以成为全封闭的因而可以像私人品一样提供给消费者；人们更不知道知识产权为何物。但今天，通过旅游经历人们对付费体验不再陌生。更何况，除了市场技术，还有许多复制技术正配合市场需求将以前具有公共性的高端文化产品以单元切分的方式送到消费者面前。在文化需求不断放大的情况下，文化会大量进入市场，文化产品的公共性属性会被市场以各种方式克服。经济学上的"价值悖论"会上演一场逆转大戏：文化产品逐步从价高量小的奢侈品变成价低量大的生活必需品。人们总会找到让那些珍贵的文化遗产、艺术杰作在市场进行交易的办法，使它们的文化价值与经济价值相匹配，从而激励更多的人投入文化创意活动。在大众文化和文化产业时代，文化生产与传播比在恩宠制（patronage）之下生产传播更繁荣。我们有理由希望经济学家能帮助文化产品找到易于进入市场的更多制度安排。这是一种更正面迎接挑战的姿态。当年法兰克福学派思想家对文化进入机械复制和商业化体制的前景十分担忧。今天看这种悲观并不符合历史发展的潮流。所以我们对思罗斯比今天仍然担忧的状况也持更谨慎乐观的态度。希望历史的出场会对我的猜想作出证明！

扩大市场准入，学会依法监管，稳步有序开放[①]
——文化大发展大繁荣所需要的政策、机制与工作措施

党的十七大向全党提出了文化大发展大繁荣的战略任务[②]，要求掀起社会主义文化建设的新高潮。之所以提出这一战略任务，对内是要深入贯彻科学发展观，明确进一步改革开放的目标，要让经过30年艰苦努力已经初步形成的社会主义市场经济的基本社会制度逐步向上延伸，使我国尽快建设成为一个富裕、民主、文明、和谐的现代化强国；对外则是要促进世界和平，不断提高全球文化多样性的丰饶度，努力保持经济的可持续发展及与环境的友好关系，使我国能够作为一个负责任的大国参与到更加公平的国际新秩序的规则制定过程中去，与各国人民一道去揭示人类社会在新世纪发展中的新视野新方向。这是在全球化条件下迅速实现我国现代化乃至后现代转型的重要战略思维，也是对全世界空前渴望听到中国的文化表达的积极回应。

要切实落实十七大这一战略任务就不能仅仅满足于一般性的号召和等待，我们不仅要意识到自己和世界文化大国在对人类思想和艺术的贡献上的巨大数量差距，因而必须设定社会主义文化建设新高潮实现的清晰目标，而且必须明确意识到，要让文化实现大发展大繁荣不仅是所有文学家艺术家、科学家哲学家、社会科学工作者个人勤奋工作的事。历史已经说明，只有在文化创作与表达的制度环境经过充分的设计与改革

---

① 本文发表于《中国社会科学院研究生院学报》2008年第5期。
② 胡锦涛：《在中国共产党第十七次全国代表大会上所作的报告"高举中国特色社会主义伟大旗帜，为夺取全面建设小康社会新胜利而奋斗"》，《人民日报》，2007年10月15日，尤其其中的"七、推动社会主义文化大发展大繁荣"。

之后，这一战略目标才有可能真正并持久地实现。毋庸讳言，如果不能深刻记取计划经济时期乃至"文化大革命"期间在国家文化管理方面的沉痛教训，文化发展与繁荣就永远是一句空话；世界也永远听不到中国人的道义表达。与此同时，我们还必须充分意识到文化体制改革和政府职能转变的艰巨性、复杂性，意识到文化发展与社会稳定之间的特殊关联，只有敏锐地抓住各种转瞬即逝的历史机遇，采取极为审慎的改革措施，经过艰苦及相对较长时间的努力，文化繁荣的局面才可能慢慢呈现。然而，经过30年的改革开放，经过若干轮的文化体制改革探索，能使我国文化建设形成新高潮的基本要点已经相当明晰。这些基本要点包括一个基本的文化政策取向、一个重要的工作机制创新设想和一条基本实施原则。

一、开放媒体市场，依法监管内容

经过30年的解放思想和改革开放，人民群众的文化创造力和表达愿望空前强烈；世界也从没有像今天这样如此强烈地期盼听到中国人的声音。但是，我们当前的文化管理体制极为严重地束缚着文化生产力的发展。文化的功能在于表达，没有表达就无所谓文化；而表达依赖媒体，没有举办媒体的权利就落实不了表达权，思想、文化就无法充分发展、繁荣。我国现有的文化表达机构绝大部分还直接由国家严格掌控，《宪法》早就赋予每个公民的各项文化表达权利还迟迟未能落实，文化的繁荣很难实现。

为了改善这种体制造成的文化表达稀缺状况，政府曾直接投入进行文化生产。但无论是计划经济时期，还是进行各种文化体制改革试点以后，这一类的努力基本是低效甚至无效的。一个信手拈来的例子是，近两年各级政府在中央的要求下投入数以亿计的资金，兴办数以千计的动漫研发机构①，但真正产生影响的产品寥若晨星。人们真有权利追问：这些钱都花到哪里去了？说到底，这仍然是计划经济的老模式。而我们所搞过的计划经济，既不尊重需求，也不考虑效率。这样的模式必须彻底放弃。更有甚者，在我们的经济部门已经较为充分地市场化了的条件下，在商业机构人员收入较快增加的情况下，这种旧机制还极易成为腐败的温床，给我们的政府带来巨大的道德风险。要解决这样的问题，还是要通过市场化取向的改革。因此，大范围地开放文化市场准入应该成为我国在新世纪掀起文化建设高潮的一项基本政策取向。

屈指算来，国有文化事业单位已进行过多轮市场化取向的改革。应该说，它的方向是正确的，也取得了某些积极的成果②。但由于缺少对文化机构市场化改革的基本分类原则或说适用了不恰当的分类原则（如"经营性文化产业和公益性文化事业"的说法），被推向市场的多是公共服务机构（文化演出团体和公共图书馆、基层文化馆），而保留事业体制、由国家实行行政垄断的行业恰好是本该企业化的商业组织（广播电视、新闻出版）。希望通过这样的改革带来我国文化产业的迅速发展和文化建设的新高潮无异于缘木求鱼：虚假的集团化并没有给那些所谓文化企业带来明显的经济效益；假的企业化也不能使那些垄断组织真的产生市场竞争力。经济体制改革的经验告诉我们，不开放市场，没有真正的竞争，仅仅在国有企业内部进行管理体制改革是没有意义的！文化体制改革首先就应该吸取经济体制改革的经验教训，不要再踌躇蹉跎绕弯路了！30年的改革开放，使我们切身感受到市场经济的巨大活力。市场制度不仅在资源配置上具有效率优势，而且也是供需之间最为直接的桥梁。让我们承认就这一点而言，文化并不例外。人民群众的文化需求将越来越

---

① 据说全国已有5400家之多。
② 参阅张晓明、胡惠林、章建刚主编：2001—2008年历年《文化蓝皮书：中国文化产业发展报告》，社会科学文献出版社。

多地通过市场得到满足。市场是市民社会及其交往的基础平台。

在我们看来，文化体制市场化取向的真正改革只能是从媒体市场的开放起步。尽管已经遇到互联网强力挑战，广电和新闻出版目前仍是"当红"的传播媒体。这些依托在强大的复制技术之上的文化机构最适宜提供各种高质和廉价的文化商品，对于文化表达的繁荣可以提供便利的服务，而广告业的兴起，也使原本只能当作公共产品提供的广电内容播出找到了市场化经营的有效途径。

我们不能假定，文化企业一旦有了谋利动机就必然只会提供低俗产品，只会败坏社会风气。实际上，商业机构是需求导向的。只有在一个本来已经丧失了思想、艺术和理想的社会里，文化商品才只有低俗。之所以如此是因为市场机制也蕴涵着自由、平等等普遍伦理原则。反之行政垄断缺少伦理学支持，至多具有在特定历史条件下的合法性。还是以我国动漫市场为例，尽管有一些动漫企业努力开发出多样化的艺术作品，但由于播出机构依仗行政垄断傲慢地拒绝支付合理的稿酬，因此这些产品几乎无法面对市场的选择。让我们假想这个市场上有三五家民营频道与各级国有电视台进行收视率竞争，这样的局面可能出现吗？事实上在我们的经济部门没有向民营经济开放，即没有形成真正的市场时，国有企业也只是不断向政府要特权要"政策"，在同行间进行钩心斗角；而只有当市场的大门打开后，他们才可能认真地履行起企业的经济职能。

美国文化产业发展的经验也告诉我们，市场竞争是国际文化贸易取胜的基本功。20世纪上半叶，美国电影市场上是法国片的天下，而经过几十年市场"打拼"而不是靠大量的政府补贴和管制，主动迎合文化多样性的需求，甚至也战胜了电视娱乐方式的挑战，今天的美国电影市场甚至全球的电影市场，美国影片才拿到了极高的份额[1]。

---

[1] 泰勒·考恩：《创造性破坏——全球化与文化多样性》，王志毅译，世纪出版集团、上海人民出版社，2007，第四章"好莱坞何以统治世界"。

诚然，市场不是万能的，有其失灵无效的地方。因此社会需要公共服务。文化领域也是这样。不仅一些具有自然垄断属性的公共文化基础设施需要公共提供，而且由于资本或企业具有保守的性质，对文化创新、对遗产保护往往缺少兴趣和敏感，因此政府有必要向文化原创进行公共投入。而这样做正是为市场培育高品位的文化资源。但不仅公共财政最终是来源于市场的，而且这样的公共分配资金最终还是会进入市场，会使市场规模加大。所以不仅公共决策以及预算的形成和执行必须是程序民主和过程可监督的，而且尤其要处理好与市场经济的关系，绝不要让公共投入在市场造成"挤出效应"。这就是公共文化服务体制改革、政府文化职能转换的最终目标。

由于市场失灵的存在，有时公共文化服务仍需由一些非营利的国有文化部门承担。但如果我们的市场发育得很成熟，事实上要保留事业体制的文化机构并不会很多。政府通过公共财政工具就可以公正和有效地履行这些公共职能。

这就是说，与文化建设高潮迅速兴起相关的最重要的政策措施应该是媒体市场开放，而随着媒体市场的开放重构一个和市场互动互补的、包括公共媒体在内的公共文化服务体系是其中最重要的配套措施。宏观地看，我国的社会主义市场经济体制正在不断扩大，不断完善。文化市场的准入、形成会壮大我们的市场规模，也更有力地促进我国社会制度诸方面的现代化转型。

毋庸讳言，文化市场之所以迟迟不能正式开放，最主要原因是我们的宏观文化管理部门对商业化的传媒应该如何进行内容监管还不够熟悉。而对一个现代国家而言，法制本是唯一的选择。因此，与文化建设迅速形成高潮相关的第二项重要政策应该是积极推进文化立法，尤其是对文化内容进行有效监管的立法，并且这些法律法规也一定是通过改革实现的。

即使是世界上最强调民主和自由价值的国家也会对其公共领域中的

文化内容进行监控管理；危害国家安全的内容会被禁止；色情、暴力之类的内容会受到有效的控制。而且这些控制都是通过法律的方式实现的。事实上，美国社会公共场合暴露出的色情暴力内容比我们的要少，户外广告更是少的多得多！反之，由于有有效的管理，各种"前卫"文化可以有序存在，传播的同时不造成社会动荡；而由于对电影等文化产品进行分级管理，整个社会的文化多样性更丰饶，特定信息传播范围更深远，更有利于文化的发展繁荣。这些都说明，法律手段对有害文化内容的管理是有效的，而直接行政干预反而是低效的。重要的不是文化产品有没有意识形态属性，而是使用什么样的管理方式对文化产品的内容进行管理。

二、展开文化批评，建立专家机制

文化体制改革是经济体制改革的继续，也是政治体制改革的前导与铺垫。转变政府文化职能和文化管理方式，政治体制改革的内容已经蕴含其间。但是，这种转变也必然是复杂而艰巨的。在文化体制改革政策的实施过程中，还要相应地建立各种配套性的工作机制，以适应新形势下引导我国文化健康发展方向的需要。我认为，一个专门的专家机制的建立和良好运作在这一改革过程中将会发挥积极的作用。

应该看到，近年来我国的舆论环境越来越好，人文社会科学研究的条件不断改善，公民的意见表达越来越充分。同时，近年来党和政府的各项工作也越来越多地引入了专家咨询程序，在文化宣传工作中注意更多发挥知识分子尤其是人文知识分子的专长。这对化解社会矛盾、构建和谐社会起到了十分重要的作用。事实表明，在价值观引导方面，最终是对话与说服发挥作用，仅仅有行政力量是不够的。我们相信这方面的探索和努力还会不断继续下去。只有在这些对话和说服当中，适合中国社会当下情境的核心价值观才能在认同中浮现出来。

然而，经济建设和市场化改革的迅速推进还是会带来更多更复杂的问题，公民的权利意识也不断增强，而健康持续的经济发展、和谐公正的社会秩序都只能在人们不断的探索、实验和辩论中进行。突发性事件、新的问题会在瞬间产生，引起巨大的社会反响；多种声音会发生碰撞，引发社会纷争。这时，为了引导社会、培养公众形成理性的态度，一个专家机制将可以在发展的常态和突发的非常态事件中发挥重要的分析、解释、批评、引导功能。与一般人文知识分子通常发挥的舆论作用不同的是，这个机制是带有政府背景的；而与此前各种专家咨询机制不同的是，它将直接处于政府和公众之间，而不是在政府的背后。我们可以借鉴国际经验，建立一个专家机制来增加政府行政、决策的弹性，加大其回旋余地和可调节性。简单地说，这个专家机制应该具有下列5种功能：

（1）政策制定和咨询功能。各种关乎国家文化发展的重大政策调整一定要设计充分，具有明确的可操作性，因此应该由这个专家系统事先进行较为完备和充分前瞻的"兵棋推演"。

（2）重要文化内容创新功能。目前，国家文化宏观管理部门无暇也不便进行具体的理论创新工作，主要担任公共文化监管工作。而事实上有一些重大理论突破必须从较高层面启动才是可行的，并且对社会稳定有利。例如我们国家的基本经济制度已经是社会主义市场经济，但我们比较权威的意识形态表述中，与市场经济相适应的伦理道德观念基本是一个空白。这里有一些关键问题需要由专家体系进行与决策紧密相关的研究和论证。又如我们希望中国文化能更多地"走出去"，那么我们仅仅强调"中国优秀的传统文化"是否充分？也许首先能够"走出去"的会是那些在文化表达形式上有鲜明的中国特色而在文化价值内容上有更高普遍性的文化产品与服务。由于新中国成立以来的种种历史原因，在这种文化普遍性（内容）与表达特殊性（形式）的关系上也有重大理论问题需要从较高层面予以澄清。

（3）社会文化批评功能。文化的发展只能在比较、竞争中实现；分析、评论或批评是不可或缺的。批评也是引导。而中国当代文化格局中像文艺批评一样的广义文化批评基本上没有形成。这是一个重大的缺失。具体地说，一些有重大社会影响的文艺作品或文化事件出现或发生，立即由政府宏观管理部门出面定调子、发禁令不是一个灵活、理性的方式。诸如"超级女声"等现象其实都可以由这个专家机制直接通过公共媒体与社会进行意见多元的互动，以影响、引导社会与舆论。我们的社会迫切需要敏锐、强劲的文化批评。

（4）对公共投入项目进行评估的功能。近年来，国家各级财政对文化基础设施的投入力度在加大，开工和竣工项目逐年增多。但有些项目的社会反响不佳，后期管理与经营更是困难重重。事实上，公共文化设施的规模、类型，乃至风格样式都应该有充分的论证，以体现其自身的公共性。

（5）突发（媒体）事件的应急功能。信息时代媒体的影响越来越大，特定的突发新闻事件甚至可能成为国家安全的隐患。专家机制应该根据国际国内形势的发展，对可能发生的重大媒体事件进行预测，并从容设计、制定应对方案，及时投入妥善应对。

尤其值得设想的是，这个专家机制将应是一个公开的论坛。在观点和分析方面有意识保持一定程度的差异与张力。这样它不仅能表明理性分析的结果，更能演示理性分析的方式、技巧和过程。当社会对各种文化创新与差异有了足够成熟的态度后，这个机制将可以发生某些功能变化甚至部分取消。

专家机制的设想借鉴了国际文化政策经验。英国的文化政策实施有"一臂间距"的经验，国家通过文化理事会制订并评估各项文化政策，实施文化投入的分配。美国不仅是一个市场经济发育较充分的国家，也是一个拥有多元文化的国家。国家直接支持任何一种文化都容易涉嫌对其他文化的歧视。因此美国更多通过种种税收减免政策，支持企业等社会机构对文化进行赞助。这对说明，国家处于一个间接的、但又是最终决策的位置更有利。

从上述功能设计上看，这个专家机制具有更多体现政府意图的发言和表达功能；但在内部又具有从理论和公共利益出发，与权威的政府决策机制的事先协商功能。因此这样一个机制不是对西方发达国家文化管理制度的简单模仿，更是出于对转型中中国的特殊国情的考虑进行的制度设计。无论这个机制应如何生成，如何从后台逐渐走上前台，将来如何渐渐退出，仅从构建和谐社会与和谐世界、转变政府职能打造服务型政府、切实增强我国的文化软实力这几个角度说，由政府出面组建这个界乎于政府和社会的专家机制并让它尽快投入试运行都是值得考虑的。

三、在稳定的前提下，抓住机遇有序开放

文化发展的过程就是思想解放的过程。毋庸置疑，任何新思想的提出对既定的社会形态都具有一定的震撼力。今天谈论文化建设的高潮或文化的大发展大繁荣都必然是要求文化表达和社会稳定同时实现；要求言论开放与文化管理体制改革同步完成。因此，无论开放文化市场准入也好，依法监管内容也好，都应是一个较为长远的目标，不会一蹴而就。但另一方面，现代化也是时代的要求，也需要只争朝夕。因此，抓住一切机遇，分时间、分场合、分（媒体）行业、分（内容）题材、分地区、分学科，一句话分别轻重缓急是有序开放言路的基本操作原则。

毋庸讳言，无论是出于什么历史条件的限制，目前我们对媒体实行严格管制的原因是希望避免不同意见和公开的批评。而对一个文明的现代化社会来说，这既是不必要的也是不可能的。任何社会都可能面对敌对势力的破坏（如信息战、宣传攻势等），但因此关闭内部的言路与信息通道无异于为渊驱鱼。更何况，互联网技术及其迅猛发展趋势也会令信息渠道封堵变得困难，成本无限增加。毋庸讳言，文化产品具有意识形态属性。但这在任何社会都是一样的，出于意识形态的原因管理文化

表达与文化内容有不同的制度和方法。我们要通过制度设计向更文明的方向发展。应该说，近年来的实践已经显露出国家文化管理方式的变化迹象。国家已开始对意识形态属性强的和意识形态属性弱的文化行业进行区分和分类管理，文化产业已在一些对意识形态影响较弱的领域出现。按照同样思路我们可以设想，印刷媒体的开放应该在广电媒体之前；图书出版的开放应在报刊出版的开放之前；电影或时装频道的开放应该在新闻频道之前，等等。应该说，我们的文化体制改革已经在这方面取得了一些经验。目前，图书发行已经向民营机构开放，并取得了明显的成就；下一步开放的应该是编辑环节。

与外交事业发展相伴随，我国在国际文化合作方面也已经走出了新路。近年来我们先后参与了联合国教科文组织几个国际公约的制定，已经成为国际关系规则的制定者。但由于行政和宏观管理体制方面的问题，有一些已跻身其中的部门还主要以一种防御的姿态开展工作，而不是更加积极进取。例如《保护和促进文化表现形式多样性公约》以压倒多数票数通过之后，缔约国正积极推进后续行动，探索在文化产业发展和保护文化多样性的合作中，发达国家对发展中国家所可能给予的优惠。中国作为发展较快的发展中国家，正应该在积极交纳有关费用的同时，也利用相关资金，开展与其他发达国家或发展中国家的项目合作。对我们来说，取得资金不是主要的目的，作出典范项目示范各国才与增加我国的文化影响力、软实力息息相关。而有关部门态度的转变也寄希望于国家宏观文化政策的稳健实施和文化体制改革的不断深化。

尤为可喜的是今年，围绕着一系列重大事件（雪灾、西藏事件、火炬传递和汶川地震），我国的新闻报道体制改革已经让世人看到公共文化服务核心领域发生的重要变化：重大突发事件在第一时间由主流媒体进行跟踪报道。为了理解这一事件的必然性，人们可以参照以下几个事例：2001年美国"9·11"事件发生后，中国中央电视台几乎是在30小时之后才以及其简短的文字和有限的画面对国内进行报道；而2003

年伊拉克战争"斩首行动"的第一枚炸弹刚刚震响，中国中央电视台的图文报道就首先从巴格达发往全世界。2003年"非典"爆发时，国内主要媒体是在这一恶性新型传染病在若干省市呈现爆发趋势之后才予以报道的；而汶川地震发生时，尽管还处在西藏事件、火炬传递事件余波未尽的状况，国内主要媒体迅速报道地震的消息和救灾现场的实况。这些及时、精确的报道迅速提高了政府的公信力，极大凝聚了民心，也迅速逆转了国际舆论对中国的态度，为进一步的改革营造了更为有利的国际国内环境。这说明，中国政府对待新闻传播方式早有改革的冲动，而重要的是一定要抓住可能转瞬即逝的历史机遇让改革举措出台。可以相信，内容管理方面的有效开放一定会进一步推动文化部门的市场开放。也只有市场开放度提高，才会真正促进中国文化持久的大发展大繁荣。

应该说，改革的大势不可逆转，"以人为本"的思想深入人心，中国作为一个负责任大国的形象开始在世界上呈现，因此中国文化的发展繁荣都是必然要到来的。只要我们能抓住国家经济发展较快、国际威望不断提高、因而国际国内批评意见相对较少的有利时机，以及各种历史事件带来的偶然机遇，坚定不移地解放思想，扩大开放，推进文化体制及文化管理体制改革，我国文化建设的高潮就会尽快到来。而中国文化的大发展大繁荣会给世界带来文化多样性的极大改善，会让更多中国传统智慧与文化价值造福世界和平和人类的未来。

划分文化企事业单位的标准及其意义[①]

一、文化体制改革势必造就大批文化企业

按照党的十六大精神所进行的文化体制改革,应该看作是我们文化领域内一场深刻的革命。这场革命要求我们,要从计划经济体制下形成的传统文化发展观中解放出来,树立与社会主义市场经济体制相适应的新的文化发展观。也只有这样,我们国内的经济发展才会是更加协调、更可持续的,同时也更加适应国际上经济全球化和知识经济以及多元政治文化发展格局的形势要求。因此,正确理解和把握文化体制改革的市场取向或导向,对我们树立新的文化发展观具有重大意义。

文化体制改革的试点工作已经进行了一段时间,并且也在一定范围内进行了经验总结。在这种形势下,我们更应该进行一些理论探讨,使这种改革的方向更明确,措施更可推广。应该承认,市场经济不仅是我们现代化建设实践经过长期探索才找到的有效发展途径,也是在全球化趋势中进行全面国际竞争的必然要求。在历史的现阶段,市场制度具有明显的比较优势,明显有利于资源的合理配置和生产积极性的调动。这是我们党在十一届三中全会以来,尤其是十四大到十六大期间所逐渐确认了的,也是人民群众通过收入的增加和生活质量的提高所实际感受到的。因而它毫无疑问应该成为文化体制改革的基本方向,而现在在这个问题上,许多同志并不愿意承认这一点。

然而更多人甚至期望,文化体制改革不仅笼统说是市场取向的,而

[①] 本文曾发表于叶取源等主编:《中国文化产业评论》第三卷,上海人民出版社,2005。

且首先应该是市场导向的。这里"市场导向"的意思是，首先大幅度开放市场，在市场迅速扩大、商业机会不断出现的同时，进行原有文化事业单位的体制和机制改革。否则在旧体制中和旧观念束缚下，部门间保护既得利益，争夺新的"势力范围"的钩心斗角会层出不穷，真正的改革举措难以出台和实现。之所以可以这样要求也是因为人们已经看到了农村改革和城市国企改革的历史进程及其中的种种利弊，人们希望趋利避害。在20世纪80年代改革启动之初，党的最高领导集体甚至改革开放的总设计师也不敢贸然说出市场经济的目标，因而只能"摸着石头过河"；到了90年代初，改革开放已经取得了明显的成就，已经得到了广大群众的拥护，党的最高领导仍然主张"不争论，大胆试"。这样的政治策略有效地推动了改革举措的实施，但同时也留下了不少的隐患和弊病。比如市场不规范、国有资产流失和官员腐败的问题就是例证。实践要求理论的指导，同时社会现实又不能承受较为超前的理论、观念，这就是中国社会发展、改革的两难处境。这就好比盖房子之前不能有完善的设计，而只能由设计师在施工过程中不断诱导。而由于设计师的意图不宜过早暴露，因而建筑的地基无法满足未来建筑层高的需要，留下诸多遗憾和安全隐患。现代甚至后现代社会必然是复杂的，必然要求充分的先期策划。中国人的思维方式尤其是社会实践方式如不能发生根本的变化，其发展道路必然是充满艰辛和代价高昂的。而中国人要转变思维方式，首先就必须承认理论思考的超前性，必须真正从制度上肯定思想解放和理论创新。

一般说来，在市场经济格局下，我们原有的所有文化事业单位无非面对三种前景或角色定位：政府机构、非政府非营利组织和文化企业即营利组织。如果说前一段的改革已大致上区分了政府机构和其他事业单位的话，那么现在的主要任务就是把应该成为企业的单位从事业部门中划分出来。这里，企业是市场主体，因为只有它可能提供基本税收，支持政府机构及绝大部分非营利组织的公共财政开销。因而让所有可企业化的文化单位都企业化是改革的基本目标。换句话说，让文化企业的比重最大，保留事业性质的单位比重最小应成为其基本目标。剩余的事业单位大约相当于国外的（国有）非营利组织，主要提供公共文化产品。这样大批原来依赖财政供养的部门和单位会在市场竞争中脱颖而出，转而成为国家财政、税收的提供者，并因而使余下那些真正有必要予以财政支持的部门或个人获得最大力度的支持。这时，国家与企业、公民与机构各司其职、各得其所，公共利益和私人收益同时增加，将是一种共赢和可持续发展的局面；而且由于政企事性质分明，运作更规范，社会公正也在增加，效率提高的同时会促进社会的稳定。

二、能够提供文化商品的就是企业

现在，除去了政府部门，原有的文化生产单位尤其是原有的文化事业单位就面临一种选择：事业，还是企业，何去何从？进而，这种选择是任意的吗，是一个单位的领导或它的上级部门说它是企业就是企业，想让它成为事业就是事业吗？换句话说，一个文化部门究竟应作为事业单位保留还是成为企业有没有一些客观标准呢？

过去十余年国企改革的经验表明：在市场边界规定不清晰，各单位领导人与原行政管理部门有严格的隶属关系的情况下，旧体制里的部门绝大多数不会自觉地选择新的运行机制。路径依赖是一种顽症。现在一些已经进行过部分企业化试点的文化单位还是习惯于"要政策"而不是闯市场，甚至申请回到旧的事业体制就是证明。而另外一些部门既想保留事业单位的好处，又拼命在市场上捞实惠，这种自私自利极大损害了社会公正。所以我们首先有必要讨论一下，究竟什么是我们划分未来企事业单位的基本依据。

笼统地说，营利和大部分非营利的文化组织都是文化生产单位，都可能提供文化产品。但这里还需要有一种区分。市场经济又被叫作商品经济，只有文化产品可以成为私人消费的商品才适宜进行市场交换，提供文化商品而不仅仅是一般文化产品的部门才是文化企业。文化产品成为商品有一些必要条件，如必须有足够的有效私人消费需求，而产品效用要具有足够的可分割性以保证消费是排他和竞争性的。简单地说，文化商品应该是私人品（private goods）而不是公共品（public goods）。私人品才可能在市场上取得回报和利润，才满足企业赢利的本性。如果付不付钱、付多付少都可以得到同样的消费品，那么多数人会选择少付钱或不付钱。在这个意义上说，公共品具有非市场的性质、抑制市场的功能，在一个现代国家中，公共品的提供是一个需要认真考虑、也有了不少有益经验的政策选择问题。总体上说，公共品的种类会越来越少，一些曾作为公共品提供的福利项目也可能转作为私人品供应。

以商品的眼光去打量就会发现，目前的各类文化产品分为两类：一类是原创（原作）；另一类是复制（复制品）。复制品基本上是商品，而原创则难以成为商品，或说很难成交；甚至可以说未能进入复制环节的原创就还不是商品，不能成为普通商品，尤其不会成为畅销商品。原创作品为社会尤其是公众认可、接受是一个复杂而漫长的过程。艺术拒绝模仿要求创新，创新就是超前，超前就有风险。因而原创作品被市场接纳是有概率和时滞的。相对地说，复制产品不同，它是由有市场眼光的商人进行过筛选、主要应用复制技术批量制作出来的文化产品。因而我们可以有一个简单的划分标准：凡是提供复制品的单位就应该是企业，而原创部门（包括个人）在很大程度上需要财政支持。当然会有复杂的情况，一些复制品未必好卖，一些原创未必一定需要支持，兹略。我们应该看到的是，正是大批文化复制品的开发与传播使文化市场化趋势日渐明显，也向进一步的理论探索提出了问题。

三、复制是使一般文化产品转变为商品的必要技术环节

复制是什么意思？复制（copy）就是对内容的再编码。人们说艺术拒绝模仿，而复制是不同于模仿的。其一，复制是一种重现技术，尤其是一项便于批量复制的高新技术。它能使某种信息例如一件视听艺术作品高保真地成为一个载体的内容，并以极低的成本将其制作成可分割消费的商品。其二，从艺术原创到复制品的生产，中间经过了知识产权交换的环节；复制是得到授权的。由于这两个特点，建立在复制技术基础上的商业组织才能以极低的单价投放复制品，覆盖市场，也因此锻造了一个巨大的新兴产业——文化产业。严格地说，文化产业本身并不制作内容，而是购买或出资开发内容，复制技术的商业应用实质上主要是完成广义信息的传播，所以所有的文化产业部门从本质上说都是媒体。

复制技术有多种，印刷、广播和网络是其基本形式（其他还有录音、复印、电报电话等手段），因而新闻出版、广播影视被当作文化产业的核心部门。此外，各种较为传统的展演型、服务型复制手段在高新技术的推动下也被充分调动起来，因此教育、旅游、会展等产业也成了文化产业的组成部门。

复制技术的产生和发展首先未必是简单的商业动机驱动的，其执行公共文化功能的作用是非常明显的。但是随着社会的发展，复制产品商业化的趋势变得十分强劲。虽然市场有利润产生，但毕竟市场是一种具有比较优势的效率制度。市场最大化在很大程度上说就是效率最大化。同时商业媒体也总是会谋求建立各种取费模式，争相为最终消费者提供服务。例如无线传输的公共电视节目原本不具有排他性、竞争性消费的可能，但自从发现了广告的需求，其商业化的模式就清晰地建立起来了，它刻意吸引受众参与、直接为消费者个人服务的动机变得日益强烈。媒体的范畴还在不断扩大，今天连许多传统商品只要具有装饰、包装、交往的功能和需要，相关部位立即就可以被理解为媒体。这时不仅时装是

文化传播，公交车的外车身及其车票的背面都可以成为媒体。

这就是说，所有的文化生产部门，只要能看到明显的消费需求，能利用适当的复制技术，生产或提供便于交换、可排他性竞争性消费的商品或服务，能进行市场化营销的，都能够顺利地成为企业，变由国家财政支持的事业单位为可企业运作创造利润、为国家创造税收、为公民提供就业机会的营利组织。我们的国有核心媒体首当其冲、责无旁贷！

需要说明的是，尽管广电新闻报刊等媒体已经有了恰当的商业模式，但当今世界各国也并没有让全部新闻媒体商业化，在商业媒体的旁边还有公共媒体存在，如最著名的英国BBC。这就是说，公众和政府对于具有牟利动机的商业组织还是有某些顾忌，怕它们为了一次重大的获利机遇，部分歪曲或片面报道事实，误导公众。毕竟从理论上说，"市场失效"是难以排除的。在今天各发达国家，一般说都会有绝大部分的商业媒体和少部分的公共媒体，二者相对分工，相互制约，相得益彰，公众也因此利益最大化。而对于中国的情况来说，什么时候出现了真正的商业电视台、广播电台，出现了民办的出版社和报刊，文化体制改革的目标才算达到了。和开办一家餐馆、一家家具厂一样，开办一家报纸或电视台也是每个公民应有的权利。现在的问题不是权利问题，权利早就写在宪法里了，需要谨慎处理的仅仅是这些权利如何可以逐步落实，使社会的改革与发展、稳定相统一。

四、文化原创是资源，原创部门需要国家的保护和扶持

相形之下，原创（及其原创作品保存部门）的情况与复制不同。所谓原创，就是通常所说的创作或创造；相对复制它们被称作原创。虽然一些美术、文学作品创作目前在市场上获利不菲，但绝大多数的原创作品还难以直接在市场上获得充分的回报。同时广义的原创还包括哲学、历史、科学、语言等方面，这些人文成果为日常生活提供重要基础，但

并不容易直接从市场取得回报。如果这种生产还是社会的必需，它就应该作为公共品进行生产和提供。

所谓公共品一般认为有两类。一类是无法进行排他性和竞争性消费的产品，经济学家通常会以国防为例。另一类是出于社会公正和市场失灵的考虑向全民或部分人群提供的产品，通常以公共图书馆的服务和社会救济品为例。当然也有出于产业的自然垄断性质或外部性的考虑人为确定的公共品，例如我们通常说的城市供水、供气等公用事业部门。在文化生产部门，我们也要考虑是否有类似的公共部门。

文化原创严格地说并非作者方面可以完成，社会接受才使创作过程最终完成并进入永无止境的对话、解释过程。而社会接受是一个创造性筛选的过程，尽管只有很少的一部分会被绝大多数人接受，但绝大多数人也无法事先确定它会从哪些人那里产生。因而每个社会为了自身的文化发展，为了在国际交往中具有较多的发言权，总会对原创部门进行公共投入。在一定意义上说，文化原创仅仅是文化产业发展的资源。对文化原创的投入如同资源普查，我们到处找矿，并不能保证勘探一处就发现一处金矿，有很多时候勘探队是空手而归的。但没有普遍的资源勘察就没有产业的发展。这就是说，原创作品进入市场是有概率的，但对不能进入市场的作品的作者及其创作也不能不进行保护和扶持，而且资助的范围还不宜过小，取舍标准不宜过于急功近利。相对说，急功近利正是市场行为的特点与弊病所在。从另一方面看，在看不清市场前景的情况下要求企业投资也是不合情理的。但一个民族一个社会没有强劲的文化原创能力，其文化的存在就受到威胁。不仅其文化遗产会流失，而且其文化的现实态就会消失。这种社会需求、企业或个人又不适宜投入的产品显然属于公共品。

另一方面，文化发展就是人的发展，就是人的素质的不断提高。由于人的发展是一个过程，对作品的选择和判断、欣赏与理解就会是一个过程，有时这个过程还很长。这就是文化产品得到社会接受、认同的时滞性，即时间滞后期特征。历史表明，越是好的作品、创造性极强的作品，社会接受的时滞反而容易更长。例如人们现在公认马克思对20世纪人类生活影响巨大，但他生前却受到了极大的排斥甚至迫害。从上述两个方面看，文化原创都具有公共产品的特征，因此国家有充分理由对其进行有效和充分的扶持。

例如，一个国家有没有独具特色的哲学人文价值观念，在很大程度上关系到他在世界上的形象和地位，关系到他的公民的文化认同及归属感，也在深层次上关系到其国民的生活质量和对生活意义的体验，关系到其经济社会发展的健康与可持续性。但原创尤其是严肃学术原创的有效现实需求不会很大。且不说数理化等自然科学学科，就是哲学等社会科学学术研究的成果在今天任何国家里也不会有普遍的消费需求。这样的文化产品严格地说只有国家而不是许多个人具有直接需要消费。同时，许多有市场需求的产品正是这些基础产品的延伸或衍生产品。因此作为公共需求，这样的文化原创需要政府支持。

又如，文化产品具有精神属性。从文化价值创造的角度来看，它应该具有唯一性，即不可重复的属性。今天人们不认可艺术和思想的重复、模仿。这种原创意义的唯一性在现代社会里被落实到原作意义的唯一性上。这就蕴含了一种矛盾，本来具有普遍性的价值，现在却无法送到每一个人的面前。一件原作本身难以分割，因而也就难以成为满足众人排他性、竞争性需求的商品。这就是说，从文化价值生产的目的来看，它也对被当作公共产品生产提出制度化要求。

再次，思想性的产品缺乏自我保护的手段。一个观念、一个主意、一个策划不说出来就毫无意义，而一旦说出来又一览无余，无险可守、无密可保，尤其无法再进行排他性消费。人类语言交往的经济性特征正好使文化产品的知识产权保护成为问题，越是以内涵丰富而非外在形式细节的丰富取胜的原创，就越难保护自己的知识产权。相对而言，一些用特殊艺术语言表达的艺术作品如绘画和音乐等，唯因其语言的特殊、外在细节的丰富且难以模仿，反而易于被垄断，被排他性、竞争性消费，但新兴的复制技术及相关媒体正在不断突破这种限制。因而在知识产权制度没有完善地建立起来并得到有效执行的情况下，文化原创在很大程度上只能作为公共产品存在。

这样就清楚了，原创意义上的文化生产一般说提供的是公共产品，因而其生产单位往往是非营利性质的，或者说需要作为事业性单位保留和予以扶持；而复制意义上的文化生产即典型的、标准化的文化商品生产提供的是私人产品（或服务），因而其生产单位应该是企业。说到底，可商品化与否就是其间的判别标准。我以为这是在未来进行的文化体制改革中，区分企事业单位的第一个分类标志。

五、文化市场化是一个历史的趋势

尽管我明确地主张文化产品的市场化，但上文也明确地说明我们并不主张"一刀切"。同时，文化市场化势必是一个历史过程，应该审时度势，适时推进。因此在结束讨论之前，还有两个问题应稍加讨论。

第一，在公共产品和私人产品之间，进而在非营利组织（事业单位）和营利组织（企业）之间，有一个历史转换的问题存在，即在知识产权制度和各种商业传播技巧的中介下，越来越多的公共文化产品可能成为私人产品；越来越多难以盈利的非商业性文化组织有可能成为盈利的，成为商业性的。我们尤其看到，随着复制技术的迅猛发展，传播媒体的兴起也迅速遇到了内容瓶颈的问题。因而，各类文化产业组织会有大量吸纳原创性文化资源的强烈动机。换句话说，文化市场化、文化产品商品化会是一个渐进的历史过程。

这里的关键是形成各种合理合法的市场链。如古典音乐的表演团体（包括京剧），虽然他们也像是某种"复制"行业，但一来他们的复制手段是手工艺式的（表演），过于古老，依赖长期的训练，缺少效率；

二来他们的"复制"其实是一种解释、再创造（reproduction），是一个原创环节；加之古典艺术的观赏群体在缩小，因而他们自身在市场中盈利的机会微乎其微。但如果他们能借助知识产权手段，使自己的演出与各种"后演出"产品的开发（类似所谓"后电影产品"开发）挂起钩来，和一些传统制造业、新兴广告业的产品开发与经营挂起钩来，其市场状况会有较大改观。又如传统的文物保护业，如能与文博会展业、旅游业的经营良性链接，其市场前景也将会光明得多。事实上，像电影这样一种大众艺术形式，在电视的冲击下，也更多地具有一种"仪式"或"节日"的社会活动特征。但同时它又是整个"后电影产业"蓬勃发展的源头活水。因此对于这个产业也有必要加以政策扶持，而最有力的扶持首先就是建立起强有力的知识产权保护体系。文化市场化的进程只能与市场自身规范化的进程相同步。

当然，各类原创性文化生产单位的市场化进程最终只能是与文化消费需求的增加和偏好的高端化相联系的。只有随着社会的发展，人们的收入与闲暇时间同时增加，参与社会事务的热情和程度不断高涨，更多文化原创活动才会直接进入市场的领域。这想必是一个不会太短的历史过程。现在一些理论工作者对文化市场上大众产品的文化品位十分不屑，这固然不错；但同时也应承认，大众欣赏水平的低下不是他们的责任，而是我们公民的文化权利长期得不到有效落实的必然结果。在文化消费基本满足之后，大众的趣味也会逐步提高。这和人们在吃饱肚子之后才会追求美食是一个道理。

第二，在特定的历史条件下，一些本来可能以私人产品方式提供的文化产品也需要以公共产品或准公共产品的形式提供社会，因而使一些本可能企业化的部门继续整体或部分地保留"事业"身份，作为准公共部门或非营利组织存在。这种情况在文化领域最典型的例子是教育。出于社会公正和整个民族文化素质提高的考虑，国家要对基础教育及部分高等教育产品的提供方式和价格进行限定；与此同时，对这些教育部门予以资助，并鼓励其他社会部门对其予以资金上的扶持。同类的例子还有某些与国家利益、国家安全相关的公共媒体等。其道理显而易见。

然而从国际趋势看，这里对国家也有一些限制。国家（政府）与市场是一对矛盾，也是一种特殊的博弈，相互都有一些妥协与退让。国家对一些公共领域进行管制的同时，也要考虑公民的基本权利，包括商业权益，例如不能将所有的电视台和频道都掌控在国家手里，从根本上排斥或独霸市场。此外，类似公共事业也不能完全由政府包揽资助，一些管理职能也可交由非政府组织履行，如行业协会或民间基金会等。"国退民进"是一个基本趋势。再有由于公共部门的资金是由税收转移支付提供的，不能用于营利，运作中容易出现缺乏效率的弊病甚至其他寻租等腐败现象，因而需要强调透明和社会监督机制。换句话说，想靠公共部门、公共产品挣钱本来就是不合法的。这是我们在进行文化体制改革和企事业单位划分工作之前就必须说明的。当然，"国退民进"不等于说国家的作用不必要了。这里说的"退"与马克思说的国家的"消亡"不是一个意思。这里的"退"仅仅是说国家更多的是要"管"，而不是亲自去"办"。这时国家或政府的"退"与其进步是一个意思，与制度文明是一个意思。

当我们考虑到文化体制改革和文化产业发展的历史特性时，就不仅会进一步看清文化体制改革和发展文化产业的重大意义，而且也会看到它的复杂性和艰巨性，会要求它的推进稳重些，再稳重些。

文化产业发展的几个基本逻辑[①]

一、文化产业概念及其一般特征

文化产业概念。Cultural industry（这个单数形式的词组）最先是法兰克福学派思想家阿多诺和霍克海默的发明，是个贬义词，有两层意思。首先，机械、技术的因素加入到艺术创作过程中来了，比如影视产品的生产，尤其是使创作者变成了集体、团队，因此无法让艺术家个人的思想性、创造性充分发挥出来。因此影视作品的水准会低于传统上由天才个人创造出来的文学、绘画、音乐甚至戏剧作品。这是他们的概念更应准确地翻译为"文化工业"的原因，他们怀疑工业介入文化原创的结果。其次，这些新的艺术门类是在商业环境中发展的，因此会为商业利益服务，会迎合市场的趣味，不仅思想性表达不够充分，甚至可能具有某种制度上的欺骗性；他们还质疑广播电视这种单向传播的媒体技术模式。这是与"文化工业"相匹配的"大众文化"概念的含义。但今天看，这种看法有些过时了。依赖技术因素的参与甚至集体的创作并没有阻挡艺术精品的诞生，甚至是带来了人类表达与感受世界和生活的新方式。同时文化产业的发展显然也带来了文化的大规模、跨文化传播，人类交往变得更充分。

另一方面，20世纪后半叶，文化产业的部门越来越多，媒体越来越多，而这些媒体的发展有各自的一些特点，于是对这些媒体进行专

[①] 本文曾发表在深圳社科院主办的《南方论丛》2003年第2期、上海交大国家文化产业基地编：《中国文化产业评论》第1卷（上海人民出版社，2003）等刊物上，近年来也多次以本文内容在不同场合做过讲座。考虑其中一些内容在本文集相关文章中也出现过，一些数据已显得陈旧，这里我们对文本有所删节。

业研究的倾向出现了。文化产业成了一个中性甚至更多褒义的概念。例如一批法国学者开始正面应用这个概念。他们（如米亚基，Bernard Miege）认为，文化产业的问题很复杂，除了商业化的倾向外，也带来一些新的趋势和创新[①]。传统社会或前现代社会，文化是分层的：上层的或精英的、下层的或民间的。两者很少来往，社会缺乏交往和沟通。现代社会不一样，工业化、城市化和媒体的发展把教育的因素带给下层民众，他们要识字看报，也要观赏艺术；文化产业的兴起正好增加了传播的可能。同时他们缺少基础，未经培训，因此趣味不高，不懂门道。这是很正常的事，人们正是在不断地接触中慢慢得到教化的；而这个融合的最初阶段就显得文化变得低俗了一些。文化艺术也一样，不断涌现的作品中杰作、精品是少数，大多数作品必然是中档货、较为平庸。不能理想主义地要求现实与之立即吻合。因此我们需要一个较为现实、较为形式化的文化产业概念。20世纪80年代前后，联合国教科文组织对cultural industries（这个复数形式的词组）的界定流行开来："按照工业标准生产、再生产、储存以及分配文化产品和服务的一系列活动。"

文化是人们生活的全貌和过程，是生活方式及所有产物。这样说并不错，但过于宽泛，这是说所有人造物的特性。因此赫斯蒙德夫认为采用威廉斯（Raymond Williams）的说法更严谨：文化产业是"社会秩序得以传播、再造、体验及探索的一个必要（虽然并非唯一）的表意系统（signifying system）"[②]。我认为，这个表述对中国人来说不够清晰，没有提及产业或商业特征。西方社会，市场经济早已成了基本的社会制度，而中国人至今没有完全生活在市场经济社会当中。因此联合国教科文组织的定义更值得参考，它强调了"工业标准"和"分配"。对这样

[①] 赫斯蒙德夫：《文化产业》，张菲娜译，中国人民大学出版社，2007，第18页。

[②] 赫斯蒙德夫：《文化产业》，张菲娜译，中国人民大学出版社，2007，第13页。

一个定义该如何理解呢?

我觉得,在"文化产业"这四个字或由两个词构成的偏正词组中,"文化"是其中相对容易理解和界定的一半。文化产业就是提供精神消费产品和服务的产业。"产业"才是这个词组的主要成分,文化是对它的限定。"产业"(industry)的现代含义通常包括两个方面:一是大规模制造;二是市场化营销。而文化产品之所以可以大规模制造得益于复制技术的不断发展、创新。

为了理解文化产业概念,我们要仔细区分文化(艺术)作品(artist work)和文化产品(cultural product)这两个概念。一般地说,艺术作品出自艺术家之手;文化产品出自文化企业。文化产品是对文化作品的复制性再生产。文艺理论总会讲到艺术作品有内容和形式之分:艺术品的思想性要通过故事情节、人物以及语言、色彩和音响等表达出来。现在艺术作品的形式之外又有了一层新的形式、一层物质外壳:比如一个光盘、一段录音、一张印刷品等等。以前我们听人朗诵诗歌、看戏、欣赏美术作品,现在所有这些作品都被用数字技术重新编码,都成了用 0 和 1 组成的数字串的复杂组合。于是我们用一台电脑既可以阅读文字,也可以观看画面,还可以倾听音响。我们一张碟里面文字图画声音都有。它把整个文艺作品包装到新的"壳子"里去了。以前的作品本来有自身的形式,现在这种形式成了新的内容。新生成的文化产品成了"作品的作品""形式的形式"。而且这新一个层次的产品是大批量制造的,生产成本很低,特别适合进行市场分销。正是作品和产品的区分,使文化的产业化生产及商业分配成为可能。原创的作品往往是无价之宝,是唯一性的,因而很难为所有人分享。而文化产品负载了原作尽可能逼真的信息,同时可以为无数人分享。这样,文化产业就可以如前面那个定义所说,是"按照工业标准生产、再生产、储存以及分配文化产品和服务的一系列活动"。同时我们还看到,文化产业在本质上说都是媒体(media,负载内容),是拿来一些内容,复制后再传播出去。复制技术使文化作品成为产品。所以我们的定义是：文化产业就是应用复制技术完成文化传播的商业活动的总和。

传统上是否也存在某种意义的文化复制行为呢？我们说的不是绘画中的临摹，而是音乐中的表演。表演是同一张乐谱（舞谱）所记载的乐曲（舞蹈）的反复再现。但这种复制规模非常小，难度却不小，并且每一次演出都可能造成对原作的再创作。因此这种反复表演在今天不被当作复制。今天说的复制一定是所谓"机械复制"，是技术性重新编码。

三种重大复制技术。文化产业兴起的技术条件就是复制技术的迅猛发展。批量复制技术的第一种形态应该是印刷。这甚至是一项在前工业社会就已经产生了的技术。除了活字排版的智慧外，印刷本身是一项力气活。工业动力技术的出现才使它得以实现更大批量、更低成本的复制。随后出现的第二种重大的复制技术是广播（电视），录音和录像（包括唱片、磁带等）都是这个方向上的系列技术扩张。这种"在线"的复制方式极大地拓展了各类"现场"的空间。通过广播，人们可以在极远的距离之外，听到现场的声音，感受到现场的气氛；而电视还可以传达现场的图像。比起书籍报刊来，广播电视来得更快捷，能够进行"实时的"（实况）转播；尤其是它所传递的信息不必经过文字的中介，所以它的受众可能包括不识字的大众和不懂特定语言的观众。第三种重大的复制技术出现在最近的十多年当中，这就是数码技术和网络技术。数码技术是真正的多媒体，无论文字、图像还是音响都可以用0和1进行编码演算，而且是高保真（逼真）的，令印刷和广电技术自叹弗如。此外，广播技术是单向传播，网络技术则是实时的互动传播；网上的信息资源越来越丰富，构筑起一个空间相当广阔的虚拟现实。它的绝对资源耗用量不断降低，而工作速度却不断提高。这个行业中的摩尔定律是说每18个月，芯片的运转速度就会翻一番，而其价格基本不变，听上去就像奇迹。现在人们谈论的是"三网融合"的前景。应该说，广电技术兴起是文化产业发展的一个大的飞跃；而数码和网络技术的兴起是文化产业更大发展的一个重要契机或机遇期。

进而可以想象，文化产业是一个巨大的产业群；符合我们定义的文化产业部门有许多，所以它是复数的词组。我们把新闻出版、广播影视、网络及计算机软件服务、旅游、教育、艺术展演等看作文化产业的主体或核心行业（中下游、主流）；传统的文学、音乐、美术、摄影作品的创作和时装、工业与建筑的设计，以及各种博物馆、图书馆等看成文化产业争夺的前沿（上游）；广告业、娱乐业和体育健身则是它成功开拓的新边疆（支流）。文化产业实际上是一个巨大的"产业群"。

与文化产业相关的概念还有内容产业、创意产业、信息产业、版权产业、娱乐业、休闲产业等等。我以为那些概念与文化产业概念内涵外延有部分重合，但都是以文化产业为基本内容的。如1998年出台的《英国创意产业路径文件》这样界定"创意工业"（creative industries）："所谓'创意产业'是指那些从个体的创造性、个体技艺和才能中获取发展动力的企业，以及那些通过对知识产权的开发可创造潜在财富和就业机会的活动。它通常包括广告、建筑、艺术和古玩市场、工艺品、时尚设计、电影和音像、互动性休闲软件、音乐、表演艺术、出版业、软件和计算机服务、电视和电台，等等。此外，还包括旅游、博物馆和美术馆、遗产和体育等。"

"创意产业"是英国人的创意。布莱尔政府1997年上台以前，新工党的文件中一直使用"文化产业"[①]概念，但这之后变成了"创意产业"。显然这是一个具有布莱尔特色的表述，但同时它也颇符合英国国情。除了包含文化产业内一般行业之外，"创意英国"主要强调了设计业的发展，从时装到建筑。这是因为老牌资本主义的英国进入到"后资本主义"

[①] 钱紫华、闫小培：《文化/创意产业、创意城市等相关概念辨析》，载《深圳文化研究》，杨宏海主编，花城出版社，2009；〔英〕Susan Galloway、Stewart Dunlop：《解析"创意产业"概念》，载夏学理主编：《文化创意产业》，国立台湾艺术教育馆，2009。

时期，制造业基本上已经转移到国外，仅仅靠金融业和一些老的品牌并不足以支撑英国经济的可持续发展，因此英国需要找到可以远程控制国际制造业的各种生长点，于是他们瞄准了设计。英国的做法和概念影响了不少前英国殖民地国家或地区，香港是其中之一。记得访问香港听到当地政府负责人介绍香港发展创意产业的思路时说，香港要发展那些服务于企业的文化产业部门。设计显然就是符合这个标准的行业之一。

《创意城市》的作者查尔斯·兰德利认为，他关于"创意经济"的概念外延与"创意产业"有所不同，主要涉及四种"创意产业"的创造性产品交易：版权业、专利业、商标业和设计业[1]。这是一个更大的概念。近年来，除了创意经济的说法，还出现了创意国家甚至超国家共同体（创意英国、创造性国家澳大利亚和创意欧洲）的说法。这不仅强调了创意产业的经济属性，也强调了政府及第三社会部门参与的必要性；强调整个社会创造性的发挥。

至于我国各地方政府在制定文化及文化产业发展规划时为什么纷纷采用创意产业或文化创意产业的概念，也许是凭借了某种职业的直觉。地方政府在响应中央政府发展文化产业的方针时，非常强烈地感觉到实施的艰难。一方面，政绩指标要求产生明显的经济增长数字、成果；另一方面，在内容、表达及相关行业的市场准入还有相当严格的控制，管理上有太多主观、人为因素。无奈下的地方政府不约而同地看到了设计业（从服装、软件、家电到建筑设计），青睐上这个市场前景较好、与产业升级和城市化进程相关、有一定文化蕴涵又较为唯美的行业。于是北京、上海这样的大城市纷纷投靠"创意产业"麾下，反而使云南这样最早提出建设文化大省、文化产业大省的地方显得势孤力单。

根据我自己的定义，严格的文化产业部门并不亲自进行内容原创，

---

[1] 查尔斯·兰德利：《创意城市》，杨幼兰译，清华大学出版社，2009，第22页。

它不直接创作艺术作品，而是通过知识产权交易购买内容，然后进行复制销售。它的主要工作是面对诸多的消费者。但由于历史的原因，文化产业和艺术原创部门还是有一些交叉、重叠。

雷蒙德·威廉斯曾经将人类文化生产分为三个历史阶段：最初是恩宠制（patronage）时代，从中世纪到19世纪初，主要是贵族豢养艺术家，资助他们的创作；然后是专业市场（professional market），主要是19世纪，各种小规模的艺术作品或小规模的拷贝（如乐谱）被公众从艺术家手里直接买走，同时开始出现一些中介，如出版商，因此版税也出现了。第三个阶段是"专业公司"（professional corporate），而赫斯蒙德夫倾向于称之为"专业复合"（professional complex）。这是20世纪的事，在50年代后尤其为甚。这就是文化产业的阶段了。由于复制技术和商业组织的发展，原创与复制的关系变得越来越复杂。除了买断一件文化作品的版权（复制权）外，商业机构有时也希望将艺术家及其创作过程纳入自己的公司内部。而且文化其也希望打通所有行业界限，复制销售多种媒体的系列产品[①]。例如影视制作，其原创环节的结束一直要到剪辑好的母带诞生，这时后期制作的技术基础已经纳入，而复制环节从拷贝洗印开始，同时企业希望控制产品的全部播映。音乐制作人则希望和音乐家、歌手签订相对长期的合同，代理其全部作品的销售。记者或专栏作家与报刊的关系与此相似，报刊上连载小说的后面部分在作品开始登载时实际上并未完成。这是我们把原创视作文化产业争夺的前沿或上游的原因。这一特征还会进一步影响文化产业内企业规模的大小和市场竞争模式。

艺术原创与产业复制关系的复杂充分反映了文化产业的种种特征。一些研究者概括了这些特征。

---

① 赫斯蒙德夫：《文化产业》，张菲娜译，中国人民大学出版社，2007，第58页。

这些特征主要是：①高风险。高度强调个性和创造性的原创人员有时拒绝考虑作品的市场反应，甚至以"前卫""先锋"为荣。据说，1998年美国发行的近3万种音乐专辑，销售超过5万张的不到2%；出版界也历来有拇指法则之说（美国在80年代中期每年出版5万多种图书，80%有财务危机）；美国每年350部电影只有10部卖座[①]。做文化产业像是在炒股票。

②高生产成本，低复制成本。一部艺术作品的生产技术成本很高，如电影的拍摄、剪辑、录音等，但放映后很容易就被复制盗版，复制成本极其低廉；如果没有版权保护措施，犯罪成本也极其低廉。这对文化产品开发是极大的打击。

③文化产品往往具有相当程度的公共品或叫非排他性消费的特征。一个CD，你听过后还可以借给许多人听；一本图书你看过后还可以让他人复印，而一件物质产品如一个馒头或蛋糕则不存在这个问题[②]。

由于上述几个特征，文化产业机构也采取了相应的措施，甚至也形成了产业的组织形式特征，如很多文化企业规模做大，进行所谓"纵向一体化"，把我们下面要说的很多的B环节组合在一起，进行跨媒体运作，希望以大数争取小概率的成功，例如我们的严肃期刊市场里，做得大的是各类"文摘"。当然这也就给小公司留下了市场竞争空间，这个空间一定是在原创与大规模复制技术之间，主要是一些更灵活的专业性知识产权交易；他们的产品有时就是卖给大企业的，有时他们只是中间商、经济人或捐客。因此可以这么理解，文化产业中大企业是后端（更接近消费者），小企业是前端（更接近艺术家）。前端机构小，降低投资风险；后端机构大，摊薄产品成本。在西方国家，文化产业的这种特征也

---

① 赫斯蒙德夫：《文化产业》，张菲娜译，中国人民大学出版社，2007，第21页。

② 赫斯蒙德夫：《文化产业》，张菲娜译，中国人民大学出版社，2007，第20—22页。

使得政府的管理对原创、艺术家的控制放宽，而对发行及市场营销的控制从严。只有这样，极其稀缺的原创资源才能得到培育和滋养，才能满足巨大的市场需求和国际竞争的需要。

二、文化产业的商业模式与市场扩张模式

建立在复制技术基础上的文化产业的出现使得文化作品的市场需求成为可计量的。以前的艺术作品只属于少数人，有多少人听说过它的存在都没有意义，它们可以声名远扬，却难得被大众所目睹聆听。现在复制品将艺术作品切割成可分别消费的廉价单元。根据其成本和居民收入水平等分析就可求出其有效需求量。这是一个巨大的进步。但问题还有另一个方面。

为了促进文化传播和市场的发展，鼓励内容原创、开发的积极性，文化市场采取了知识产权制度设计。文化企业的商业模式是知识产权（著作权）的授权经营。

从根本上说，文化产业与艺术原创是相互联系但又可以相对区分的两件事情。文化产业中产业这个词意味着大规模生产，实际上是指复制技术的应用和复制产品大规模的商业营销。现代文化产业在实质上都是传媒，它要将各种原创作品作为内容装载在它的复制产品中让千百万的消费者了解和消费。而相对而言，艺术的原创仍旧是唯一性的，它只能是一件一件做出来的。（原创的）艺术不承认模仿。文化产业与艺术原创的关系是，文化企业通过知识产权交易，购买原创产品的开发经营权或叫使用权。例如唱片公司购买一场音乐会的演出实况录音，然后制成CD出售。这种模式与传统上画商购买或代理各种绘画及雕塑作品，放在画廊里销售是完全不同的。后者交易的仅仅是艺术原作的所有权而非其衍生产品的经营权。以前，艺术家的创作仅仅使自己有了一项著作权、原作的所有权；现在，由于文化产业的存在，艺术家的创作还使他有了

第二项权利，即版权、原作的经营权。所以对于艺术家来说，能有一些媒体向日益增长着的消费群体传播他们作品原创的信息，吸引观（听）众的注意力，刺激他们的消费欲望和需求，使更多的人（包括一些企业法人）愿意以不断攀升的价格争相购买其广具知名度的原作及其复制品，这无疑是一件天大的好事。精明的艺术家已经意识到，第二项权利的扩大将使第一项权利的价格上涨。文化产业的发展会给文化艺术原创带来知识产权收益。

知识产权现在大家耳熟能详。这里讲一个例子。来自台湾的ArtKey公司花500万元购买了国内十几位知名艺术家作品的经营权。不要作品就给钱吗？家属们喜出望外！但将来谁会或如何可以看到这些作品呢？另一方面ArtKey公司获得这些授权后只试探性地作了一些产品（挂盘），因为它怕侵权盗版，把市场抢光。

这就带来一个问题：要不要保护知识产权？保护力度大一点好还是小一点好？我想关键是我们要不要使自己的文化创意产业、原创能力强大起来？要的话就要严格保护。

现在来看文化产业的市场扩张模式，看看它的市场带动能量。让我们以艺术产业为例做一点说明。高雅艺术作为高档商品恐怕不会十分畅销，其成交量也不会太大。我们选它为例正是因为它小，所以逻辑清晰。

简单地说，历史上的艺术存在曾主要是两个环节或两个端点构成：创作和保存（占有）。少数人创作，同样是少数人在生活的很少时间里观赏。古典艺术曾被封闭、收藏在贵族或皇室的小圈子里。我们用公式A–C表示：A是艺术家、艺术作品（artist, artist work）；C是收藏家或后来的消费者（collector, consumer）。

进入现代社会情况有所不同，工业和城市文明给数量迅速增加的城市下层居民带来教育的因素。现代化是普遍的开化，是普遍的分权，因此广泛的文化分享的需求产生了。这样就在绝对数量总是很小的原创性文化作品与广大的文化消费者之间出现了巨大的供需落差，而文化传播的商业机会也到来了。画廊与艺术博览会等产业形式应运而生。这样原来的公式之间出现了一个新的项 B 即 business，交易。原有公式也成为 A–B–C。

现代文化产业的兴起，在传统艺术活动的原创—保存两极结构中插入了一个第三者、一个中项；凭着大规模复制技术和商业传播技巧，它要把必然比较稀缺的原创性作品最大限度地传递到尽可能多的消费大众面前，也力争把作品首先销售给出价最高的消费者。现在画廊直接签约画家，收购其艺术作品然后卖给收藏家和消费者。画廊是中间人，提供信用服务，收取中介费；同时他们通过复制（印画册）、展示（办展览）和做评论进行宣传（包括在广播电视、互联网上作广告或软广告），使新人新作迅速得到市场的认可。这就拉动了出版、印刷业、会展业和广电及网络电信部门的发展。国内一些大城市如北京、上海、广州、成都都开始出现了画廊，纷纷举办年度的艺术博览会。艺术品的销售还为拍卖行的发展提供了契机。凡是致力于收藏的人总有倒手的需求，艺术品和审美时尚的变迁也使艺术品的二手交易活跃，而且著名的拍卖行有鉴别真伪的"绝活"，比地方性画廊更广阔的市场辐射力，能吸引更多收藏家与"神秘"买主，往往拍出更高的价位。有人将画廊称为低端市场，将拍卖行称为高端市场就是这个意思。再者，有些收藏者事实上也是企业或展示单位，它们从拍卖行拍得的是艺术品的经营权。这就是说，在 A 与 C 之间，出现了不止一个 B，A–B–C 成了 A–B–B–C 或 A–b1–b2…bn–C。这里一连串的 B 将艺术产业的内在扩张趋势和外在拉动作用凸显出来。事实上这样的产业链有不少，如文物考古发掘业—博物馆业—旅游业—工艺品及旅游纪念品制造业、影视制作业—音像制品业—旅游业（主题公园）、唱片录音棚—唱片、盒带、CD 生产线—唱片等的包装、设计、印刷业—网络先媒体，等等。

一种更具影响的艺术生产与交易，不是一个经营规模、范围都有限的企业所可以单独完成的，必须有更多的企业参与，专门的艺术产业可以与传统的产业联手,将艺术传播到更广的范围里去。比如,迪士尼的米老鼠、唐老鸭或者是抽象派画家蒙德里安的绘画都可以被复制转移到服装设计中去。日本动画片中曾经出现过一只凯蒂猫(Hello Kitty),现在使用凯蒂形象的消费品(如转笔刀等)有多少,连创造了这个形象的公司老板都说不清,"大概有1.5万—2万个吧"。"9·11"后的美国,凯蒂猫尤其受到美国人的青睐,在美国畅销。

文化产业本质上都是传媒,其产品通常是纯粹的内容载体,没有实用性功能属性。而设计产品最终都会依附实用性产品,看上去不像传媒,但实际上也可以将这些实用产品理解为特殊的传播媒介[①],因此设计(尤其是从制造业企业中分离出来的设计公司)的确应当是文化产业的一个组成部分。在今天的世界,产品设计创造的产值在每个产品总产值中占绝大的部分。设计业的兴盛极大扩展了文化产业的疆域。

所以,这个A–B–C的简单公式现在应扩展为:A–B(b_1^1–b_2^1–b_n^1–…–b_1^2…–b_n^n)–Cs;其中每一个小写的b代表一个企业或一个商业活动,有一些小写的b很可能是媒体(从broadcast到broadband),另一些则是传统产业部门;而C后面的s表示比A大得多的复数:既是指消费者的众多,也是指消费内容的叠加。我们尤其乐于强调的是,其中B的无限扩张反映了产业化程度提高的趋势;而B的丰富则表明文化产业各部门及相关产业之间有着相互促进、相互烘托的特征。

文化产业的市场扩张能力还表现在企业组织形式的多样性上。前面讲过,为了避免行业风险,文化企业倾向于作大规模,形成跨媒体、全链条的集团,希望同时拥有多种类媒体、能独立推出系列文化产品。但这样一来,仍然给小企业入场竞争留下空间。这些小企业往往就在与原创进行版权交易这个高风险环节和大企业进行合作与竞争。国内出版行

---

① 例如一件文化衫可以书写上任何标语口号,有强烈的表达意味。而一张公共汽车票也可以成为广告媒体。

业的情况表明，小的出版工作室尽管不能合法进场直接进行交易，但他们的专业知识、对市场的熟悉和较为强大的发行能力，使他们完全可以垄断畅销书的稿源，反过来以优势地位和出版社进行书号交易。尽管也许风险更大，但他们负担较轻，主要靠人力资本运作，资金积压不多，随时可以退出市场，因此也具有很大的灵活性。

如果这种描述是正确的，那么我们就要承认，文化艺术的市场化过程不仅是一种单纯的商业过程，它也在客观上打破了前工业社会的文化垄断局面，落实了公民文化权利，提高了公民素质，增强了社会参与度。让我们想想，我国电视业的发展是否大大推进了汉语普通话的普及程度？！人们现在也许开始担心我们的方言会不会过快地消失了。

三、文化的力量和政府的作用

文化产业这种经商业动机中介和刺激的复制传播和展示传播，不仅较经济地配置了资源，而且迅速向传统文化艺术的原创和保存两个基本环节渗透，将商业原则向两个方向推导：一方面是将原创变成不竭的资源和丰厚的知识产权；另一方面将保存变成大规模的展示和单元化切分的、多层次文化消费。例如我们看到许多名作家、名演员，他们的创作还没有开始，价格就已经开得高高的了；而一个地区知识产权得不到有效保护，当地的原创性活动就必然低迷。应该说，最终一定是（有效）需求的旺盛才可能推动一个产业的迅猛增长。商家最先看清甚至制造出了需求，所以才会向原创订货。但现在有不少理论家对需求提出质疑，认为这种需求档次太低，而商家更是对某些低级趣味曲意迎合。因此对文化的市场化持怀疑态度。

其实，文化自身并不是弱不禁风的，在市场内也可能发挥影响力。只不过会有一个时差，或者叫时滞。让我们看两项研究成果。

美国学者戴安娜·克兰（Diana Crane）的研究使人们看到一种希望。

她将传播媒体分为三类，即①全国性核心媒体，包括重要报纸和影视；②边缘媒体，包括书刊、广播录像等；③都市文化，包括音乐会、展览、博览会、戏剧表演等①。她还注意到：核心媒体的受众尽管最多却是"异质性的"，即所谓没有城乡、工农和阶层差异的大众传媒对象，相互间未必有深入的了解与沟通；边缘媒体的受众是以生活方式的近似划分的，具有地方性的特点；都市文化的受众是按阶层划分，甚至是有圈子、相互相识的，相互间沟通较为充分。这就使我们想到麦克卢汉对"冷媒介"和"热媒介"所做的分别②。麦克卢汉说："热媒介要求的参与程度低；冷媒介要求的参与程度高，要求接受者完成的信息多。"③克兰实际上揭示了麦克卢汉论点的深层原因。这就是说，尽管传播范围广泛，但大众媒体的传播效果、受众与媒体及受众之间相互理解的深度反而不如都市文化；媒体本身是按照三极结构的模式操作（"克兰模式"）还是按照两极结构的模式操作（"麦克卢汉模式"）还可以继续研究。

克兰还发现，"新思想和新形象往往始于核心领域之外的边缘和地方领域，其中少数会被核心领域吸收。在核心领域的边界，存在高度的'喧哗声'，这是大量个体和组织争相进入核心领域的活动的集中体现。"④而在相对精英倾向比较强的都市文化中，最容易产生文化创新⑤。这就是说，由于有媒体及其受众的分类或分层，市场中的文化创新仍然可能存在并逐步影响整个社会。边缘的媒体影响力未必低于大众传媒，都市文化的影响力还是可能逐步渗透进核心媒体。例如远在广东的《南方周

---

① 克兰：《文化产业：媒体与都市文化》，赵国新译，译林出版社，2001，第7页。
② 麦克卢汉：《理解媒介》，何道宽译，商印书馆，2001，第51—64页。
③ 麦克卢汉：《理解媒介》，何道宽译，商务印书馆，2001，第51—52页。
④ 克兰：《文化产业：媒体与都市文化》，赵国新译，译林出版社，2001，第11页。
⑤ 克兰：《文化产业：媒体与都市文化》，赵国新译，译林出版社，2001，第6章。

末》，常常会有相当具有影响力的报道吸引全国的读者；而我们的央视在早间一些读报栏目中，常常将地方报刊或网络上的某些新闻或观点介绍出来，表现出地方媒体、边缘媒体的影响力。央视靠这些节目则可提高自己的收视率。较为奇特的是，赵本山的小品无论如何说不上是冷媒体，但多次春晚都要靠它压轴，提高收视率。他在2010年春晚的节目本身结构就不算完整，还受到某些方面的指责，但最终优秀节目奖还是颁给了他。毕竟没有收视率的节目就什么也不是。

有另外的材料说：在文化产业当中，创新往往会首先出现在小型企业中。一位叫奥康纳的研究者说："文化产业主要是由小企业承担的。在英国，文化部门里56%的主要工作人员都受雇用于25人以下的公司。"而佩特森和伯格在研究中发现，当大型唱片公司主导市场的时候，产品种类就减少；而当小型公司掌握了主动，产品种类就增加。他们还发现，当热门唱片的种类由于大型唱片公司控制市场而处于低水平时，有一些新的潮流会在主流的外围出现；继而有冒险勇气的小型唱片公司大量吸纳这些新潮，而当某些新潮作品获得大众喜爱时，热门歌曲的种类就会增加；但当这些新潮流在商业上有利可图的时候，大型唱片公司又将它们吸纳进去，从而创造了一种新的主流，产品种类又渐趋减少；对于有冒险勇气的小型公司来说，又回到了边缘位置并面临各种不确定因素。这样的周期也是循环往复、不断出现的[①]。

这里的关键是我们怎样看待市场，尤其是知识经济时代的市场。讲究现实的市场和追求理想的艺术有一定的差距，但市场本身并不是艺术的天敌。人们容易看到的是市场中企业利润最大化的商业目标，而容易忽视的是这个目标背后更根本的目标，即消费者需求。顾客才是上帝。所谓后工业社会就是说企业生产的产品更多的是终极消费品，而不再是

---

① 林拓："世界文化产业与城市竞争力"，载《马克思主义与现实》，河南人民出版社，2003，第4期。

另一些企业的生产工具、重型机械等等,因此它必须负载日益增多的人性化设计。这样的目标既是商品设计者的专业理念,也必须成为企业领导人的思考起点。在这样的情况下,艺术与市场有了共同的契合点:一切为了人。同时我们也必须假设总体上说,人是有理性有向上的愿望的。如果不是这样理解人,办任何媒体都是没意义的。历史地看,是市场向艺术靠拢。

我们还可以看到,对高投资回报的追求甚至已经吸引了不少商人或企业进行起艺术投资的尝试。艺术投资不仅属于一般意义上的风险投资,唯因其风险高,获得高额回报才是合理的。而且通常的风险投资只是针对高技术,这里的风险投资针对的却是高文化,是为文化、价值、意义、理想等的历史延伸"下注"。相对地说,技术类风险投资的决策靠计算;而艺术类风险投资的决策拼的只能是思,是想象。当代中国艺术家陈逸飞刚刚病逝那年(2005或2006年)6月,他的《大提琴少女》拍出550万人民币的价格,而此前他的《有阳光的日子》曾拍到过440万。这些超高价的文化产品恰好是极为严肃的、高雅的、经典的艺术作品。在经济形势较好的年份,中国当代油画价格被炒得很高,显示出较强的投机性;而在金融危机的2008、2009年,中国艺术品投资趋向古代艺术品,可见市场还是识货的。

如果情况是这样,我们就看到了问题的两个方面:一是市场可以出于需求和资源化的要求,向原创提供经济支持;二是真正的原创也可能在市场环境中获得对消费者的影响力。说到底,经济人必然是理性的。经济学家决不会假定消费者整体上永远缺少判断力、鉴赏力,因而市场上永远只有假货大昌其道。但另一方面说,理性本身的含义是丰富的,决不仅仅等同于计算,而首先应该是思,是对生活质量和生活意义的感悟和体味。所以经济人的理性是需要在一个更大的文化语境中不断得到培育和滋养的,他也要求把更多的文化因素带到市场内部来流通。尤其是我们还必须看到,文化市场的出现并没有将原先或现在仍然在市场外的文化活动全部取消。反之，通过转移支付的方式，政府还可能继续支持各种非营利组织获个人的艺术创作活动。市场内外将会形成一种互动的格局。如果说，文化由于进入了市场所以难免沾上了几分铜臭的话，那么反过来说，市场由于有文化的进入也会带上些许书香。对于人类迄今的历史而言，这样的结果应该说并不算太坏！历史和文明的进程有它自己的节律。

文化进入市场有一个时滞问题，有一个过程。毕竟文化与市场还需要"磨合"。所以在一定时期里，政府还应以全社会的名义发挥作用。传统的经济学里有市场失灵（市场无效）的说法。所谓市场失灵主要指两种情况：一是短期行为。消费者的消费偏好一时半会儿难得提高，而市场是追求当下的收益，不考虑长远的教育问题、市民素质问题。国内外都有一些学者讲过，文化的社会功能是教化，是对人的塑造，与学校对学生的培养相似。商人与消费者的关系与师生关系还是有些区别的。让小学生自己想学什么就学什么，想学多少就学多少，也许他未必能成才。市场毕竟不等于学校，不承担更多的社会公益责任。市场失灵的第二个方面是顾及不到社会公正，它漠视弱势群体的文化权利。市场只考虑所谓有效需求，即有货币购买力的需求。但事实上，也许穷人更需要文化。对于西方国家来说，这两方面的失灵往往是前一个方面得到更多的强调。联合国教科文组织《保护和促进文化表现形式多样性公约》中就特别强调文化产品所具有的超出商品价值以外的价值。美国人不大赞成《公约》的制定，但其有关政策也考虑到文化的特殊性，他们引用加拿大参议员劳里·拉·皮埃尔的话说："文化并不是一种产品。一个国家的文化就是这个国家的灵魂。灵魂当然不是可以被买卖的商品。是的，艺术和文化是一个大的产业。但文化不仅是经济的推动力量，它还有更重大的意义：它是社会进步的推动力量。在地方层次上看，艺术和文化可以通过无数种方式丰富社区的生活。剧院、画廊、博物馆和遗产场所，都是我们社区的心脏。它们吸引志愿者，使古老的市镇中心焕发生机，吸引众多的游客，帮助理解我们的过去，也帮助我们建立各种社区、地区与民族之间的桥梁。"

市场失灵还表现在国际文化贸易方面。文化的过度竞争有可能导致文化多样性的丧失，以及一些国家的所谓"文化安全"问题。其实美国人对此也是心知肚明的，他们说："所有的民主国家都拥有一个共同的目标，即建设一个鼓励自由表达思想和多样性的世界——而且这种目标是有充分的存在理由的。因为只有那些深信自己的文化不会受到威胁的人，才是更加强大、更加自信的公民。这种自信有助于人们树立对他人的宽容与尊重。在我们的一生之中，以前从来没有出现过如此重要的目标。"

于是，这些市场失灵就为政府介入提供了合理性及合法性的基础。那么政府有哪些工作需要做呢？我们觉得下面几件事政府可以做：

①以法律的手段规范市场。保护知识产权。几年前文化部曾在贺岁片《英雄》放映前对其进行专项保护，以探索知识产权保护有效执法方式。

②以特定的产业政策支持文化产业（尤其与文化多样性相关的本国文化产业）的健康发展。如法国等欧洲国家要求对电影市场实行配额管理；而不少发达国家包括美国都希望政府与社会对创意产业予以资助。云南省资助大型民族歌舞《云南映像》的演出。从各国的情况看，创意产业的微观组织通常规模都不大。应重点扶持这种中小型企业。（在美国最发达的新英格兰地区）"2000年，新英格兰委员会发表了有关创造型经济的初步报告，考察了艺术和文化在新英格兰地区经济生活中所处的地位。该报告试图将创造型经济视为一个整体，并着重关注其中的三个关键部分：1.创造型产业群，指那些直接或间接生产文化产品的企业和个人；……2.创造型劳动者，指那些接受过专业文化与艺术技能培训的思想家和实业家；……3.创造型社区，指那些创造型的工人、企业和文化单位集中的地区。"这里第三个范畴尤其值得关注。

③以转移支付的方式提供公共文化产品与服务，对市场失灵进行社

会公正上的调节。把不该继续资助的部分，尤其是媒体坚决推向市场，还要向其收税，然后把节约下来的钱，加上税收得到的钱更多地投向文化艺术原创。各国在提供公共文化，帮助弱势群体方面有不少做法值得借鉴，而且正在形成国际合作。例如由法国发起的世界博物馆开放日的活动就得到了包括我国在内的很多国家的响应。我国自2011年起出台了博物馆对未成年人、残疾人等免费开放的政策。法国不少博物馆每月的第一个周末是免费向公众开放的。政府除了直接提供公共文化产品或服务外，也支持各类非营利组织向社会提供文化产品和服务。

④弥补市场失灵的政府行为并不是市场的对立面。用发展规划、经济政策引导各种投资行为，还鼓励民间资本投入艺术原创。

美国"全国州立法会议"2002年公布的"文化政策工作组报告"：《文化投资：州的政策创新》（Invest in Culture——Police Innovation of States）很说明问题。2002年，该立法会议委托一个工作组起草上述文化政策报告。报告对文化投资可获得的回报予以揭示。如果文化投资会有巨额回报，那么有关各州的政策创新就像是榜样，其他地方政府和企业当然有理由积极效法，而用不着做更多的"政治思想工作"。

报告告诉人们，根据"美国人文"组织2002年6月公布的调查结果："全国非营利性文化产业（各博物馆、剧院公司、表演艺术中心、管弦乐队、舞蹈公司及文化协会），每年创造的收入高达1340亿元，这个数字比世界上大多数国家一年的国内生产总值还高。此外，这1340亿还提供了总共约485万个全职工作机会，其所占美国从业劳动力的比例，比医生、律师或会计的比例还要高。"更为具有吸引力的是："非营利性文化产业每年为联邦、地区、州及地方创造244亿元的税收。相比之下，联邦、州及地方各级政府每年为支持艺术而投入的资金不足30亿元。政府每年对非营利性文化产业投资的资金回报是8倍多。"

报告还说："一地区新经济的发展取决于人才的招聘。而社区文化氛围的提高、生活质量的提高会使一份工作对知识人才的吸引力增加

33%。"如果是这样，经济发展与社会发展才会形成良性循环的态势。

  总之，政府对政策允许范围内的文化产业发展，要针对与原创端衔接的文化企业多规模较小的特点，出台各种适合小的文化企业发展的政策和管理措施，包括金融支持，提前营造好市场环境。应该看到，文化原创的活跃使整个文化市场发展的资源变得丰厚，随着文化体制改革的不断深化，大型文化企业尤其是民营的"纵向一体化"企业才会诞生，文化经济才会做大做强；国家的文化软实力、我国文化产业的国际竞争力才会真正变强。让我们期待这一天的到来。

中国文化产业发展状况：
数字与其结构性缺陷①

一、文化产业的概念

迄今各国对文化产业概念还没有完全统一的界定，也没有完全一致的产业统计指标体系，甚至正是它用法的小幅"漂移"（文化产业→创意产业→文化创意产业→创意经济）反映了这个产业渐趋成熟的进程。我的印象中，美国人谈论文化产业可能更多关心版权、媒体与娱乐；而欧洲人谈论文化产业会更多关心艺术原创、文化遗产或者设计。本文坚持认为文化产业是复制技术（尤其数码和网络技术）商业应用的结果，首先是市场经济及市场经济社会发展的结果。这里的关键是相关文化内容复制性地批量生产和商业传播。因此，所有的文化产业本质上都是媒体，即它可以但不必然参与内容原创，主要是对内容的吸纳（购买）和转换（技术性再编码）、负载、销售，从而客观上促进文化传播、对话和更新。同时随着对稀缺内容的竞争不断加剧，它的产业链不断向上游延伸，因此参与对原创内容进行创新（再创造）的可能方式也在增加。这样，文化创意产业的产业结构就不同于制造业，除了以大型传媒面对消费者，它还有一个由大批小微企业构成的产业前端，它们为作为产业后端的传媒提供格式化的（formated）节目或内容。当然，产业后端的传媒也在不断涌现出一些新的业态，并逐步淘汰旧的业态（如广播、纸本读物）。这些应该是文化产业的核心部门。

考虑到文化产业的兴起是市场发展的结果，市场失灵仍可能存在，

---

① 本文发表于《章建刚集》，云南大学出版社，2015。

所以一定量的公共服务会成为必要的补充，并与市场主体一起构成国民经济统计中文化产业增加值的范畴。而从国家宏观统计的角度看，文化产业增加值中不仅包括公共文化服务产品及服务制造与提供的指标，还会包括国家文化行政方面的财政投入。近年来，国家对文化产业发展不断增加的政策性投入也计入了国民经济统计。这样当我们通过这些数据说明国家文化产业发展的进展时就需要多一些细心的分析。我们不断地感叹这个国家还处于"前统计阶段"，即国家不愿意发布各类社会发展数据——真实的尤其是成系统的、可生成新数据的原始数据。现在这种状况刚刚开始发生改变，但与此同时这些被谨慎地释放出来的数据仍然是可以被追问的。我们希望通过对这些不断变大的数字的分析看到我国文化产业核心部门的实质性进步。

二、中国文化创意产业的成长

（一）数据的生成

中国文化创意产业只有很短的历史，因为市场化取向的改革本身时间很短。自1978年算起，市场经济的再次出现只有30多年时间。而在媒体领域，实质性的改革步伐迄今没有迈出，即没有向私人部门开放媒体市场。因此中国文创产业的发展几乎还刚刚离开它的出发点。

进入新世纪的时候（2000年10月），中国政府认识到全球化进程在加速，技术经济和服务经济的发展推动世界经济出现新的转型（那时人们关注"第三次浪潮"和世界贸易组织）；与此同时，文化（表达和交往）对全球发展及国际关系的影响日显突出。在国内，居民收入的提高和城市化进程也助长了文化需求的增加；而规模庞大的媒体设施也的确像是一种可能带来巨大市场收益的优良资产。因此在对新的10年进行发展规划时，中央政府正面使用了文化产业的概念（而在西方马克思主义传统中，它起初是一个负面概念），正式提出要"建立文化产品生产经营机制"，"完善（实际是开始制定）文化产业政策"。这时的中国政府认识到，文化产品不仅具有"意识形态属性"，也具有"商品属性"（参见十五届五中全会《中共中央关于"十五"规划的建议》）；而且有些文化产品的意识形态属性强一些，另一些则弱一些。正是这种认识给了改革以新的空间。于是，建立并管好国内文化市场成了一项具有挑战性的改革举措；而传统上较为单纯的文化行政也被赋予了做大文化市场、贡献国内生产总值（GDP）的经济职能。当时，国内有关部门请默多克（Keith Rupert Murdoch）来华演讲，他告诉中国人，美国和英国的传媒产业对其 GDP 的贡献率都是 5%。这个数字给中国人留下深刻印象，也成为日后中国做大文化创意产业的中期目标。

由于成为国民经济的组成部分，因此中国的国家统计部门也有自己关于文化产业的分类界定。国家统计局在 2003 年应有关部门的要求开始建立中国国内文化产业统计指标体系，并在既有国民经济统计方法、框架与数据基础上尝试着从中剥离并合成（国内）文化产业统计及其数据。为此，国家统计局开展了两项工作。第一，（于 2004 年）建立了一个文化产业的行业分类，最终表示为一个三层的同心圆模型。其三个环分别被称作核心层、外围层和相关层（参见图 1）。

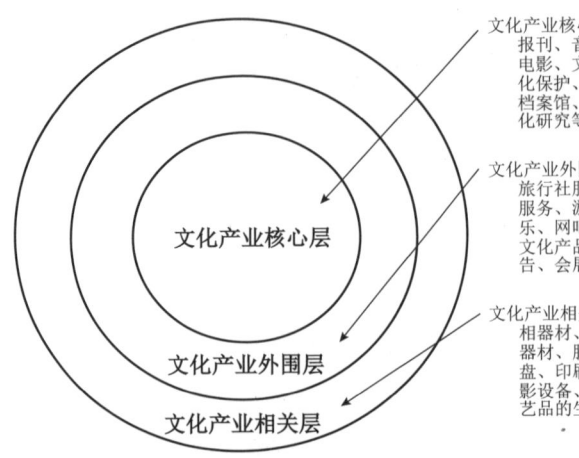

文化产业核心层，包括新闻、书报刊、音像制品、广播电视电影、文艺表演、文物及文化保护、博物馆、图书馆、档案馆、群众文化服务、文化研究等

文化产业外围层，包括互联网、旅行社服务、游览景区文化服务、游乐园、休闲健身娱乐、网吧、文化中介代理、文化产品租赁和拍卖、广告、会展服务等

文化产业相关层，包括文具、照相器材、乐器、玩具、游艺器材、胶片胶卷、磁带光盘、印刷设备、广播电视电影设备、家用视听设备、工艺品的生产和销售等

图1 中国文化产业文化产业分类（2004）

第二，给出了第一个中国文化产业年产值数据：2003年中国文化产业创造了3577亿元的增加值，占当年GDP的3.1%（参见表1）。到2012年，这个连年统计发布的数据已高达18071亿元，是2003年的5倍有余，其年均增幅都在20%以上，大大超过GDP的增幅。到2013年这个数字预计将达21000亿元。换个角度也可以说，中国公民人（年）均文化消费达到了1340元上下的水平。而其中市场化程度较高的电影产业表现更为突出，中国的年票房收入从2003年的11亿元迅速攀升到2013年的217亿，年均增长幅度超过30%。进入2014年，第一周的国内票房就超过11亿，超过了2003年全年的数字。

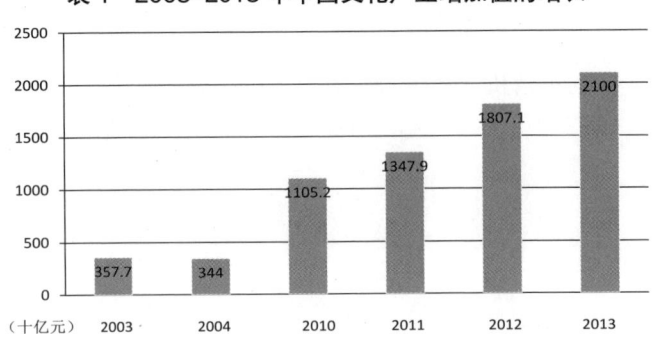

表1 2003-2013年中国文化产业增加值的增长

（十亿元）	2003	2004	2010	2011	2012	2013
	357.7	344	1105.2	1347.9	1807.1	2100

2012年，国家统计局修订了文化产业分类。新的《分类》参照了UNESCO2009年《文化统计框架》，并将上述同心圆结构中两个内圈合并，还对原有内容进行了少量增删。按照这个《分类》，中国文化产业包括了两个部分、10个大类、50个中类、120个小类及一批延伸项。新的分类更多关注了与数字技术及电信服务相关的所谓"文化新业态"；减少了旅行社服务、文教办公用品制造等项目。显然新的分类更符合文化创意产业发展的潮流。

（二）文化体制改革的影响

中国的改革就是要构建起社会主义市场经济及相应的社会体制。文化体制改革也是市场取向的。这个改革应该包括两项任务：第一，逐步开放文化市场（允许私人部门进入）；第二，在原有由财政供养的文化生产部门中进行一次区分，让那些可以提供文化商品的部门转制成为企业（从公共部门变成私人部门，尽管其资本是国有的），作为经营主体进入市场并与私人部门展开竞争。可以想见，改革的成功将打造一个国有及民营企业同台竞争，并有适当公共部门作为补充的充满活力和竞争力、规范有序的文化市场；不断丰富的文化产品满足居民不断增加的文化需求。这样，文化不仅会作为"硬实力"改善中国的经济及产业结构，而且会作为"软实力"促进社会交往，提高市民素质，并在创新中提升自身。

2003年起开始的为期三年的"文化体制改革试点"在上述两个方向上进行了探索。例如民营文化经营企业有了较多较快增加；一些从事图书发行业务的民营机构凭借自己对市场的了解与占有，反过来影响甚至介入国有出版社的编辑业务。尽管文化产业的核心部门（媒体）并未对私人部门开放，但原有的国有文化部门有了一些"预备性变化"：政府的媒体部门将广告业务剥离出去成为专业公司；一些地方政府的报纸也通过设立报业集团，从而让一些都市类或其他副刊成为其相对独立的子报以占领市场；一些出版社被安排合并成为大型出版企业；一些演艺团体被要求"转企改制"，而其中少数尝试着与其他文化单位进行组合，成为财政上可以自负盈亏的单位；一些剧场和影院成为单独的企业，并组成了院线，等等。这其中一些成功的经验在试点结束后进行了大面积推广。其中最彻底的改革行动发生在出版领域。经过几个批次的操作，目前全行业绝大多数的国有出版机构已经按照"产权清晰、权责明确、政企分开、管理科学"的原则转制成为企业，从体制上说，他们已经可能在市场环境中运营了。其中少数出版企业甚至已经尝试进行了跨地区和跨所有制的兼并。

十多年来，中央政府及地方政府多次出台指导性、规划性、扶持性政策文件推动文化创意产业发展，甚至要求县以上各级行政区域都制定中长期的发展目标，并对其落实情况进行督促检查。近两年，这些改革及支持文创产业发展的方针、政策、措施还在既定的基础上作横向扩张，鼓励其与相关经济部门进行"融合"。例如鼓励金融业以更优惠的条件向文创产业投资；鼓励文创产业向传统的制造业领域渗透，发展中国的设计业；鼓励文创产业与旅游业融合发展，等等。而最新的政策取向还包括鼓励传统媒体与各种形式的新媒体（通常是在线的媒体新业态）相融合。近年来，中国政府也将发展"混合所有制"经济的尝试向文化领域推进，支持有条件的文化企业上市发行股票，并因此实现"资本多元化"。总之，在国家宏观经济部门及一批专家审慎和执着的推动下，中国的文化体制改革仍在小幅深化，中国文化创意产业的规模和业绩也在平稳增长。可以预见未来相当长一段时期，中国的文化创意产业还将以高于国民经济总体增长的速度持续增长。

但自2004、2005年起，改革的步伐显然放慢。我们是指市场开放度没有显著增加。而在这个条件不变的情况下，很多促进政策（如金融支持的各种政策）及其投入不仅低效，而且可能蕴含潜在的制度风险（扩大社会不公甚至成为腐败的温床）。

三、统计数据的结构缺陷分析

然而，这样的文化创意产业发展方式也带来产业结构问题，在数字中也蕴含结构性缺陷，这和文化体制改革目标中的内在矛盾有直接关联。其实中国"摸着石头过河"的渐进式改革模式总是目标含糊的代名词。一般地说，中国政府决策部门对文化体制改革始终抱有疑虑，担心开放的文化市场使言论难以管控。因此，中国文化创意产业发展的政策是由不同取向甚至相互冲突的两个目标构成的：（1）把文化产业产值做大，企业做强，并且可以"走出去"（参与国际文化贸易）。（2）继续把住文化内容产品的所有市场入口，在文化产品的生产环节和播出环节设置严厉的审查机制，遇到"问题"时不惜"牺牲"生产部门的经济利益。这就是所谓经济效益与社会效益相统一的问题。其实文化产品的社会效益和经济效益通常是统一的，大多数人消费的文化产品也是符合社会发展方向的。同时在任何市场经济国家也都有内容管理制度，会对极少数产品内容进行有限度的控制。与之相比我们的行政审查制度要严厉得多。而这样的政策限制了中国文化创意产业发展的空间和速度。在这样的政策管制下，中国国内的文化产品供给既有短缺，又有过剩[1]；而整个社会的文化消费既不强劲，更不优雅。在国际同行业发展及竞争的压力下，连那些政府控制的媒体部门也不断冒险，在政府指令和公众需求之间"走钢丝"，无论他们自身的倾向是保守还是激进。这就是我们所说"一脚踩油门；一脚踩刹车"的政策所造成的必然结果。

我们可以用下述图形（见图 2）简要说明中国文化市场的结构性缺陷，并说明中国文化创意产业发展的困境。

---

[1] 参见张晓明、王家新、章建刚："转变增长方式，迎接校报的增长周期"，载《文化蓝皮书：中国文化产业发展报告（2012—2013）》，张晓明、王家新、章建刚主编，社会科学文献出版社，2013，第1—13页。

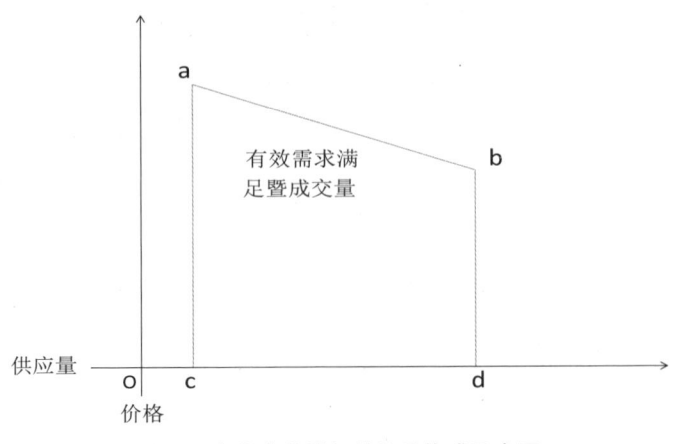

图 2 文化产业增加值总量构成示意图

在正常竞争的市场上,文化产品 P 的成交量应是位于供应量(X)与价格(Y)坐标右上方区域中一条向右下方倾斜的曲线 ac。考虑到销售是一个过程,而销售过程中价格会有所减让,因此销量会相应增加,因此其实现总收入(或增加值)可以 abcd 四点连线的围合空间表示(参见图 2)。

但在内容控制过严的情况下,产品供应品种及数量不足,生产成本增加同时生产商预期盈利水平高导致价格上升,抑制了弹性本来就很大的有效文化需求。于是图 3 中反映成交量的 a'e 连线、c'f 连线的距离大大短于原本可能的 ab 和 cd 连线(供应量减少),仅剩 a'efc' 围合的面积(总收入减少,但利润率增加。参见图 3),a'c' 的稍稍左移反映的是供应短缺造成的价格上涨(为少量的产品支出更多的货币)。这时居民的文化选择性不足,消费需求未能全部实现,而不能实现的有效需求或者进入银行或者被用于其他消费。

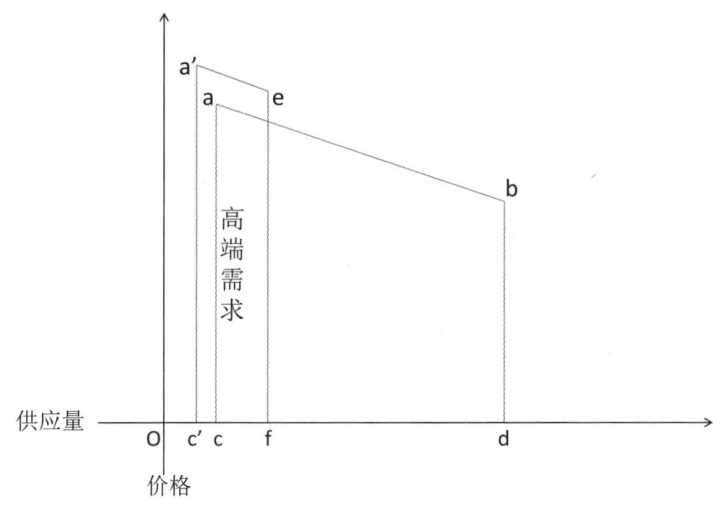

图3　市场文化产品选择性不足造成文化消费价高量少状况示意图

但此时中国文化产业的产值和增加值变小又不是政府所希望看到的。于是政府可能采取两种办法改变人们的印象。首先是扩大统计口径，将一部分本属于第二产业的生产部门及其产值、增加值等纳入应属于第三产业的文化产业范畴中加以统计。在中国当前的统计数据当中，占GDP 3.48%（2012年）的文化产业增加值当中约有50%来自传统的制造业（"相关层"）：如办公用品、玩具①、电视机照相器材等。国际比较可以得知，许多国家的文化产业增加值中也可能包括一些行政开支或相关制造业数值，如印刷业或电子设备制造等。在中国，不仅印刷行业创造的增加值占较大的比重（包括广告和包装物印刷）；而且连纸张油墨的生产也列入文化产业统计。这样的统计口径也许是过大了，其结果是使中国文化创意产业产出（四边形abcd）的文化含量被大大"稀释"。

---

① 据说自20世纪80年代起，中国已成世界最大的玩具生产和出口国，2013年中国玩具出口247.32亿美元，约为世界玩具市场70%的份额。按马特尔的说法，这里也有统计口径的问题（〔法〕弗雷德里克·马特尔：《主流——谁将打赢全球文化战争》，刘成富等译，商务印书馆，2012，第5页）。

在中国的一些省市，地方政府苦于无能做大自己的传媒和艺术原创，也愿意将最初文化产业的名称改为文化创意产业。"创意"两字的增加正是为了将一些"低内容"的行业如设计等列入统计，做大业绩。而国际上也有某些统计指标体系，依据中国文具玩具办公用品等（资源消耗型）产品货物贸易出口数据，将中国视为国际文化产业大国[①]。这也加深了世人对"made in China"的负面印象。

其次是增加公共投入，将财政投入直接改写为 GDP 增加值，以使中国文化产业增长值的数字变大。在中国文化创意产业的核心领域，广播电视全行业虽然也是由各地集团公司组成的，但这些全国有公司的运营在很大程度上是由财政拨款支撑的；对基础设施和设备的投入甚至重复投入相当巨大。中国的新闻出版业尽管已完成了全行业的"转企改制"，但由于市场不对民营资本开放，私人部门无权参与编辑业务；同时"书号"成为一种严厉的行政管制手段和有价资源，因此它的盈利水平也是很低的，并且目前政府仍然会通过某些项目的公共财政资助对其进行补贴。

公共文化服务体系的构建是社会现代化的标志之一。世界各国均对公共图书馆（档案部门）、博物馆（等文化遗产部门）等予以财政支持。中国政府也在这样做。在改革过程中，中国各地的博物馆已全部免费开放，所有运营经费由财政负担。而向基层社会提供的公共文化服务是中国政府更愿意为人称道的。在县及以下行政单位（包括乡镇和村庄），5 个方面的公共文化服务机构、机制被建立起来，包括广播电视村村通、农家书屋、农村电影放映工程、村文化活动室和信息共享工程村级终端。经过不到 10 年的努力，中国农村居民的（公共）图书拥有率已从 0.1 册提高到 1 册，迅速增加了 9 倍之多。应该说，在经营管理方面，这些新的制度设计比计划经济时期的做法有许多改进，多少考虑到了运营成

---

① 80 年代初新华印刷厂承接国外出版社《圣经》的印制订单是很好的例证，除了 GDP 数字及资源和环境代价，它与中国文化发展没有任何关联。

本及可持续的问题。但其宏观运行体制在很大程度上仍然是计划经济的。因为其预算程序上并没有出现实质性的变化。更为重要的是，这样的公共产品并不受消费者的欢迎，公共文化部门提供的绝大部分图书和老电影显然不受农村居民的欢迎。因此这部分投入在上述图3当中，又制造了一个新的区域gb'd'h（参见图4）。如果不将这部分交易视为完全虚假的，那么就应承认它与abcd之间多少有些重叠；而且它的存在也提供了少许就业机会。但它造成的浪费是巨大的。中国文化创意产业增加值中有很大一个部分（约20%）是极其"不经济"的。

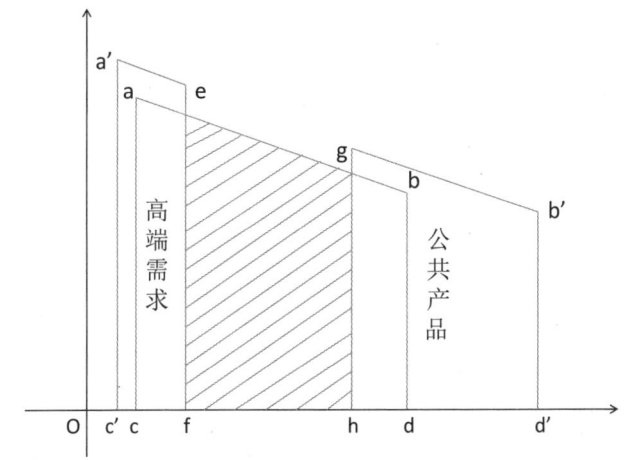

图4　公共文化产品效益低下及稀缺与过剩共存状况示意图

政府的不当公共投入还造成了新的产能过剩。近年来，中国各地政府以支持动漫产业发展为由投入了大量资金，从建设产业园区开始，到开办企业，招聘员工，创作脚本，直至完成动画制作。到2013年止，中国动画片的年生产能力已达到26万分钟。这就是说，这个行业每年制作的新片，需要昼夜连续不停地播出半年才放映完一遍。我想，没有哪个国家会需要这么多的动画片在电视或影院里播出。而这部分政策性投入也包含在文化产业增加值当中。人们现在甚至不知道究竟谁应该为这种不负责任的投资行为负责！

概言之，中国文化产业GDP是由两个四边形a'efc'和gb'd'h构成的，前者包含了消费者多支出的部分；后者则是包含政府多支出的部分；中间带阴影的四边形eghf显示了战略性短缺的存在。这里每个部分都反映出一定程度的不合理。

四、深化改革，推动中国文化创意产业发展的机遇

应该承认，人均1340元（约200美元）实在是很低的文化消费水平，遑论其中还有"虚构"的成分。从中国人热衷出境游、抢购国际知名奢侈品、不断更换手机和对网络的依恋看，他们的文化消费热情是巨大的。而从每年200多亿的电影票房中有40%被少数几部进口大片所夺得、而六成的国产影片根本无缘院线公映看，中国文化创意产业发展的瓶颈在于内容创新（严格地说是内容进入市场机制的创新）。除了继续在规模上做大，中国文化创意产业还需要弥合图4中显示出的消费鸿沟（eghf）。而要做到这一点，只能靠文化体制改革，尤其是大面积开放文化市场。新一届领导集体已经表示出继续全面深化改革的强烈意愿，但他们在该进行决断时仍然显得慎重有余。这里的逻辑是，内容放开导致市场放开。新的领导集体需要尽快建立自己明确的道义表达并获得公众广泛的认同。

改革不应再犹豫。我们知道，中国的改革一直采用"增量改革"的策略，即让新体制下的市场主体显著获益，从而拉动旧体制单位参与市场化转型。这是一种利益驱动，有一定的合理性和可操作性。但这种方式必然造成"双轨制"并存的现象。而由于文化体制改革的进程过于漫长，持续的"双轨制"就可能带来更多的社会不公及腐败问题。说到底，国有文化单位体制改革的最根本任务"产权清晰"一直没有完成，合理合法的"出资人"仍然无法真正出现，对此我们要有清醒的认识，要有改革的紧迫感。

数码和网络技术的迅猛进步再次构成了挑战，它们已经完全改变了媒体的传播方式。以单向传送、制作播出为特征的广播电视技术已经被互动、实时的网络传播技术所超越。这意味着，每一部电话（终端）都是一个媒体；"消息"是在传播当中形成而不是经过事先编制的。这更像是对文化的对话本质的肯定。在经济全球化乃至已向文化全球化迈进的今天，希望用暴力对信息传输过程进行物理切断，其代价是任何社会都无法承受的。在中国，越来越多的人不是通过电视，而是通过手机、网络了解世界；社会上几乎不再有秘密可言。在这种情况下，对媒体的严密管控只意味着自我放逐。因此，中国政府应该将这样的技术进步浪潮当作推动文化管理体制改革的机遇，更果断地放弃当前文化政策中与第一个方面相冲突的第二个方面，"让市场发挥基础性作用"。

另一方面，中国社会还蕴含着无尽的创造力。国内各类自我就业的艺术家、专业却未经工商注册的文化创意工作室（如录音棚）正大批地涌现出来。他们每年创造的 GDP 并未纳入统计。在世界各国这种现象也不同程度地存在。但这正是引导各国经济实现跨越式、可持续发展的有利机遇。尤其在知识经济、创意经济兴起的今天，如何通过公共政策、公共财政的运用，合理且精明地将那些漏统的部分统合进来，已经成为一种清晰可见的文化经济策略。它昭示了一条在政府助力之下，各国文化创意产业做大做强的根本途径。而对于发展中国家来说，这种策略的使用也必然是与其改革即社会的现代转型相伴随的。作为一个动力强劲的新兴经济体，我们希望中国也能为世界，为其他的新兴经济体提供某些新鲜经验。

打造高质高效的国家公共文化服务体系[1]

序　语

（一）

公共文化服务这个概念大家已耳熟能详，对所谓"五大文化惠民重点工程"（广播电视村村通、乡镇和社区文化站、信息共享工程、农村电影放映工程和农家书屋）不再陌生。我们说，公共文化服务体系建设问题是十六大以来，在科学发展观和和谐社会构建指导思想的贯彻过程中，在政府职能转换和文化体制改革的背景下逐渐清晰起来的。2007年6月16日，胡锦涛同志主持召开中共中央政治局会议，专门研究公共文化服务体系建设问题，接着在2007年8月21日，中共中央办公厅、国务院办公厅下发《关于加强公共文化服务体系建设的若干意见》。应该说，公共文化服务体系建设从这时起成为国家一项基本文化政策。另外在这前后，党和国家也陆续出台了有关国家公共文化服务体系建设的若干重要政策性文件和发展规划，如2006年9月发布的《国家"十一五"时期文化发展规划纲要》和2011年11月六中全会《中共中央关于深化文化体制改革、推动社会主义文化大发展大繁荣若干重大问题的决定》，以及2012年2月发布的由中宣部和发改委牵头制定的《国家"十二五"时期文化改革发展规划纲要》等。

但现在再就一些基本理论问题做一些介绍仍是很有必要的。六中全

---

[1] 本文是近几年来我的一个讲座稿，曾在不同场合进行讲述，尤其是在2011年10月，党的十七届六中全会之后。现根据论文集篇幅的要求，选取在时间上比较靠近的（2012年6月）一个版本予以编辑整理成文。

会的主题是文化改革发展。这就是说，我们不仅要向社会提供各种形式的公共文化服务，而且我们首先要改革我们的文化体制包括公共文化服务体制。我们的事业发展有赖于持续的改革。但改革是很难"规划"的。改革是一场"静悄悄的革命"，是体制的自我更新。同时它又是社会发展过程中不同社会阶层、群体、个人之间的利益调整，因此也需要稳妥、试探，需要寻找、利用种种机遇，尤其需要有足够的勇气。大家可以看看上面提到的《"十二五"规划》，它关于"文化体制机制改革创新"的考虑还是极为原则性甚至极为粗略的。因此在这种情况下，我们不仅要在现有体制机制下，根据有关部门的安排部署搞好各地的公共文化服务，而且需要通过理论的学习，知道公共文化服务体系的未来理想模式是如何的，进而自觉地、适时地推动公共文化服务体制机制的改革创新。

（二）

我们说理论学习有必要性，首先是针对目前一些带普遍性的模糊认识。所谓"模糊认识"不是说它大错特错，而是说它有对有错、似是而非。例如当前经常听到一些领导说："公共文化服务就是政府花钱，满足公民的基本文化需求。"对吗？对。公共文化服务的确是政府拿钱，居民到社区或村镇图书室、农家书屋、看书不付费，书是国家有关部门配发的；电影队到村上放电影也不需要农民出钱，而是由国家向电影放映单位支付一定数额的放映补贴；……同时，看书、看电视、听广播和上学一样,的确是公民最基本的文化需求。那么这些说法有什么问题呢？

问题还有另外一个方面，还要进行追问。比如政府提供公共文化服务的钱是哪儿来的？政府可以随便印钞票吗？显然，政府不是印钞机；公共财政资金是来自税收，来自市场，来自纳税人的。这样一来问题就更多了。有领导说，公共服务政府出钱，因此政府觉得应该提供什么内容就提供什么内容；一些老百姓也觉得，反正又不要我们出钱，是"不要钱的午餐"，因此对提供内容也就不要太挑剔。可如果说这个钱最终是纳税人出的，那么这个钱怎么花，提供什么公共文化产品和服务就应该由纳税人做主。这样想农民兄弟就会提问题了，如为什么给我们放的都是老电影，没有新电影；毕竟我也是纳税人啊？城里的居民也会有意见了，为什么农民可以免费看电影，我们却要花钱买票看电影呢？那些有意思的书报杂志为什么我们只能到书店或报亭买来看呢？不是说公共文化服务体系是"覆盖全社会""均等普惠"的吗？我们看电影、看书看报不也是基本文化需求吗？为什么有的电视频道要另花钱专门开通呢？等等。可见这里的问题还是很复杂的，比如公共产品不能由任意某个或某些私人来做决定，政府花钱必须考虑纳税人的意见。这就需要一个合理的程序，集合社会的共同意愿。同时，人的基本文化需求很多，公共文化服务只能满足其中的一部分，只能针对公共需求量入为出，有多少钱办多少事。公民的很大一部分基本文化需求其实是通过市场得到满足的；社会发展得越好，居民收入越高，基本文化需求就会更多地通过市场得到满足。这样一来，政府怎样提供公共文化服务就变得不容易决策了，也就需要从理论上弄清究竟什么是公共服务和公共文化服务；哪些产品需要以公共的方式来提供；什么样的体制才能更好地提供全社会满意的公共服务和公共文化服务。对这几个问题我们要做一些简单的说明。

一、什么是公共服务和公共文化服务？

人在社会中生活，有许许多多的需求。人们的收入越高，社会越是富裕，它们的需求就越是多样化、个性化。但这些需求可以分为两类：私人需求和公共需求。简单地说，人的很多需求可以通过个人的行动获得满足。以前农民自己种地，就可以获得粮食、蔬菜、肉类和油料等，可以满足自己和家人的营养需求。也有一些产品自己不能生产，比如一些农具、农业机械他自己不能生产。但他可以通过交换，在市场上得到满足；他用粮食或其他经济作物、农牧产品剩余去交换工业品。但是还有一些需求很难办，市场也提供不了。比如出村的道路甚至出山的、行车的道路，集市上没有卖的。另外，我种的农作物会被人盗收，我到市场上去进行交换结果有人欺行霸市。这样的难题村里人人会遇到，但谁也不能单独提供相应的产品或服务满足自己。这样一些群体性的共同需求就是公共需求。公共需求的问题需要用一种公共机制加以解决。

德国女哲学家汉娜·阿伦特（Hannah Arendt）对公共事务的讨论是很有特色的。她回顾古希腊的历史说，在古希腊城邦里有一个个被围墙围起来的院落，这里是私人空间，自由民组织他的家人和奴隶进行生产。这些私事大家互不干涉。而有时，这些自由民会走出院落，来到城市广场上，一起讨论某些共同事务（选举、战争或议和等问题），一起找到解决的办法。这些事务最后往往需要表决，形成共同意志，委托一些有特殊才能和美德的人去执行。这就形成了公共领域和公共机构，出现了城邦的议事制度与政府①。

德国哲学家于尔根·哈贝马斯（Jurgen Habermas）的讨论与阿伦特不太一样。他指出，"公共的"这个词实际上是在18世纪才出现在德语或其他欧洲语言当中的，并具有了其现代含义。他看到希腊人曾经有过的公共生活方式，在现代化过程中已经完成了"结构性变化"。①由于（私有制基础上的）大生产的出现，以前的私人领域中出现了许多公共事务，所以出现了许多行业协会；②传统国家在社会中的地位也发生了变化，政府、议会和公共预算等出现了。③从过去贵族的沙龙或城市的咖啡馆里产生的人文知识分子现在大量地写作，并公开进行谈论，培养了城市的公众。这三个部分才构成了现代的公共领域。而它最为重要的载体是传媒。他还看到，从远距离全球各市场这一水平层面来的消息通过电报发布到世界各地，这种媒体不再受传统国家垂直层面权力的制

---

① 阿伦特："公共领域和私人领域"，载《文化与公共性》，汪晖、陈燕谷主编，三联书店，1998，第57—124页。

约。在这个过程中,传统的国家变成了现代国家,建立起服务型政府即通常所说的公共部门[1]。

如果我们知道现代化中有一个城市化的层面,那么就会看到在西方的城市化过程中,自近现代起开始出现了一些新的建筑类型,这是一些公共建筑,它们的出现说明公共部门的兴起:议会、市政厅与警察局;公立教育机构、图书馆、博物馆;新闻出版机构和邮电局等等。这些种类的建筑是早期社会中所没有的。这些公共建筑的广泛分布承载着整个国家(城市)的公共服务体系,在很大程度上就是现代民主制度或现代国家的载体。现代社会的人,就是在这样一些机构中商议共同事务,培养起市民精神,并使社会不断地理性化与和谐。所有这些建筑及机构,都不仅是为满足某些个别私人的需要,提供的也是普遍的公共服务。

让我们概括一下,"公共服务"是一个现代政治科学或社会科学中的概念。它大致是指特定社会的公共部门以共同体的名义,依靠公共财政,根据约定程序,向社会所有成员或特定群体普遍提供公共产品及服务的职责和行动。这里"公共(性)"是一个关键词。公共性指向的是公民的共同需求及这些需求得到解决的方式和原则。公共性反映的是人际间的相关性,是个人对社会及有他人参与的社会生活的依赖。公共性中也有对社会公正的追求。这里共同利益、公开协商、相互妥协、形成有监督的执行机制是要点,它们构成公共性的一个完整政治学框架:所有公民有某些共同需求,因此通过在公共场合的协商找到一致的解决方案;这些方案最终也需要公众集资去实现,并因此要委托一个公共部门或公共机构来执行(预算及其执行机制);由于公共部门也是由一些个人、私人组成的,因此也可能出现决策失误甚至徇私舞弊,所以还要有相应的监督机制负责核查、监督。现代社会就是按这样进行理想模式设

---

[1] 哈贝马斯:"公共领域""公共领域的社会结构",载汪晖、陈燕谷主编:《文化与公共性》,三联书店,1998,第125—170页;"公域的结构性变化",载邓正来等编:《国家与市民社会》,中央编译出版社,2002,第121—172页。

计的（"治理"或"善治"）。公共服务制度的建立体现出公民的理性与成熟，也向全体公民要求伦理态度和奉献精神（公民精神）。这种制度创造是人类社会一种有意识的营造、一种进步，也是特定社会关系实践的结果。几百年的现代化过程，已经让这种制度实践变得十分精细，有不同的尝试和实现途径，各国的公共服务体制有许多差异。

公共文化服务是公共服务的组成部分，是涉及文化事务的公共服务。

二、什么是公共（产）品和公共文化产品？

（一）公共品的经济学含义

公共服务（包括公共文化服务）不仅具有政治学、伦理学的含义，也是一个经济学问题。尽管公共服务要体现社会公正，贯彻公平均等的原则，但它同时也是预算制约的。换言之，预算总是有限的，因此公共文化服务部门不能包揽公民的所有文化需求，甚至也不能包揽一切与公共文化需求相关的事务，而只能优先提供公共财政可以支持的基本公共文化服务。

因此公共部门在提供公共服务的时候必须做出选择，必须开列出一张具有优先性排序的产品清单。而要做到这一点就必须知道公共品的概念。我们说，政府要提供的首先就是公共品。

那么什么是公共品？经济学说的公共品（public goods）是不能进行竞争性和排他性消费的产品及具有自然垄断特征的产品。与之相对的叫私人品即商品，可进行竞争性排他性消费。非竞争性消费的意思是指这个产品不是谁出价高就只卖给他消费的；而非排他性消费是说这个产品并不因为这个或少数消费者消费就排除、断绝了其他消费者消费它的可能。这种产品企业不会愿意提供。经济学所说的公共品通常以国防、消防、灯塔和环境保护为例。通过"非典"和甲型H1N1流感的防治我们也认识到国家卫生防疫系统是一个公共产品；医疗卫生体制改革并不简单地就是让优良医疗资产市场化，让老百姓通过竞争性消费获得健康与疗救。一个包括恶性流行性疾病预防和治疗研发部门在内的国家常设卫生防疫体系也许通常并没有大量的治疗性支出和收入，而随时维持其强大功能的有效性的成本又很高，所以私人部门（企业）对此没有积极性。同时要完全靠私人自觉交费或自愿捐助去维持其运转也不现实。但这个机制对这个社会所有的人来说都必须建立起来，临时抱佛脚是来不及的。所以这个事要由政府主持，通过税收和公共财政来办。另外出于外部性或天然垄断等原因不宜由市场提供的产品或服务也必须予以公共提供。

当然，公共服务有时也会适当收费以弥补成本，或者对社会分配予以调节；尤其是出现消费"拥挤性"时会采取临时措施以保证公共秩序。比如国内各大城市为了鼓励乘公共交通出行，对公交车票予以一定的补贴，而为了鼓励使用公交卡，对持卡人进一步给予优惠，等等。

公共服务不仅是提供严格意义上的公共品（纯公共品），有时也有一些"准公共品"，即被当作公共品的私人品。如社会保障性的公共服务向弱势群体提供生活救济，柴米油盐、中秋节月饼等，本来这些东西就是商品，要拿钱购买，谁的货好就买谁的，反之谁给的钱多就卖给谁。高质高价，价格随着需求增减浮动。但市场承认的需求实际上是有效需求，即有货币支撑的需求。有人工伤在家丧失工作能力挣不到钱，但他同样需要吃饭穿衣。社会对这种事不能置之不理，所以也动用公共财政提供公共服务。这时较为常见的方式是政府采购免费发送或发放购物券等。这就说明，除了少数产品以外，多数的产品既可以是公共品也可以是私人品，二者间的界限是可以变化的；甚至可以说，公共品或私人品不是产品的自身的物质属性，而是它们的社会属性。

那么，这些公共品为什么只能由政府来提供呢？答案是市场对此没有积极性。这就叫"市场失灵"。所谓的市场失灵主要指几种现象。一是对公共品的提供缺乏兴趣；二是对缺少货币支持的人类基本需求较为冷漠；三是在新的市场培育方面缺少热情。可这几方面对一个现代社会来说不可或缺。那么因此能不能废除市场，改由政府免费或低价提供各种生活必需品呢？如果能人们当然高兴。但历史表明，政府提供未必行得通，政府不是印钞机，计划经济到头来是匮乏和贫穷。所以我们需要使用两种制度，要让它们各占一个恰当的比重。社会有需要，市场不作为，这时政府或公共服务才能出手。市场失灵是公共服务的合法性依据。换言之，市场能够做的要先让市场去做。政府不要去与民争利；不要离开公共需求去做事。

（二）三种类别的基本公共文化服务

现代社会要提供的公共服务内容很多。那么，作为公共服务的一个组成部分，公共文化服务或说与文化相关的公共服务包括哪些呢？我们说，狭义的公共文化服务有三个类别：

1. 重要公共文化设施

重要公共文化设施具有一定的天然垄断特性。国家要以公共投入的方式予以系统建设，普遍均衡地提供给全社会所有公民。公民作为纳税人则有权享用各种公共文化设施及其服务。如公共图书馆、博物馆、公共媒体等。这一层面的公共文化服务不仅包含物质性的公共文化设施，也包括具体的公共文化内容服务。

图书馆为什么属于公共产品？图书尽管有排他性消费的特点，但通常可以是私人品；而图书馆意味着图书数量的足够多，及藏书内容的相对完整性。这种相当数量的图书的特定集合加上它专业的出借服务才是图书馆，才是一个公共文化产品。同时它也具有某种天然垄断特征。足够的图书收藏和查阅对于一个民族、对于所有公民的发展、素质的提高具有不可或缺的重要性，政府鼓励公民使用公共图书馆，实现自我教育。反过来说，一定规模的图书馆只有使用人数足够多才会有效率，因此市场对图书馆服务不太感兴趣。而图书借阅服务通常成本也是很高的。在我们国家,类似的情况还包括公共广播电视输送线路和相应的文化节目,包括文化馆、群艺馆、美术馆、博物馆、网络化的信息共享工程等。

2. 对各种特殊尤其是弱势群体的扶助

任何社会都存在各类特殊群体,如西部地区或农村的居民、进城务工人员、少数民族、残疾人等,他们的文化需求得不到正常的满足。在当今时代,这些群体的基本文化需求主要是难以表现为有效需求,甚至没有表达的机会,所以无法由市场予以满足。经济学所谓需求一般是指有效需求,即有货币可以支配可以购买的需求。遗憾的是我们的社会发展并不平衡,有很大一部分人口还很少文化消费,而这些消费不仅是娱乐,也和他们自身的发展、命运的改变相关,因此社会出于人类尊严的考虑不能听任这种状况的存在,必须以社会的名义向他们提供有效援助。这部分公共文化服务的着眼点是关爱特殊群体,维护社会公平。

这类基本文化需求以及相应的公共文化服务大概包括三个小类:首先是实用的公共信息。他要外出打工,应该在家里就能得到关于外面用工状况的信息。这和每个人需要天天了解气象预报是一样的;和城里人需要实时了解各条公共道路的车流量状况是一样的。其次是教育或技能培训。现在许多地方的农民已经失去了土地,但他们除了农业技术还不会到城里从事机械操作或物业管理、物流投递,因此要培训他们,使他们跟上城市化的进程。前几年浙江衢州当地政府出台政策,免费对所有失地农民进行一次职业培训。培训项目也是和城里的用工需求相匹配的,培训后还免费介绍一份工作。这件事是公共文化服务应该做的,否则社会就会出现动荡。最后,这些农民进了城从事建筑工地的工作,工作之余他们需要休养生息,也需要对城市文明乃至各类文化遗产、文艺活动有最低限度的了解和享用。他们打工工资很低,不可能花太高的价钱购买门票,但他们有享受这些文化消费的权利,所以政府也要想办法解决。这既是他们休闲的需求,也是可以使他们获得更充分发展的基本条件。

这一类公共文化服务产品与服务可能大部分是准公共产品,而不是纯公共产品。同样的电影、小说、报纸、培训课程，既可以花钱在市场上购买，也可能由政府买来向弱势群体分发。

3. 对文化原创的支持、资助

文化原创（如哲学、科学与艺术）事关人类发展、国家声望及文化认同和文化多样性的丰饶度，今天各国政府都会予以特别支持。大家知道，伟大文化艺术作品的生产在很大程度上有赖天才的出现，而一件具有创新性的文化产品的公众接受却有一个过程，原创性越高的作品社会接受过程越漫长。市场对这类作品往往是当下热情不足。文学艺术品的生产、原创是一个高风险的事业。因此需要政府公共文化服务的支持。美国是市场化程度最高的国家，以前它并不特别支持艺术原创。但在二十世纪八九十年代以后，许多专家学者开始呼吁并最终形成国家资助艺术原创的制度。美国因此有了一批重要艺术流派（某些"前卫"或"后现代主义"）的代表作，也有了一批艺术经济学理论著作。随着复制技术的迅速发展，文化原创产品的知识产权难以保护，这也要求政府采取行动。另外各种文化遗产不仅属于当代人，也属于子孙万代所有的人，是一种重要的文化资源。而市场对其总是有过度开发利用的倾向。因此，必须像保护生态环境和生物多样性一样保护文化遗产和文化多样性；这就需要有市场机制以外的制度安排。这部分公共文化服务的目的在于支持原创，保护遗产。而支持的方式往往是财政拨款，通过某种公共机构或程序进行运作。

如果说还有一个第四类的公共文化服务的话，那么就是从国家的经济职能中延伸出来的对尚属弱小的文化产业的各种扶持，包括资金、知识产权保护、开办产业园区或集聚区等。文化产业尤其是靠近产业前端的中小企业，往往风险很高。出版业有所谓"拇指效应"之说，出版5本书也许只有1本赚钱。国家为了发展本国的文化，迎接全球文化贸易竞争，需要是自己的产业做大做强。这与上述第三方面联系紧密，但又有一定区别。

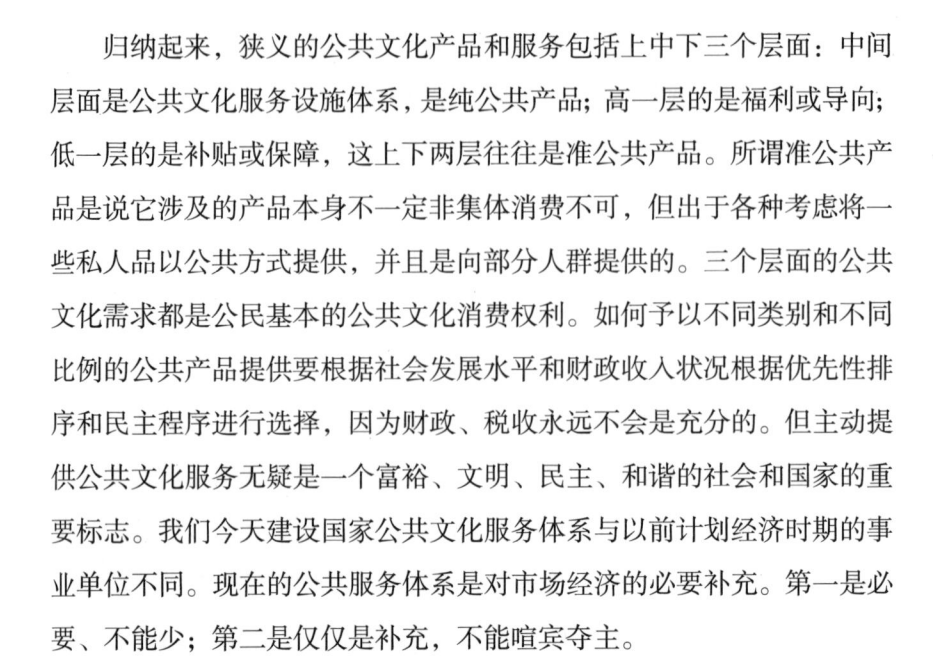

归纳起来，狭义的公共文化产品和服务包括上中下三个层面：中间层面是公共文化服务设施体系，是纯公共产品；高一层的是福利或导向；低一层的是补贴或保障，这上下两层往往是准公共产品。所谓准公共产品是说它涉及的产品本身不一定非集体消费不可，但出于各种考虑将一些私人品以公共方式提供，并且是向部分人群提供的。三个层面的公共文化需求都是公民基本的公共文化消费权利。如何予以不同类别和不同比例的公共产品提供要根据社会发展水平和财政收入状况根据优先性排序和民主程序进行选择，因为财政、税收永远不会是充分的。但主动提供公共文化服务无疑是一个富裕、文明、民主、和谐的社会和国家的重要标志。我们今天建设国家公共文化服务体系与以前计划经济时期的事业单位不同。现在的公共服务体系是对市场经济的必要补充。第一是必要、不能少；第二是仅仅是补充，不能喧宾夺主。

三、怎样更好地提供公共文化服务？

（一）正确提供公共服务的关键节点在预算

知道了公共（文化）服务制度的设计原理是什么、原则是什么，也知道了什么是公共品，就不会说出话来趾高气扬、气使颐指、大包大揽，做起事来却马马虎虎，甚至假公济私。我们总结近年来公共服务的经验教训时有一个说法，叫"公共服务既不能缺位，也不能越位或错位"。这里的"位"在哪里？"位"就在公共品和商品中间，公共需求与私人需求之间，在市场与公共领域之间，尤其这些界线是在历史发展过程中不断变动和调整着的。我们要运用公共服务、公共经济学理论灵活地指导公共服务实践，打造一个高质、高效的国家公共文化服务体系。

经济学家说市场是需求制约的，而公共服务是预算制约的。其实预算制约说到底仍然是需求制约。只不过这时说的需求指的是公共需求。

但经济学家同时也认为，公共需求的表达永远是不充分的。每个正常的成年人都知道自己的私人需求是什么：饿了想吃，冷了想穿。但自己的公共需求是什么呢？这不仅要有切身感受，还要与他人交流，求得共识。尤其公共服务有时是"倾斜性的"，向弱势群体倾斜。这时纳税的人和公共品最终消费者是不对称的：纳税多的人消费少；而缺少有效需求即陷于贫困的人受到更多的援助。这时不仅两方面的人需要互相了解情况，而且弱势一方有时也有面子问题，他不愿意说出自己的困难。或者他不知道自己说出来会不会得到他人的同情和帮助。而且，公共服务的水平也是随着社会发展不断提高的。在今天我们才会说出要"消除贫困"；对穷人，国家就是要救济。这是社会的发展、进步。因此，准确地知道什么是公共需求也需要借助特定的社会交往机制。

于是我们会发现，市场机制和公共服务机制在满足需求的模式上有区别。市场比较直接。商人很敏感，善于发现消费者各种需求，并组织货源来满足它。这样商人才能赚到钱。但公共服务就不同了，它对公共需求的回应是间接的，要通过一个预算环节。这个预算程序要解决四方面的问题：①最终确认公共需求；②量化公共品提供水平；③平衡公共品提供排序；④全程监管、评估公共品提供绩效。预算程序在西方是民主制度的一环；预算由议会通过。在中国，人民代表大会也是预算制定机构。这个环节非常重要，是我们政府改革、打造服务型政府、政治体制改革、公共文化服务体制改革的重中之重。胡锦涛同志讲要尊重人民群众的"知情权、表达权、参与权、监督权"，首先就要落实在预算这个环节上才行，要让人大代表先行使好这四种权。而了解公共需求，用好公共财政，是做好公共服务的关键。

坦率地说，我们当前的预算程序是很不健全的，有时甚至是形同虚设。因此我们的公共服务效率就很低，投入越多可能浪费就越大，被挪用的危险也越大。这就是经济学家也讲的"政府失灵"。我们说"市场失灵"需要用公共服务进行弥补。但公共服务本身并不是一个比市场更有效率的制度。我们使用一个稍差一些的制度弥补一个更好的制度的缺陷。这真是不得已而为之。因此也就可以得出一个结论：政府一定要排在市场后面，非市场失灵政府就不要进入。而如果市场是不断发展的，不断消除自身的缺陷或"失灵"的，那么政府就可以不断地退出。市场与政府此消彼长，市场具有主动权。进一步推论就是公共服务并非越多越好。

当然这是从基本原理上说，而现实地看，我们的公共服务水平（投入的绝对数量）还是很低的，有不少历史欠账。因此投入要增加，而且不能等待。我们要"干中学"，一边进行公共文化服务体制改革一边做好公共服务；一边增加投入以便提高效率。

（二）提高公共服务效率的办法

"干中学"这个说法其实是揭示了一种被动的局面：效率很低但还不能停下来，还要增加投入；要在低效的服务过程中通过学习和改革逐渐提高效率。

我们举几个例子看当前公共文化服务的效率是不是低。

先看广播电视村村通工程。从广电部的数据看，我们国家的广播电视信号覆盖率已经达到95%甚至99%，而且同时使用有线、无线及卫星接收三种系统实施覆盖，似乎在五大惠民工程中是最好的。但这很像是重复建设。目前国际上的大趋势是三网合一：广电网、通讯网和互联网。三条网络中你只要接入其中的一条，便可获得全部三种服务。但我们仅仅是广电信号传输就要通过三个系统去覆盖，而且偏远地区的覆盖盲区仍然很大。我们的边远地区尤其山区、戈壁，居民居住相当分散。一个行政村之下可能会下辖十几个自然村，两两之间相距十多公里甚至更远。如果电视信号只通达行政村，那么这五六千人口的村中实际只有一千人左右可以收看到电视节目；接下来还有信号如何入户、相应设备的选择、管理、维修问题。另外在许多地方，居民们可以看到中央电视台及各省市的上星电视节目,却看不到本县、本地市的电视节目。还有一些地方提供的公共电视频道偏少,居民的可选择范围很小。这样就涉及公共文化服务的均等化或普惠性问题。偏远地区的居民会问:"为什么同样是中国公民,我们看到的电视节目不如城里人多?"

再如农村文化活动室建设,因为标准低、软硬件不配套,活动室无法有效使用。西部一些乡村的文化活动室盖起了房子没有设备;或有了设备没有活动经费;再或者有了活动经费却没有冬季取暖费用,结果闲置的房屋被挪作他用,今后还要重新建设。在东中部一些地区,村庄里传统的祠堂有的被用来做了文化活动室,继续发挥公共服务的作用。但在西部一些少数民族村庄,宗教活动场所与文化室"分庭抗礼",文化室更少人气。

各地的农家书屋恐怕是五大惠民工程中效率发挥最低的。东中部一些城近郊区的农家书屋可能利用率较高,而中西大部分偏远地区农家书屋像是一种摆设,配发的图书很大部分无人问津;少数民族地区的民族语言图书更是少得可怜。农家书屋最大的问题是供需不匹配:配发的图书居民不爱看;反之居民感兴趣的图书没配发。村图书室里的图书还由于管理系统不同,不能和县图书馆的图书相互交流调配,不能设在乡间的学校里,也没有定期添置、更换新书的经费。与此相类似的情况是农村电影放映工程。目前由于放映人员普遍有放映补贴,电影下乡基本可以保障,但片源的可选择性太小,即使是在较为偏远的乡村,观影的居民寥寥无几。

其实,不当提供的公共服务甚至可能对市场产生"挤出效应"。一些文化产品本来市场可以提供,但公共服务还要插手,还要投入,结果市场空间被挤占,市场价格受到干扰,影响了企业正常提供产品或服务的积极性。

那么,该怎么改变这种低效率的状况?据说一些部门正在采取措施解决问题,比如一些地方现在图书配置也采取了编制目录由基层挑选的办法；一些地方将县里艺术院团演出节目做成目录由农民"点演"。这种种办法概括起来都是一条，即处理好与市场的关系，并将市场经济中一些机制引用到公共服务管理中来。让我们看国内外的几个例子。

第一，总原则是要把住公共投入的门槛，不要乱开口子。凡是居民有支付能力和支付意愿的项目就不一定要免费提供。有人提出这样一种观点，政府提供公共服务要遵循"社会—市场—民间—政府"的次序进行。就是说，社会能解决的由社会去办，政府不干预；社会不行的交给市场；市场不行的再交给民间非营利组织；都不行了才由政府出面。这就是要求公共服务不越位。这样可以从根本上杜绝一些低效率问题。随着我国经济的不断增长，居民收入在逐渐提高，文化消费比重在其总支出中不断提高。旅游、电信、网络服务是近年来居民消费支出中增长较快的类别。手机基本普及；我国近2亿农村家庭仅电视收看费就支出约400亿。在这种情况下我们就可以讨论一下博物馆是不是一律都要免费开放的问题。国际经验实际上是很灵活的，这样也更公平。比如有建议票价制，特定日期免费制等。实际上花钱买票也是文化认同的一种方式，正所谓"货币投票"。

第二，尽可能将公共文化产品的生产和提供环节分开，让政府举办的、由公共财政供养的一线公共文化生产部门（文化事业单位）尽可能少，更多采用政府采购。这样做可以简化公共服务提供链条，让准公共产品尽可能在市场环境下生产，也使公共文化投入变得容易监督。现在我们的电视台是国家垄断的，利用这种地位本身它们就可以获得巨额的广告收入，但国家仍然对其大量投入。这就助长了社会分配不公正。并且这样做，并不会提高其服务质量与效率。对比香港凤凰电视台，它的工作空间狭小，人员配置精干，新闻人的职业道德较高、节目收视率比内地的电视台高很多。

第三，与受财政补贴部门的市场积极性相结合。对艺术原创部门的资助应有利于调动这些艺术团体的市场营销积极性，要促进它们在市场和社会中进行经营。英国对伦敦爱乐乐团的资助就与其演出场次挂钩，演得越多资助也越多，因此乐团有动力努力开拓市场。相比较之下，我们目前搞国内艺术院团改革，几乎是"一刀切"，让所有院团都市场化，改制转企。有必要吗？符合规律吗？政府对电视台大量拨款、补贴，要求博物馆免费开放，却要将原创推入市场。这种改革思路正确、财政使用方式合理吗？艺术原创远比媒体更需要公共财政的支持。

第四，促进基层文化活动的横向"联动"。江苏吴江市让乡镇文化站花一万元排演的一场文艺节目在不同（约10个）乡镇巡回演出，这可以摊薄公共投入成本，增加有效供给。我们现有的行政体制主要强调垂直系统的联系，对横向关系不予鼓励，这应有所改变。吴江和江苏省现在还在探索在更大范围内开展横向合作的恰当途径。

第五，以公共投入拉动民间投入。今天的艺术品不仅被当作文化资源，也被当作投资对象，艺术品的市场价格越来越高。而我们的公共文化服务还没有大量进行艺术收藏，真要这样做可能就难免囊中羞涩。而正是政府的投入使西方各国艺术品市场变得很大，艺术创作积极性越来越高。但我们看到，美国的各大博物馆通常建筑是政府投入，而展品有相当一部分是民间基金会投入的。所以政府必须能够以有限的财政拉动社会的广泛参与，这样的投入才更有效率。

第六，更多调动社会积极性办好公共文化服务。群众有积极性的事，政府不用花钱。浙江新昌某民间艺术团，原来是离退休人员的娱乐组织，在县城的广场上表演，自娱自乐。地方政府看到这个团体的表演不错，就鼓励他们到农村、工地去巡回演出。政府出钱添置灯光音响，一辆"五十铃"卡车被改装成"大篷车"，可展开成为一个110平方米的舞台。此外政府还为演出人员提供一些夜宵补贴，而村民不必花一分钱就可参与一场欢快的联欢活动；演员们也觉得自己的演出有观众，有人叫好，热情更高。结果演出前政府还可以"搭车"进行政策宣传。前面我们说公共服务有个介入的次序："社会—市场—民间—政府"，政府排在队尾。

而实际工作中公共文化服务也可能提前介入，但这时它是要通过打"组合拳"，把公众、非政府组织、企业等力量组织在一起，以提高公共财政的使用效率。

这样的经验还会有很多，关键是我们的公共服务机构，我们的公务员、事业单位工作人员是不是动脑子，是不是有一点奉献精神。

（三）使用正确的绩效评估方法推进公共文化服务效率的提高

除了上述提高效率的努力，公共文化服务体系打造显然已经有了一些更具实质性的探索，像围绕预算形成、执行和评估的链条各环节进行的各种改革尝试。江苏无锡市的一些城区，在动用公共预算进行公共文化服务设施建设之前，到社区居民中广泛征求意见，甚至进行投票，以确定上马项目。这种尝试带有鲜明的民主决策意味。又如深圳市在服务型政府打造、落实各项公民权利的活动中，将40个政府部门当年要提供的公共服务计划以白皮书的方式发布，接受网上评议和公众监督。这也是一些旨在提高公共服务透明度和民主化的措施。十七届六中全会《决定》虽然没有专门论及这方面的改革措施，但它提出，要对各地各级领导的有关政绩进行考核。

绩效考核显然是一个提高公共文化服务效率的好办法。但目前很多考核办法主要是做加法，看各级政府今年投入多少，盖了多少房子；明年增加多少投入，又盖了多少房子。而真正的绩效考核应该是做除法：要求得公共投入（分母）与公众满意度（分子）之比。原则地说，效率可以分两个阶段进行测度。第一个阶段是测度财政投入变成公共产品的效率，如看100元投入是否换来了100元的产品，中间是否有流失。第二个阶段测度所提供的公共产品与消费者满意度的关系，100元的产品是否得到百分百的肯定。后一个指标显然带有一定的主观性。这是根据"最终要看老百姓满意不满意、高兴不高兴、答应不答应"的原则设定的。显然经过两阶段评价的最高分是100，是最高效率。而假如100元的投入只带来 60 元的产品，第一阶段测评得分 60；接着 60 元的产品只得到 60 分的使用评价，那么总评分就应该是 36 分。这就是严重的低效率。公共投入如能拉动民间或企业投入，显然也具有加分因素。我觉得这样的绩效考核方法及相应的指标体系值得去创建和不断完善。

十七届六中全会开幕当天，《人民日报》发表署名文章，大声疾呼"一切妨碍文化发展的思想观念都要坚决冲破，一切束缚文化发展的做法和规定都要坚决改变，一切影响文化发展的体制弊病都要坚决革除"。其实，无锡、深圳的公共文化服务机制改革的探索已经被研究者称为"一场静悄悄的革命"。而只要我们的各级政府从绩效评估入手，不断通过体制机制创新提高服务效率，那么当公共文化服务最终获得 100 分的时候，那场"静悄悄的革命"即公共服务程序民主化的转型过程可能已更安静地完成了。因为公共服务最终是否搞好了，是由公民说了算的（要看"老百姓高兴不高兴、满意不满意、答应不答应"）。对于我们的国家来说，渐进式的改革也许效果会更好！

公共（文化）需求的概念、认知及满意度评估[①]

一、对公共（文化）需求进行理论研究的必要性

在国家不断加速推进公共文化服务及其体系建设的进程中，我们曾简要回应政府有关部门的征询，说明国家在公共文化服务范畴中应向公民提供的公共文化产品与服务共有三类：即重要的公共文化服务基础设施，对弱势群体进行的文化救助，以及对文化原创予以支持、资助[②]。这三种公共品的提供最终应是对公民三种公共需求的最大满足。但是这种讨论还只是初步的、粗放的，对于当前刚刚开始提供的公共文化服务也许是大致正确和可用的，但对不断推进的公共文化服务体系建设以及将不断增长的公共文化服务需求和呼声来说就过于简单了。与对这些服务进行三个层面的分类说明相比，我们对政府在公共文化服务名义下，向公民提供相应产品和服务的历史意义看得更重。

2005年10月11日，《中共中央关于制定国民经济和社会发展第十一个五年规划的建议》在十六届五中全会上获得通过。《建议》中出现了"加大政府对文化事业的投入，逐步形成覆盖全社会的比较完备的公共文化服务体系"的战略构想。2007年我们在做中国第一本"公共文化服务蓝皮书"的"总报告"时，曾这样评价这一战略构想："经过

[①] 本文是作者作为国家公共文化服务体系建设专家委员会委员承担的公共文化服务体系研究课题，后发表于《中国公共文化服务发展报告（2012）》（于群、李国新主编，社科文献出版社，2012）。

[②] "中国公共文化服务发展的历史性转折"，载《2007年文化蓝皮书：中国公共文化服务发展报告》总报告，章建刚、陈新亮、张晓明主编，社会科学文献出版社，2007，第9—10页；也可参见本书前一篇文章"打造高质高效的国家公共文化服务体系"一文第二节有关内容。

近30年市场取向的体制改革，意义变得较为含混的'文化事业'一词，开始彰显出'公共文化服务'的新内涵。中国公共文化服务发展开始了历史性的转折。"①这里"历史性转折"并非一个溢美之词，而是一个有着明确内涵的科学判断。我们的意思是说，只有当一个现代市场制度出现以后，公共服务体系打造才具有了必要性。这里的意思是说，市场是一个具有效率和比较优势的资源配置方式或经济制度，但它不是自足的。由于市场失灵的存在，"看不见的手"（价值规律）必须变成"看得见的手"（政府干预和规制）。政府也是一种资源配置方式，但它的运行与市场遵循不同的规则。市场是需求制约的；而政府的公共服务是预算（公共财政）制约的。

然而，政府也有"失灵"问题。政府失灵的最基本表现就是低效②。公共服务的低效广义地说也可以包括腐败的后果。而政府失灵的最大恶果将是导致国家在激烈的国际竞争中失利。我国进行市场化取向的初步经济改革已经带来了明显的成就：综合国力大幅提升，已经成为世界第二大经济体，人民生活也有了显著改善；现在则开始推进公共服务体系建设。但我们强调已经进行的改革仅仅是初步的，意思是说即使在经济体制方面，改革还远远没有完成；而在政治、社会、文化等方面，与市场体制相适应的、实质性的改革几乎还没有起步。这之间的差异已经造成了发展的严重失衡甚至难以持续。我们毕竟是个人口大国，人均

---

① 章建刚、陈新亮、张晓明主编：《2007年文化蓝皮书：中国公共文化服务发展报告》，社会科学文献出版社，2007，第3页。

② "计划经济"体制如果用"低效"来形容真可谓"轻描淡写"了。一本权威性教科书说："在计划经济体制下，政府主要是运用集中统一的指令性计划配置资源，计划配置包揽一切，替代甚至排斥了市场的配置功能，当时的财政不过是按计划配置，执行出纳和结算手续。"（陈共：《财政学》（第六版），中国人民大学出版社，2010，第28页）在普通人的感受和记忆里，那个极不成熟甚至名不副实的计划经济实践中的"计划"功能实际上只是颇为精密地用于对十分匮乏的社会产品进行个人分配：除了少得可怜的工资，还有多如牛毛的票证；而当年上海居民配发的粮票曾精确到"半市两"的水平。

GDP只排在世界第124位上，国内仍然有几千万的贫困人口；畸形的工业化、城市化道路使数以亿计的、在一年的绝大多数时间在城市中打工糊口的人还被称作农民工，他们在城市中没有家和家人，还要在过年的时候拿着微薄的积蓄，踏上艰难的返乡路途。发展的任务显然还十分艰巨，而资源与环境的压力日益增加。

　　与此同时，由于中国经济的高速增长，我们面对的国际竞争会越来越激烈。国际竞争在很大程度上更多的是各国政府间公共服务、公共财政效率的比较。我们的国家财政近年来增长得比GDP更快，国家抗御自然灾害和市场风险的能力显著增加，国防与教育现代化得到强力推进，公共文化服务及其体系建设也是在这样的背景下被提上日程。但是我们必须看到，我们国家的分配结构尚有很大的缺陷，公共财政的增长是以公民收入过低为代价的。目前的公共服务仅仅是初步的，还有许多项目未能提上日程。一些以公共服务（二次分配）方式提供给公民的收入本来是可以通过一次分配更高效地实现的。而现在，动辄以补贴、救济、保障的形式进行提供实际上会造成巨大的浪费，最终可能使财政入不敷出。欧洲国家推行高社会福利政策的经验教训值得我们从一开始就汲取，美国政府在当前经济危机中大幅削减公共开支的做法更值得我们从制度设计的层面予以关注。这些国家比我们的实力强大，进入现代化并开展公共服务的历史比我们悠久。在当前方方面面的国际竞争中，这些国家也往往能占得先机，而让我们处境尴尬、进退维谷。因此，我们的各种公共服务必须从现在开始就讲求高效率。更进一步则需要尽快开展渐进的体制改革。简单地说，激烈的国际竞争要求我们的公共服务讲求效率；而效率最终来自程序民主，即通过制度设计激发出绝大多数公民长久的发展积极性。因此，我们不能满足于对公共服务包括公共文化服务粗放的理解和粗放的提供，我们首先需要从公共需求概念开始，从原理上把公共服务问题想透说透。

二、公共（文化）需求本质上仍是一种个人需求

尽管我们说，公共服务与市场不同，是预算而非需求制约的，但我们还是要说，公共服务归根到底也是由需求或需要制约的，从需求开始的；而对公共服务的绩效评估（效率）归根到底是看公共服务对公共需求的满足程度。这里看似自相矛盾的表述是由"需求"概念的含混造成的。首先我们要强调，如果公共服务包括公共文化服务不是对居民个人需求的回应，就失去了其制度合法性的基础。援引一本权威教科书的话说："提出公共需要的概念是为了明确提供公共物品的目的，并有利于从货币价值形态上分析提供公共物品所体现的社会关系"[1]。其次我们要区分，市场的需求是指有效需求，即居民个人或家庭有货币可随时支付的需求。而公共需求或公共需要则可能不是这样的需求[2]。公共需求的满足不是通过消费者个人在市场上付费交换完成的，而是政府通过非人均的税收和财政支出生产或采购获得公共物品后同样未必平均地提供给居民实现的。这是两种不同的供需模式。显然公共需求及其满足的制度模式更复杂，需要更深入的理论说明和制度设计。而我们首先需要说明到底什么是私人（文化）需求；什么又是公共（文化）需求。

一般地说，人们的生活是从成年个体、家庭乃至于其所属共同体的

---

[1] 陈共：《财政学》，中国人民大学出版社，2010，第21页。该书被标明为"普通高等教育'十一五'国家级规划教材"和"国家级精品课程"。

[2] 英文文献中，与需求类似的词语有 demand、need 和 want 等。经济学讲的需求通常用 demand（如牛津大学出版社1997年版的《牛津经济学辞典》中只有 demand 词条，没有 need 和 want 词条）；而人文学者在哲学层面经常使用 need；而 want 有时被认为是指一些感性的或非理性的欲求，与 desire 近似（参见莱恩·多亚尔和伊恩·高夫：《人的需要理论》，张宝莹译，商务印书馆，2008）；而我国有学者将"公共需要"也译为"public wants"（见陈共编著《财政学》，中国人民大学出版社，2010，第21页）。本文在中文中暂不作更细的区分，作为概念或关键词的需求和需要是同义的。而眼下我个人更倾向于使用"公共需求"（public demand）这个表述。

需求开始的。需求是一个复杂或说多元的结构，取决于人对生活环境的依存度的理性判断。许多理论家一直在努力寻求对复杂需求结构进行哲学性的综合或概括，尤其是希望对需求（或需要）给出客观的解释[1]。但不仅人类需求的内容丰富而多变，尤其是人的需求更需要一种内在的评价（目的性、主体性），而非客观性所进行的那种从外部对人的生命活动进行的观察与归纳。例如人人都不能不吃饭，但仅仅有饭吃并不一定就活得像一个人。因此所谓个人的基本需求只是一个极其有限的标准。同时进行了高度理论概括以后，需求（需要）的含义总是会变得过于空洞。莱恩·多亚尔和伊恩·高夫最终是以健康和自主性定义人类个体最基本和最普遍的需要。这当然是一个较容易获得多数人认同的定义。与之相类似，发展经济学家、印度学者阿玛蒂亚·森以自由定义发展，力图取代狭隘的以经济增长解说发展的模式，他不仅把自由作为目的，也将其作为发展的手段。这时他强调的是每个个体的可行能力的拓展。基本的可行能力就是人类个体为满足自己需求进行行动的能力与权利[2]。在人类社会，有时客观性无非就是主体间性，或是获得了社会学的归纳优势。这里的意思是说人的需要或需求就是他的生活目标。这些目标及其不同目标所构成的相互关系与结构是复杂多变的，往往表现为种种没有最终评价尺度的价值偏好。这时需求的理论很像是伦理学关于终极的善的理论，可以得到一些有关其基本内容的共同约定，却往往要保持对其上限或最高标准（即种种超越性）的开放状态。

人的需求或需要也是可以进行各种分类的。例如现在我们要进行的是公共需求和私人需求的二元分类。一般地说，在各种经过最初发育的人类社会中都有交换行为的普遍存在。这就是说，人们的需求有时是通

---

[1] 〔英〕莱恩·多亚尔、伊恩·高夫：《人的需要理论》，张宝莹译，商务印书馆，2008。

[2] 阿玛蒂亚·森：《以自由看待发展》，于真译，中国人民大学出版社，2002，第1章。

过市场交换得到满足的。这些能够通过市场交换得到满足的需求就是经济学所说的私人需求；他们从市场交换中得到的商品就是私人品。私人品可以满足人们多种纯粹个人的基本需求甚至自然需求，如食物、服装、代步工具等。现代社会里充分而规范的市场可以灵活地满足人类个体的大多数需求。经济学家（例如边沁等）用边际收益最大化（即人们活动的边际成本等于边际收益）来解释其普遍的市场行为与动机，也说明了市场经济追求效率的基本原理[①]。

然而，有些产品由于本身的特性不适合做市场式的交换；而另一些需求也是消费者个人难以通过市场提供的产品和服务得到满足的。这就遇到了经济学说的公共品的问题。所谓公共品（或公共产品）是指那些无法或不适合做排他性或竞争性消费的产品。非排他性是指产品本身被一个人消费了以后，并不排除被第二人甚至更多人进行消费的特性。例如一条道路往往不是为某一车辆专门修建的，车辆 A 的通行并不排除车辆 B 或 C 也使用这条道路（除非你投入新的成本将道路封闭起来，派人值守收费）。非竞争性是指产品不能仅仅向有支付能力的人分别提供的特性。例如国防是对特定领土整个生活秩序的维护，并不因为某人交税多就向他提供特殊保护，而因为另外一些人纳税少甚至不纳税就不对其进行财产和生命的保护。古代人兴修水利、今天人治理河流污染的工程都属于这一类公共产品项目。人们可以想到，这样的产品虽然是普遍提供却并不是让所有个人同等使用的，或者说个人使用的可能是按概率计算的；反之，既然可以普遍提供，不少人会倾向"免费搭车"。由于这些产品有这样的特性，生产者在市场中往往不能回收其边际成本或取得其边际收益，因此商家对提供这类商品往往没有积极性。因此对于这类产品即公共品的需求需要以市场之外的公共服务体制予以满足。

[①] 萨缪尔森等：《萨缪尔森辞典》，陈迅、白远良译，京华出版社，2001，第 188—196 页。

对公共品的需求就是公共需求。但归根结底，公共需求仍然是个体的需求、消费者的个人需求。一些教科书在这个概念上含糊其辞，把公共需求界定为"社会的需求"。这是因为他们觉得，既然公共需求是相对于私人需求而存在的，当然公共需求就是集体或社会的需求。我个人理解，这两种需求都是个人的实际需求，离开了所有的个体，社会本身和集体就无所谓需求。需求是一种被个人所认识到的目标，没有个体的社会自身是没有认识机能的。公共需求与私人需求是对不同类型产品的个人需求。例如我们希望进行公平合理的市场交换或市场消费，那么这时就必须有一套制度、规则来构建和规范市场，对市场提供保护。这就是一种公共产品。经济学通常把这项费用叫作交易成本。这样我们可以清晰地看到，进入市场的人同时有两种需求：一种是希望从市场换回个人需要的产品；同时人们也希望在一个规范、安全的市场完成他们的交易，既不要被骗，也不要被抢。因此我们作为消费者应该付两笔费用：一笔是货款；另一笔是市场管理费用（也可以说就是"保护费"）。当然后者商家也是要分担的。我们纳税就是作的第二项支出。或许可以这样说，公共需求体现的是公民个人对社会（制度）的依赖性。所谓社会的需求应该理解为个人对社会制度安排的需要，是人的社会性的体现。社会并没有凌驾于所有个人需求之上的特殊需求。这样，越是现代社会，社会的组织形式越复杂，社会制度设计和构建越精细，公民个人的公共需求也就会越多；而只有在社会秩序构建越合理的地方，公民个人的创造性、生活目标以及种种私人需求才越容易实现。因此西方国家尽管有最小化政府的持续呼声，但其社会的公共部门总是越来越大；公共财政的绝对数量和占GDP的比重也越来越大。从这个角度看，私人需求无非是指在市场上由个人可以自主选择、决策予以满足的需求。而公共需求由于有上述特性，它的满足是一个复杂得多的过程。

三、公共需求认知的复杂性

公共品的提供及对它的认知是历史性的、不断变化的；既取决于人的觉醒，也取决于特定社会的发展水平尤其经济能力；既要表现社会的公平公正，也要能激励社会所有成员的勤奋和创造性。它是人类社会组织程度不断提高（国家建设及其现代化转型）的表现。同时也说明，对公共需求的认知是个人的理性程度（所谓觉悟包括道德感）提高的结果。

相对于市场，（现代）政府大致有这样几种经济职能：一是规范、调控市场，以防恶性竞争和过度竞争；二是使用恰当的政策手段对产业方向进行引导；三是对在市场中失利者予以救助，使之能重新进场；四是在必要情况下，直接组织公共品的生产[①]。这些职能说到底都是对应于公民对政府公共服务的公共需求或要求的。我们前面所说的几类公共文化服务就是从对政府经济职能的认识中推演出来的。但是对政府提供的公共服务或公共产品是否必要、恰当，是否恰如其分，认知起来还是较为困难的。近年来，我国的公共服务及公共文化服务事业推进较快，在人们日常生活的诸多方面都可以感知到公共服务的存在，感知到政府责任的履行。但同时，人们也常常感觉到政府的公共服务还有不少"越位""缺位"和"错位"；频频感到政府的某些公共服务"不解渴"或"雷声大雨点小""口惠而实不至"；也会察觉到不少公共产品质量差、不实用等。反之政府也会感到公共财政已经有不少投入，为什么公民享受了公共服务还怨声载道。造成这种不对称局面的原因有很多，但根本的原因是公共产品的分配未经过市场环节，未经过消费者和商家一对一的讨价还价。缺了这个环节，供需之间的关系还真难以说清楚。公共产品的消费者不知道自己付出了多少钱，也不知道自己可以希望得到什么。有作者引用文学作品

[①] 政府的这些经济职能近年来在西方国家有不断向第三社会部门转移的倾向。我们在此先不考虑这种情况。

中的对话，模仿纳税人的口吻提问："我的钱能换来什么？如果我去了梅西百货买了东西，东西就在那儿——我看得见它。政府给了我什么？"①

公共服务的提供和消费存在出资人和消费人不对称的格局。人们有时笼统地说，公共服务是政府买单。其实政府并没有这个能力。所有的钱都来自市场，来自税收。哪些税种开征合理？税额多少合适？这样的问题通常被认为是难以论证的，它只是政府权力的体现。在西方国家，公民对征税多少的态度最终表现为大选；在有竞争性提供选择的情况下，它也表现为"用脚投票"。在市场条件相同的前提下，如果邻近的地方政府税收较低，经营者和消费者可能迁徙到那个地区，进入另一个市场。当然，无论在哪里，公共服务总是政府更多从富人那里收费，而更多用于穷人身上。并且政府靠税收得来的公共财政用于公共服务时，不同消费者的受益状况也有不同。例如同样是公共图书馆，住宅或办公地点距离它较近的人受益较多，而距离远且公共交通状况差的消费者可能受益较低；受教育水平较高者受益更多，教育程度低者受益要少。又如保障性支出只对某些低收入者发放，经济状况较好者不参与分配；而产业引导性投入往往显得像是福利，只对某些有特殊才能者发放，尽管这有时还会加大不同个体在知识占有方面的差距。这也就是说，公共产品交易的出资人与消费人不是相同的人，因此在对所提供产品的边际成本与边际效益的评判上，缺少同一尺度。这个问题又可以表现为两种情况。

第一种情况是公共产品或服务的受益者不认识所得产品的价值。一个简单的例子是在某些贫困地区，农户不愿送自己的子女入学。尽管学费完全免除了，但他们会感到原来子女可以为家里放羊，是一个劳动力，会给家庭带来一定的收益。但他们没有想到，子女现在读书会在未来给

---

① 〔美〕玛格利特·利瓦伊：《统治与岁入》，周军华译，格致出版社、上海人民出版社，2010，"题记"。

家庭及子女个人带来更大的收益。目前,农村地区一些村级图书馆的情况在某种程度上与之相类似,这些已经送进村的图书中还是有一部分对农村青年的未来有益,但被借阅的还是少数。这是公民个人对于政府提供的公共产品不认识、不自觉,也就不会对数量、质量等形成判断和评价。

另一种情况和上一种正相反,是纳税人对税款、公共财政的使用缺少认同,或者对这些资源的使用效率无法监督。这时就会出现较为普遍的避税倾向。我们强调公共需求归根到底是个人需求,就是说纳税人即使不直接享用公共产品,也要从中间接获益才行。马克思曾尖锐批判资本原始积累阶段的社会不公,这对资本主义社会进行社会分配调整起到了积极的作用。当年的工人之所以能接受资本家低工资的盘剥,是由于他们受饥饿的威胁。而这种状况不改变,社会只能依靠革命的形式予以纠正。但后来的资本主义社会大多建立了社会保障制度,资本家群体同意按约定的份额支付一定的税金,给贫困家庭以最低生活保障。这不是因为资本家仁慈,而是他们会计算,知道革命所付出的成本比纳税要高得多。社会保障制度和福利制度的建立提高了弱势群体的要价能力,社会也相对更稳定。这种情况下,资本家阶级是间接获益,他们纳税购买了社会稳定。在英国,出于类似的原因,社会主导阶级也愿意以公共资源支持将工人阶级整合进国家的"共同文化"中来的项目,愿意让工人阶级也了解莎士比亚或狄更斯[1]。

上述讨论表明,公共需求的复杂性在于,一方面它要是社会成员的个人需求;同时还要有一定的社会重合度。这后一方面的特点,就要求相应的协商机制的存在。公民的公共需求具有较复杂的结构和多变性。同样一件好事,对于不同人也许有着不同的益处。而人们对于当前什么是自己最主要、最大的公共需求往往很难取得一致意见。没有一个能集

---

[1] 参见〔加〕威尔·金利卡:《当代政治哲学》(下),刘莘译,上海三联书店,2005,第586—589页;T·H. 马歇尔、安东尼·吉登斯等著:《阶级、市民身份和社会发展》,郭忠华、刘训练译,江苏人民出版社,2008。

中社会多数成员意见的机制，人们甚至不知道什么是他们最急迫的公共需求。因此西方学术界也认为，公共需求的表达以及这些表达的集中是有难度的。公共需求是在这个过程中才最后被认知的。通过这套程序，人们才能明确形势，分清轻重缓急，形成共识，量力而行；通过这套程序，所有公民才了解了自己的边际成本和边际收益。而要使税收工作更容易进行，也必须使公共服务程序更加民主、透明。目前国内已经有一些地方（例如无锡），在社区就有限的公共财政资金优先建设哪项公共文化设施开展讨论甚至投票表决，发出了公共文化服务体系建设和公共服务体制改革的某种先声。

四、现代社会中公共（文化）需求往往要表现为权利

追溯公共需求的复杂性就会知道，公共需求的具体内容是历史地变化着的，而且主要是在现代化过程中逐步呈现出来的。公共需求的产生及其满足过程是人的觉醒和社会自觉的结果。理论家们看到，即使是在前现代社会甚至古代社会，人类社会也会有某种公共需求和公共服务存在，但它们不仅是低水平的，而且往往是混合在统治者的利益和意志之中的，人民群众往往是被强制参与的。例如不少教科书就举中国古代的水利工程或者万里长城为公共品的例子。长城的修建在不少场合阻挡了北方民族的入侵和劫掠，但广为流传的民间文学却是孟姜女哭倒长城。这种公共性的表现方式被哈贝马斯称为"代表型的公共性"。许多个体在这些公共工程中的边际成本与边际收益严重不对称、不平衡，甚至成为"被牺牲者"。现代国家的公共服务显然更为文明，更为明确界定普通公民的付出与收益。我们多次引用的那本《财政学》教科书就提到："资本主义的历史功绩之一，在于将统治者个人及家族的需要同社会公

共需要区分开来,还为公共需要提供了显示或决定的途径。"[1]

所谓公共需求"显示或决定的途径"就是指现代国家公共财政预算的形成和批准程序。在现代化过程中,社会的所有部门或迟或早都要经历转型,这里既包括传统的各类国家(政府),也包括私人部门即企业,还有作为第三社会部门的公共媒体和公民社会。这其间有一个公民个人不断地争取承认的进程、一个公共领域及公民社会不断产生和重构的进程。于是种种公共需求,首先是那些基本需求就更多地以公民权利的方式得到法律上的确认。而权利从名义上的到实际上的落实过程是社会发育并不断成熟的过程。换句话说,现代化过程也在不断地克服"政府失灵",服务型政府的打造与公民权利的落实相辅相成,公共服务的提供刚好是其间的中介。在全球化进程不断扩张的今天,各后发现代化国家都会被卷入这个进程。我国的公共文化服务事业的发展也会不断地以协商、以法规的形式表现出来。例如我们的图书馆、博物馆、文化馆等都会慢慢依法向公民提供相应的公共服务。越是明确清晰的公共(文化)服务就越需要经过制度设计,制度设计要照顾的就是公民个人对公共投入的边际成本与边际效益。

公共需求是随着人的觉醒历史地扩展着的,新的公共需求不断产生。几百年前没有人能设想我们碰到了自然灾害粮食歉收或是在城里找不到生计就该有人来救济。社会的现代化解决了这个问题。现代的公共服务强调社会公正,强调普惠和均等,并且把它们都确定为公民个人的权利。这里的均等不是说在公共服务体系中人人都得到同样大的一份蛋糕,而是指社会对市场竞争形成一次分配的结果进行二次调节。让市场上的弱者和强者不产生过大的分配差别,让他们有重新入场的可能。但是后工业社会(或后现代社会)的来临也带来了新的觉醒和新的公共需求。例如我们前面谈到了英国的精英阶级同意动用公共资源让劳动阶级

---

[1] 陈共:《财政学》,科学出版社,2010,第23页。

分享共同文化遗产,但现在他们也遇到新的挑战。英国在近二三十年中一直强调多元文化政策,所谓多元文化就包括了非英国传统的其他文化。这时拥有不同文化的社会成员会要求公共资源能用于强化自身的身份认同。政治学家也从理论上对其加以解释。当代西方马克思主义代表人物南希·弗雷泽就发现,对应于各种类型的经济不平等产生的是"再分配的政治";而对应于其他种族、宗教、性别和文化上的不平等产生了争取"承认的政治"[1]。公共服务对弱势群体的救助是前一种政治的结果。这时伸张的是一视同仁的公民权利或基本人权。而第二种政治的结果将会产生以宽容为原则的差异化的公共服务。例如一些国家为少数民族的特殊节日指定法定假日,有的还有各种形式的生活补贴。对于我们国家而言,现在也在考虑如何针对少数民族文化发展制定新的公共服务政策。对于"他文化"的宽容不仅要求敬而远之,而且要求有亲身体验;要求人的身份或文化认同本身多元化。近来英国国内也有一些观点对多元文化政策提出批评,认为需要改变政策。我认为,未来英国的文化身份政策不会是在多元主义和一元主义之间作选择,只是需要调整对多元主义的认识。一个人可以同时是一个基督徒,并且也是一个穆斯林或佛教徒吗?可以同时是汉族又是傣族或彝族吗?我以为这不是不可想象的。在这个问题上,人们可以听听阿玛蒂亚·森的意见[2]。

---

[1] 参阅威尔·金利卡:《当代政治哲学》(下),刘莘译,上海译文出版社,第589—600页;南希·弗雷泽:《认同政治时代的社会公正》,1998;《对承认的再思考》,2000。

[2] 阿玛蒂亚·森:《身份与暴力》,李风华、陈昌升、袁德良译,中国人民大学出版社,2009。

五、通过公共（文化）服务的满意度评估深入了解公共（文化）需求

公共需求是全体公民个人对于社会之为社会的社会性或社会组织程度、社会保障制度的需求；包括公共文化需求在内的公共需求的生成、公共需求结构的不断复杂化是个人觉醒、社会进步和现代化的结果。同时人的基本公共需求越来越多地以权利的方式得到确认反映出公共需求的一个重要特征，即它很可能是在反馈当中才生成的，只能是在充分表达和社会协商中才能被确定的。当然这并不违反经济学的基本规律：需求促进消费，同时消费也推动了需求的扩大。我们还说公共需求—满足过程涉及两部分人有差异的利益关系，而且在早期它更多是透过传统国家的运作模式完成的，所以它的效率是很低的。但这就是认同。公民身份认同或者公民的国家认同往往就与公共服务提供的水平直接相关。埃德蒙·柏克曾说："国家的岁入即国家。"[1]这是从国家的经济运作角度给出的界定。那么我们不妨说："公民公共需求的满足即国家认同的形成。"

人们可以看到，中国社会正运行在人均3000美元以上的发展区间，这个区间里社会矛盾可能较为集中地爆发，而且我们的分配收入差距大于同等发展程度的国家。公共服务体系正是缓解乃至克服这些社会矛盾的一剂解药良方，因此我们一定要注意这个体系运作的民主机制构建问题。民主化当然不是一天内就可以形成的。我们的现代化过程还没有完成，尤其是与经济体制改革相比，政治体制、社会体制改革严重滞后，社会沟通严重不足，因此公共（文化）服务、公共（文化）产品与服务的提供有许多不如人意之处也是难以避免的。此外我们还处于高速全球

---

[1] 柏克："法国革命论"，载《统治与岁入》，利瓦伊著，周军华译，格致出版社，2010，题记。

化的国际背景中，尽管我们常常因为某些国内问题的处理感受到国际压力，但国际上那些"正义的"声音显然还极有可能伴随其他的意图。因此对于我们来说确实有两个方面的国家决策是不可或缺的：一是必须掌握好改革、发展、稳定三者间的平衡；二是一定要抓住那些转瞬即逝的机遇推进改革。从这两方面的考虑出发，当前的公共（文化）服务体系的建设一定要关注效率的问题。公共服务效率的检测只可能拿公共品及其提供的方式与公共需求相比照才可做出，而公共需求的确认正好就是在需求及其满足、消费和新的需求产生的循环中实现的。

对效率的追求可以推进公共服务体系的民主化，因为追求效率的过程就是纳税人、公共服务的消费者和公共服务提供者三方间不断对话与磨合的过程。

效率是定量的，是公共部门提供的公共品和消费者的满意度之间的比。但我们说，公共服务的出资方（纳税人）和受益方（消费者）在需求和公共服务提供的目的上有差异，或者说他们在边际成本和边际收益上的考虑并不重合；政府作为受委托人或执行人也可能植入自己的意图，那么，效率怎样可以计量呢？

在现有体制下，透明或公开性是通往效率计量的第一个前提。政府应公开自己的公共（文化）预算，提供尽可能清晰的明细和项目分解。例如我们首先应该能够计算，当政府投入公共（文化）服务的100元货币到最终消费者手里还有多少币值的产品或服务。这样我们可以计算行政运作成本。同时我们也可以看清公共财政的流向和分布、配比等。

其次，我们应收集并公开公共品最终消费者的使用体验和评价。例如我们农家书屋配送的2000册图书有多少册在特定周期中被阅读或多人次阅读过；有大约百分之几的图书是供销不对路而无人问津的？又如我们的信息共享工程终端配备的计算机是否够用，如果不够缺口有多大？然后我们还可以了解这些消费的主观感受，看看有多少公共品能给人"超值"享受；并了解他们进一步的消费需求。这样我们可以计算公共产品或服务的使用效益,并且知道供应和需求之间的差异以及需求的变化方向。

再次,我们应该使用独立的专家系统,对整个公共产品提供和消费结果进行评价,对其种不同类型的公共品的配比和分布、对下一步的公共提供等提出修正或建议。专家系统也应听取普通纳税人的意见。这样的评估还应针对预算及其形成机制。评估的结果应该是可公布的,并注意搜集媒体和舆论的反馈。

所谓"独立的专家系统"当然是指与政府保持一定距离的,它更多要考虑公共服务的合理性和现实要求。这是避免"政府失灵"的必要制度安排。但从根本上说它是同向更大范围社会协商机制的。对于公共需求而言,首先是它的构成及认定就较为复杂,而且因此不可能有绝对充分的公共财政支持,需要经过取舍和排序,最后才是忌讳政府作为受托执行人夹杂其他意图扭曲或漠视真正的公共需求。然而进行这样的制度设计的目的不是削弱政府,或干扰政府的执政过程;反之我们的目标是政府更顺利地完成现代化转型。我们注意到在全球化的背景下,有专家提出过"强国家"的理论,而且这种理论不仅强调了民族国家在工业化进程中的诸种合理的经济职能,而且特别关注了20世纪70年代东亚国家的崛起[①]。在肯定强国家可以成就强经济的同时,该理论也强调了"内涵不断改变的国家力量"。国家力量内涵的改变反映在建制性权力(infrastructural power)的发展上。建制性权力又可分别为"渗透"力量、汲取力量和协商维度[②]。建制性权力说到底是指政府在驾驭市场的过程

---

① 参见〔澳大利亚〕琳达·维斯、约翰·M. 霍布森:《国家与经济发展——一个比较及历史性的分析》,吉林出版集团公司,黄兆辉、廖志强译,2009。

② 参见〔澳大利亚〕琳达·维斯、约翰·M. 霍布森:《国家与经济发展——一个比较及历史性的分析》第1章及第二部分,黄兆辉、廖志强译,吉林出版集团公司,2009。

中，更充分地将各种社会力量整合在一起，使自身完成现代化转型。对于这种理论我们认为值得借鉴。

结　语

　　与私人需求相比较，公民个人的公共需求是一个把握起来有一定难度的概念。根据我们的考察，在现有经济制度条件下，公民的基本文化需求及基本文化权益靠两个制度安排予以满足：文化市场与公共文化服务。市场满足私人需求；而公共服务满足公共需求。大部分甚至很基本的文化需求也主要是通过市场得到满足的。公共文化服务是对文化方面"市场失灵"的必要补充。换句话说，群众基本文化权益、基本文化需求中并非全部，而是只有一部分属于公共文化需求；政府只是要高效、公正、合程序地努力去满足这一部分基本文化需求。如果说我们当前的很大部分的文化需求还是通过"公共服务"获得的，那么很可能只是因为我们的文化市场开放程度太低，反过来说是政府的行政垄断程度太高。这都是需要我们在公共文化服务体系建设过程中逐步改变的。公共（文化）服务不仅可以促进社会公正与和谐，而且也会推动社会持续、健康的科学发展；正确提供的公共（文化）服务本身就是公民（文化）权利落实以及社会民主化进程的组成部分。对于公共服务或公共文化服务体系的打造，人们抱有很高的期望。

《保护和促进文化表现形式多样性公约》可能保护什么？[①]

国际文化政策网络（INCP）第七届部长级年会于（2004年）10月14—16日在上海成功举行。39个国家以及6个国际组织的代表分别就传统文化和现代化、文化多样性国际公约以及文化政策新趋势等议题进行了对话。我荣幸地作为中国文化部特邀的观察员旁听了整个会议。

论坛给我一个强烈印象，即在这个日益全球化着的世界上，即使是发达国家，在伸张自己民族国家主权的时候，也要诉诸国际法体系的确认。国际法的制定，就是各种国际游戏规则的制定；一个国家在国际法制定过程中发挥的作用越大，它最终得到的利益就越大。对于文化方面的国际法来说，一个国家在其制定过程中发挥的作用越大，就说明其"软实力"越强，其获得的"文化安全"系数也就越高。在改革开放不断深化的今天，我国政府必须能通过外交而谋求利益，实现主权；必须能目的性更强地为本国及本国公民谋求具体的经济、政治和文化利益，并且在各种公约制定、草案形成的初期就足够精明地参与。

会上，由联合国教科文组织提供的"《保护和促进文化表现形式多样性公约》草案"成为讨论的重点。我以为，弄清楚《公约》这样一个国际法律文本的含义及其对我国未来文化发展的意义很有必要。由于各国在经济、制度、文化上的差异，同一国际公约对不同国家所具有的作用、效力是不同的。同一公约，可能给一些缔约国带来实实在在的利益，

[①] 本文最初发表于张晓明、胡惠林、章建刚等主编：《2005年：中国文化产业发展报告》，社会科学文献出版社，2005，第37—46页。原题为"《保护文化多样性国际公约》可能保护什么？"现《公约》的名称根据最后通过的《公约》中文译本校订。

而给另一些缔约国仅仅带来道义上的支持。欧洲有句谚语："魔鬼藏在细节中。"因此我们必须抠一下细节，首先推敲一下《公约》到底能保护什么，或者说《公约》的保护对象是什么。

一、"文化多样性"落脚于"文化表现形式"

目前可以看到的"《公约》草案"是精心构筑的，逻辑非常严密。《公约》第五条第1款可以说是实质性内容的起点，是对缔约国在其境内施行文化多样性保护政策，和在境内外承担保护和促进文化多样性的义务的主权权利（sovereign right）的确认。此后的第六、七、八条各款具体地表述了有关权利与义务；而此前的第四条则对"文化"、"文化多样性"、"文化表现形式"（cultural expressions）、"文化产品和服务"（cultural goods & services）、"文化产业"、"文化财富"（cultural capital）、"文化政策"等重要概念进行了界定，其中"文化产品与服务"和"文化政策"两条还各有清单作为附件给出[①]。

但在"《公约》草案"的讨论中反映出一种差异：发达国家的发言直奔主题，言简意赅；而发展中国家的发言则似乎不得要领。如法国的发言就集中在与会各国需要统一的立场上：①文化具有二重性，不是一般商品；②文化产品生产因此需要政府政策保护和扶持；③各国政府采取政策扶持的权利应以国际法形式得到认可；④这个文化方面的国际法文书应与其他国际法（如WTO规则）具有同等地位并互不从属；⑤现

---

① 《公约》最后通过的文本已与谈判中的草案不太一样："文化"定义取消；"文化产品和服务"变成"文化活动、产品与服务"；"文化财富"取消；"文化政策"变成"文化政策和措施"。相关的清单最终也都取消了。正式文本及中文译本请参照文化部外联局编：《联合国教科文组织保护世界文化公约选编》（中英对照），法律出版社，2006，第1—19页及第56—90页。

有第十九条的两个备选方案应选择 A 而不是 B[①]；⑥要争取使这个公约于 2005 年获得通过。这很像是一个标准答案。这个"标准答案"很快得到一些发达国家及相关国际组织的呼应。

相对来看，发展中国家的发言缺乏对这一国际法草案的实质及其可操作性的理解。如不少国家认为目前对文化多样性的保护过多落实在文化产品和服务上，似范围太窄。他们主张将保护范围扩大到生活方式、语言、基本价值、整体特征、信仰等。甚至说文化放到博物馆里就是死的，而只有在现实中才有活力。

这样，我们就应细读一下《公约》草案的文本，看看这里所要保护的对象究竟是什么。

《公约》的全称是《保护和促进文化内容和艺术表现形式多样性公约》[②]。通过"定义"部分我们知道，"文化内容和艺术表现形式"可以简称为"文化表现形式"[③]，因而公约可简称为《保护和促进文化表现形式多样性公约》。所以说，《公约》要保护的是文化表现形式的多样性，而不是一般意义上的文化的多样性。

文化与文化表现形式有什么区别呢？按照"定义"，文化意味着特定社会或群体的系列特征。"定义"还专门说，"除了艺术和文学以外"，它"还包括生活方式、聚居方式、价值体系、传统和信仰"。[④] 这个定义未必很精确，但大致合用。

[①] 草案的第十九条在正式文件中成为第二十条，即"与其他条约的关系：互相支持，互为补充和不隶属"。草案十九条的 A 方案与 B 方案的差异在于对本公约在其他相关国际公约中的地位更高或稍低。由于谈判中争执很大，最终文本实际上是一个妥协的产物；表述也较模糊。

[②] 最终通过的公约名称也与谈判时的草案有差异，最终定为《保护和促进文化表现形式多样性公约》。

[③] 最终通过的公约第三章"定义"中"文化内容和艺术表现形式"一词被简化为"文化表现形式"。

[④] 最终文本对此做了简化处理，上述文字已删除。

可在接下去的"文化多样性"定义中，文化又被界定为各种"表现方式"。英文"expression"在中文本中译为"表现（形式）"有强调出不同文化间区别性特征的优点，但也将文化从一种自在状态刻划为一种反思状态。文化被理解为"表达形式"。这时"expression"也就从单数形式变成了复数的"expressions"，成了可数的文化艺术作品。所以，即使我们将《公约》简称为"文化多样性保护公约"，保护的也只能是"文化表达"或"文化表现形式"多样性，而不再是直接的文化多样性。

从操作层面上说，只有具体的事物才便于给予法律保护，而抽象的东西保护起来难度极大。发展中国家所要求的对文化整体特征及其"原生态"加以保护，这在原则上没有错，但实施起来无处下手。国际知识产权组织的代表就坦言其难。反之，欧洲国家将文化多样性落实为文化产品，主要指文学艺术作品及其复制产品，保护对象极为明确。正是特定的"表现形式"即作为作品的"表达"（expression）使文化的整体性特征被分解、被具体化了，而且这种表达是个性化的。这既与其对个人言论自由保护的传统相合拍，又与其已有的知识产权保护体系相衔接，操作起来易如反掌。现在要的只是一个合法授权。

当然，要保护的事物必定是处于弱势的、"脆弱的"甚至"濒危的"。全球的现代化过程中确有不少文明或文化要素消失了。但《公约》在对文化表现形式脆弱度的认定上没有给出现成的标准，而是将其交给一个复杂的机构：缔约国大会—政府间委员会—顾问小组，让他们根据其制定的标准进行判断。这就是说，《公约》仅仅确认了一个实施保护的权利，但对其启动的条件还没有具体规定。有关方面现对这个由"教科文组织总干事设立"，由12位"以个人身份参加"的"公认的权威"组成的顾问小组有颇多犹疑和揣测。

"《公约》草案"对于少数民族和土著居民文化的保护、发展中国家的利益也有一些优惠的安排（见"草案"第七、十二、十六、十七、十八等条），要求发达国家支持"增强发展中国家和转型国家的文化产品生产能力和传播能力"（第十六条c款）。这样的表述既是现实的（即可能做到的），也是相对保持距离的。《公约》里也有一些条款涉及文化产业强国对弱国、发达国家对发展中国家应予以优惠，帮助其进行人力资源培训；建议成立一个文化多样性国际基金，等等（第十六条、十七条等）。但所有这些都还只是一种原则和愿望，并且更多地取决于后者内在的发展动机，取决于对援助条件的接受程度。这样的安排更多是出于《公约》倡导国统战的需求。

二、"文化表现形式"落脚于"文化产品和服务"

对言论自由表达、艺术表现形式、文学艺术作品的保护对欧洲、北美来说不是什么新鲜的事物；即使在没有文化部的美国，艺术原创和公共图书馆也可以获得各种资助。在中国，对各类文化艺术作品的知识产权保护也实质性地开展起来。保护住这些作品的知识产权就会极大地鼓励文艺作品的原创；有了大批的艺术原创，各国各地区的艺术家们事实上就在为本文化的延续与创新积极工作。那么现在为什么还需要一个新的国际公约呢？

《公约》（草案）第十四条中提到缔约国在电影及音像产品方面的合作，这就把天机说破了。原来，对艺术表现形式多样性的保护还要落实到对文化产品和服务的保护上去。

还是在《公约》草案的定义部分，可以看到在"文化多样性"一条中就特别提到，"文化多样性不仅通过保护、弘扬和传承人类文化遗产的不同方式得以彰显，也通过以文化产品和服务为载体的各种文化表现形式来体现。这些形式自古以来一直以各种生产、传播、分销和消费方

式在世界各地存在着。"（第四条第2款①）

这里我们首先需要一种分辨。原来已经具有存在介质的文化表现形式现在又有了一种载体，被再编码装载在各种传媒上。原先单纯的作品现在成了产品、货物。这是由于复制技术日新月异的发展带来的新问题。从电影这种艺术形式产生时起，一种复制技术已经渗透进艺术创造过程之中，并因此将艺术与商业开发紧紧地联系在一起。今天的复制技术包括电影、广播电视、音像和数字编码，而且它们通常是多媒体的，因而也统摄了先前的印刷技术。这时形成的产品或服务是艺术表现形式，是艺术家的个性表达；但它们同时又是被搭载在一种由商业动机掌控的复制媒介之上的，极易登上批量化制造和大规模营销的快车。这是一些艺术商品。这时的它们具有二重性：是艺术作品的作品，是艺术表现形式的形式。这样的艺术作品面临激烈的商业竞争格局，也易受商业动机的影响甚至支配。这样的艺术生产形成了产业。

即使在今天，传统的艺术表达形式如美术和音乐、文学和戏剧依旧有着自己的传播模式和传播节奏，而且比以往受到更多的追捧：消费者的数量在增加，来自政府和私人部门的资助在增加。但今天是全球化的时代；是信息技术和知识经济的时代；是文化产业强劲发展进而内容产业、创意产业重要性凸显的时代。这时，一个国家强大的文化产业生产、传播、分销能力会在客观上压制其他弱势国家的文化表达；经济技术上落后的国家在贫困之余还有失去表达机会的可能。他们的下一代将接收不到本文化的图像和声音；一般意义上的代沟将具有跨文化的性质。总之，文化的多样性原貌有可能被单一性覆盖，可人们并不能肯定这是最

---

① 最终通过的文本中，这一段的表述是："文化多样性不仅体现在人类文化遗产通过丰富多彩的文化表现形式来表达、弘扬和传承的多种方式，也体现在借助各种方式和技术进行的艺术创作、生产、传播、销售和消费的多种方式。"文化部外联局编：《联合国教科文组织保护世界文化公约选编》，法律出版社，2006，第5页。

好的一个胜出。而一个没有这类艺术作品传播的文化就是一个被禁了声的文化，就是一个注定要被忽略的文化。这就是市场和技术全球化给文化多样性包括文化表达多样性带来的威胁。

这样我们就看到了电影这种艺术门类所占据的重要枢纽地位。首先，它是一种艺术原创、内容原创，同时它是一种综合艺术，是声像俱全的，因而很方便地就将美术、音乐和文学的要素统合起来并落实在表演上，且易于为不识字或有语言障碍的观众所理解。它代表了艺术创作的一种当代趋势。其次，作为一种手法，它开了电视、MTV、网络游戏等的先河，很容易进行相关"后电影产品"的链式开发。它具有进行产业化运作的技术条件。再次，尤其是当作为与复制技术紧密捆绑的商业艺术形式出现时，它将自己做成一种在制作成本上完全是高几个数量级的"流行大餐"，它一开始就瞄准市场并要求市场予以广泛的消费支持。它给艺术设立了较高的市场竞争门槛。因而，当今世界上的文化贸易大国必然是影视产品尤其电影产品生产和消费大国。

在这种情况下，代表了一种或多种特定文化疆域、同时也代表了特定市场单位的民族国家，尤其是幅员不那么辽阔、人口不那么众多的国家坐不住了，它们不仅要在传统艺术的存在范围之内支持艺术，也要在市场范围之内再给自己的艺术原创一次支持；不仅要通过知识产权保护的方式支持艺术发展，而且要通过市场份额划分和财政补贴等方式支持艺术发展，首先要支持那些与复制技术及市场机制紧密结合的那些艺术门类。这样才能将电影大国设置的市场门槛高度降下来，使电影在艺术性上的竞争成为更重要的指标；才能让自己的"后电影"产业链获得源头活水；才能给本民族、各文化才华横溢的艺术家保留施展身手的必要空间。

不知是否自觉，总之本届 INCP 部长级年会各国代表的发言都直觉地抓住了电影这个环节：有的谈的是经验，有的谈的是教训。而事实上应该更清晰地认识到，《公约》并不是一个以文化来反对市场的文件，相反它几乎是在到处都提到文化贸易的必要性。《公约》只想在市场内部对文化表现形式的多样性予以特定的保护，因而不仅在有关国际合作的条款中将电影及其他音像制品的问题挑明，而且以附件形式开列了文化产品与服务的详尽清单[①]，以落实其最终的保护对象。

三、市场原则与文化原则：谁来规范全球文化贸易？

本文还来不及讨论文化表现形式多样性保护的机制和机构，即由谁保护和如何保护的问题。但今天在贸易方面提"保护"本身似乎很难是强有力的。据我所知，尽管文化多样性是贸易保护政策所能祭起的一面最强有力的旗帜，但文化多样性本身的理论论证尚难以深入。迪士尼动画片那些高度人格化的动物形象使其内容甚至超越了种族、性别差异的限制，宣扬了一些通俗而简单的伦理，我们不能说它有什么不好。这就是说，美国电影的文化特性并不差，也未见得是负面的。文化市场自由化诉诸的是消费者的理性选择；市场竞争可以使资源配置更合理；这些原则都具有普适性。可以说，《公约》能否在2005年通过，以什么样的表述和条件通过，都还没有成算。但我们姑且以《公约》可以以现有方式通过为前提，看看《公约》的基本含义可以作何判断。

《公约》的逻辑是说：全球化的文化贸易使大国的文化产品覆盖了绝大部分市场，造成了"单向依赖"；而文化产品本来还负载着各个社会或社会群体的价值观等等，这些价值观的差异应该像生物多样性对于自然界一样在人类社会予以保存；因此现在需要有关国家的政府运用政策工具予以超市场的扶持，使其能在市场偏好不做选择的情况下，仍保留必要的发展空间。在这个意义上，《公约》所说的"文化例外"仍然是市场内的"例外"：它只说文化是一种特殊的商品，而不是说文化不

---

① 最终通过的《公约》没有附带清单。

是商品。

因此这个逻辑也可以反过来说：一种文化必须获得良好市场表现才可以持存发展；而一个国家的文化产业必须有足够的文化表现形式原创才可能振兴。换句话说，只有在表达中因而是不断创新着的文化、同时是在市场中努力做大的文化才是有希望的。这是一种更为积极的解读。

之所以要做这种解读，是因为人们看到，越是"传统的"文化就越容易是"集体的"，越容易对个性化的表达持有疑虑，因此那里的"文化"还只在很低程度上以很缓慢的节奏变成"表达"，原创性表达在数量上本身就是不充分的。同时，越是"传统的"社会在一定意义上说就越是市场，尤其文化市场不够发育，甚至不意识到市场发育重要性的社会。由于这两种原因，它们往往一厢情愿地将《公约》解读为对文化整体性特征的全面保护，甚至解读为对文化市场的封闭和垄断。其实从强调保护文化表现多样性的提法中就可以知道，《公约》要保护特定文化市场上有足够多的文化品种可以被消费者接触到，因而对任何一种文化表达的保护（比如份额占有）只能是最低限度的。诚如瑞士的文化部长在发言中所说："如果有一个文明不被别人了解，对所有文化都是一个失败。"

也许我们必须认清，这将是一部与国际文化贸易有关的国际法。

四、政策建议

如果这部要求以文化的名义首肯民族国家对文化产品和服务实施保护政策的国际法律文书能获得通过，那么对于文化产业尚不够强大的我国来说，眼下无疑是有利的。但是也应该看到，这里保护的只能是积极的产业发展。如果不进行产业发展，也就无所谓保护，就只能是坐失良机。国际上的经济伦理学理论认为，只有唯一的情况下，保护主义才是可取的，那就是对国内生产者的暂时保护促成了企业向外的学习效应[1]。

通常说,当一部国际公约被一个缔约国签署,它事实上也就自动转化为该缔约国的国内法。因此我们应该利用好这一法律文件,进一步调整好自己的文化产业政策。对此我们有如下建议:

(1)让《公约》的精神实质及所带来的有利国际环境充分与即将出台的文化体制改革方案相协调。在保护文化表现形式多样性的问题上,把对内政策与对外政策统一起来。更积极地扩大开放,强化"走出去"的战略,同时也有步骤、有秩序、分层次、分时段地放开文化市场准入,学会以经济的方式、法律的方式合理监管文化内容市场。

(2)重视电影生产的重要地位。进一步的文化体制改革可考虑以电影制作、审查、放映管理为突破口,同时带动艺术原创和广义媒体产业两个方面的繁荣发展。

(3)具体地说,出于中国国情,可以考虑在目前已经开放的电影拍摄环节和影片播映环节之间,建立一个逐步进入大众市场的多层次的过渡性制度安排。这里一方面是逐步放松目前较多行政色彩、较多人为因素的电影内容审查管理体制,使之成为按成文法进行内容审查,并在进入市场后予以监督的管理体制。这样做将极大降低电影产品的投资风险,调动艺术家从事电影创作的积极性和各方投资电影拍摄的积极性。

另一方面,尽量让制成的影片经受市场和电影批评界的检验,比如让电影先进入地方的、非院线的城市影院,然后进入跨地区的电影院线,再次进入电视频道(也可以先地方频道,后全国频道),最后进行后电影产品开发。这样即使是一些实验性的影片,也可以获得观众的检验,不至出现国际获奖影片国内不能放映的尴尬现象。这个制度也可和目前探讨的分级制结合施行;而有效施行这一制度安排的前提是强化知识产

---

[1] 乔治·恩德勒:《经济伦理学大辞典》,李兆雄、陈泽环译,上海人民出版社,2001,第192页。

权保护和反盗版的执法措施。

说到底，这个制度只是要对电影传播的某些特殊效果进行控制。近年来国内文学出版物管理的经验已经证明，少数内容特殊的作品即使进入市场，也未必引起过强烈的社会问题。我们的改革在一定意义上说，也就是逐步培养公众理性对待各种思想，增强辨识、批评能力的过程；培养政府妥善引导各类公众情绪的能力的过程。这样的过程一定要逐步完成，也一定能够完成。

（4）政府应设立或鼓励社会设立各种电影制作基金，对缺少市场运作，尤其是国际电影市场运作经验的中国电影人予以支持。政府设立的有关基金的审批应借鉴国际经验，尽量通过专家委员会运作。有关基金也可用于国外影片的引进，但一定是出于文化表现形式多样性的考虑，重点引进发展中国家的电影佳作。

在报告结束之前，还想提醒有关部门：《公约》的中文译本应予认真推敲。《公约》草案第三十三条写着："本公约用阿拉伯文、中文、英文、法文、俄文和西班牙文制定。六个文本具有同等效力。"一定要避免因误译造成的文本法律效力衰减，甚至是解释上的误差。

教科文组织的文化多样性立场[1]

联合国教科文组织在 2005 年通过了《保护和促进文化表现形式多样性公约》（简称"2005 年《公约》"）；2007 年在得到足够多的缔约方的批准后正式生效。《公约》缔约方选举产生了常设的政府间委员会，制定了贯彻《公约》各条款的一系列"行动指南"，建立了文化多样性国际基金，并即将开始使用这一基金。但到目前为止，基金资助的典型项目是怎样的仍然具有一定程度的模糊。在 2005 年《公约》机制中，欧盟（及加拿大人）显然具有主导的力量，发展中国家在《公约》中的影响力不足。因此，深入剖析设在法国巴黎的联合国教科文组织或者干脆说欧盟在"文化多样性"及其保护上的立场也许对将来的《公约》外交具有一定的益处。

一、从 culrural diversity 到 diversity of cultural expressions 的细小变化

自 20 世纪 90 年代以来，伴随着苏联解体、中国加快推进市场化取向的改革，经济全球化明显提速，文化多样性的声音也逐渐响起。检索这一时期的英文文献，与"（文化）多样性"表述相关的词汇有三个：Multiculturalism、Cultural Pluralism 和 Cultural Diversity。但随着时间推移，multiculturalism 和 Cultural pluralism 自觉不自觉地被回避了；Diversity 被

---

[1] 本文最初是会议发言，后发表在《江汉大学学报》（人文科学版）2011 年第 1 期上。李发平、傅才武主编的《文化资源 文化产业 文化软实力》（中国社会科学出版社，2011）和上海交大胡惠林等主编的《文化战略与管理》第 1 卷（上海人民出版社，2011）也分别把文章收入了。

更多使用。从其词义上看，似乎 Diversity 更多强调了一个整体中包含了种种差异（diversely different）；而 Multiculturalism、Pluralism 则更凸显每个文化单元或整体与另一个单元或整体的分别（尽管 pluralism 在中译本中被译为"多元共存"，主要指作为一种政策目标的"多元化"，"长期多元"①。

  更可以关注的是，这一时期尽管教科文组织一直是文化多样性国际话语的倡导者，并将文化多样性受到的威胁直接归咎于全球化挑战。但到2005年《公约》通过为止，它所使用的词汇也有了细微的变化。1998年，教科文组织助推的"文化发展政策政府间会议"在斯德哥尔摩召开，会后第一次发表《世界文化报告》，报告的副标题为"我们创造性的多样性"（Our Creative Diversity）；2000年第二本《世界文化报告》的副标题是"文化的多样性、冲突与多元共存"（Cultural Diversity, Conflict and Pluralism）。2001年教科文组织通过的《世界文化多样性宣言》也使用"文化多样性"（cultural diversity）和"文化多元化"（cultural pluralism）的表述，而到2005年《公约》，从起草到定稿，这个意思的表述从"diversity of cultural content and art expressions"最终变成了"diversity of cultural expressions"（注意"表达"的复数形式，多样性是指各种表达的那种多样特征）。现在《公约》文本"定义"部分中"文化内容"词条的存在是这一变化的遗迹：因《公约》并未更多涉及这个概念因而似乎有些多余，但似乎只有它可以介绍出下一个概念即"文化表现形式"（或"文化表达"）。在欧洲（尤其是黑格尔哲学）传统中，（文化）内容和形式（表现形式）是一切事物中不可分割的两个侧面。简单地说，内容的同义词就是文化、价值的实质，而形式是它们显现、表达的具体样式样态。"文化多样性"变成"文化表现形式多样性"（或"文化表

---

  ① 见教科文组织：《世界文化多样性宣言》，民族文化与全球化研讨会资料专辑，2003."行动计划要点"。

达多样性")还是值得做一些推敲的。在这个《公约》里,也许是由于中国代表团的坚持,文化多元化(cultural pluralism)的用语即使作为一个政策目标的表述也没有再出现。

二、culture 与什么相关:identification 还是 symbolism?

20世纪90年代(苏联解体,冷战结束)以来的20年间,不仅产生过福山的《历史的终结》和亨廷顿的"文明冲突论",也不仅是经济全球化在加速,更主要的是发生了震惊世界的"9·11"事件(2001),以及其后的伊拉克战争与阿富汗战争,更为突出的国际移民问题(发展中国家向发达国家移民)。人们不仅看清了新的历史条件下的国际关系形势,也逐渐理清了可能解决新问题的新思路。这里对"文化"一词的理解至关重要。如果文化(culture)不是被当作善的观念和相当细碎的礼仪、习俗、生活方式看待,而是被当作某种相对固定的身份认同(identity、identification)来对待,那么,民族意识和某些传统文化将被过分强调,甚至成为(极端)民族主义、(专制的)传统文化主义(traditionalism 或考恩说的特定文化主义,particularism)。因此,以身份认同界定文化是一件应该谨慎从事的工作。更何况,无论是赛义德(Edward W. Said)还是阿马蒂亚·森(Amartya Sen),这两位非西方裔的学者都撰文强调,个人的身份是一个不断复杂化的多重构造过程。阿马蒂亚·森指出:(关于身份认同的)"单一主义(solitarist)的认识往往容易导致对世界上几乎每一个人的误解。"而"通常,将某一唯一身份强加于一个人是挑拨派别对立的一个关键的'竞技'技巧。"[1]

---

[1] 阿玛蒂亚·森:《身份与暴力》,李风华、陈昌升、袁德良译,中国人民大学出版社,2009。

于是，人们需要考虑，当我们使用文化一词时我们究竟在说什么。在身份认同问题上，一种以个人为基础、强调身份认同的多重性复杂性和建构性的"世界主义"观点成为主流。反之，使用单数的、加定冠词的"身份认同"（the identity）需要谨慎；对（极端）民族主义、传统文化主义应有所警惕；"文化例外"并不等于反对市场经济；反经济全球化也不能弄成恐怖主义；完全不可通约、不可兼容的多元主义是应该避免的。

如果身份认同及其所涉及的政治问题具有敏感特性，文化应该从什么角度把握和观察呢？符号（sign 或 symbolism）是一个可能的选择。

三、教科文组织对文化多样性问题的看法

教科文组织作为联合国体系下的国际协调机制在操作上力争做到"政治上正确"，遵守程序规范，尊重发展中国家，也积累了不少操作技巧。在推进全球教科文事业发展过程中，它注意发挥专家作用，在各类文本起草过程中也遵循简洁、实用原则，各种概念的定义通常是"工作性的"，而不严格是学术性的；换句话说，它们可能只是获得较高学术共识的专门术语。教科文组织有很强的法国色彩或欧洲色彩，但欧洲国家政府在教科文组织中发起各项运动都会将一些发达国家的政府或专家推到前台。因此教科文组织的文献通常都会是经过"统战"处理的欧洲思想表达。因此我们前面提到的文化多样性用语变化既反映出一种国际思潮的变动，也可以看作是教科文组织的一种政策调整。

从这样的认识出发理解教科文组织的文化多样性政策就会发现，它对这一政策所进行的论证不同于两种简单的逻辑：其一是生物多样性的比喻；其二是后现代主义的相对主义。

生物多样性的比喻通常是说，自然界的状况已经表明，具有物种多样性的区域常常更具活力，生态更为健康。还有专家调查发现，那些生物多样性较为充分的地区往往也存在着语言多样性的状况，而语言

多样性就意味着文化多样性。哥本哈根大学的卡斯腾·拉比克（Carsten Rahbek）对非洲撒哈拉沙漠附近的生物物种和人类语言做了统计，发现这个区域约有 3882 种的哺乳类、鸟类及爬行类动物，同时也有着约 1686 种地方语言。他再把该区域分成 515 片进行细化，结果发现两者仍呈现极强的正相关。研究还发现在物种数量最多的地方通常也就是雨量最多的地方，而雨量分布不均的地方则会使物种及语言的数量变少。这些学者还发明了一个术语叫 biocultural diversity（生态—文化多样性）。

但是这样一种论证严格说来还是一种比喻：无非是说你看自然界是这样的，人类社会也应该如此。自然生态中物种多是一件事，而多了是不是就好是另一件事。这里好坏是根据我们人的标准、价值观来衡量的。自然界也通行弱肉强食的"丛林原则"，人类现在并不积极评价或模仿这样的状态。自然界物种多生态状况就好是对人来说的好，而地球上文化品种多对人好不好，多少就是好，对谁而言是好，都是一些更为复杂的问题。更何况，所谓语言或方言的多样性状况通常是交往不充分的结果，而交往不充分通常意味着更不发达甚至贫困。事实上，2000 年《世界文化报告》中对文化多样性的讨论希望从生物多样性获得支持，但这种讨论是极为勉强的。[①]

对文化多样性的另一种论证可以说是后现代主义的。它认为现代主义的哲学太理性，太注重逻辑，把历史发展理解得太线性、太直接、太简单，而理性并没有那么值得人们信赖。例如当时民族学家、人类学家把亚非拉广大地区存在的不同文明说成是"原始社会""原始思维"，过分夸大了不同文明间的历史间距（就像我这次在巴黎布朗利博物馆所见到的那样）。今天人们看到社会发展的复杂性、多样性，而且认为真理、价值的呈现是个极其复杂、漫长的过程，甚至具有不断"解构"的

---

① 联合国教科文组织、关世杰：《世界文化报告》，北京大学出版社，2000，第 22—23 页。

特征，因此哲学家对现状尤其对未来的预言持一种谨慎的、存疑的、相对的态度；主张对种种文化差异予以保存，进行观察和欣赏，而不进行价值或历史评判。我们可以把这种倾向叫作"相对主义"。这样我们就见多不怪，可以容忍种种文化差异。但是相对主义有相对主义的困境，面对现实中千差万别的事物我们失去评价的依据，也因而失去行动的力量。相对主义是一种迟疑。

那么教科文组织的态度如何呢？从 2000 年《世界文化报告》、2001 年《世界文化多样性宣言》及其"行动计划要点"到 2005 年《公约》，其一以贯之的政治态度和文化观是明确反对相对主义，承认普遍伦理；强调以个人权利为基础的多样性身份认同过程。同时，它也强调超越宽容（容忍）的民族和文化间相互尊重与交流（包括市场交换）。"尊重他人的尊严和坚持创造性的开放精神"，"我们把它称作和谐相处（conviviality）"[①]。应该看到，这里有两个层次的道义立场，是一种"二元论"。两个层次的伦理原则之间保留了一种政治空间。

那么与《世界人权宣言》等国际文书相比，2005 年《公约》的特殊目的何在呢？众所周知，这个《公约》来自世界贸易谈判中法国"文化例外"的主张，这里有经济方面的考虑。但这种考虑并不是反市场经济。其主张不过是说，全球化背景下的贸易超越了民族国家的疆域与监管权限，因此会有市场失灵的情况发生，并且无法获得有效的公共政策调整。因此，《公约》要求以公共性和文化政策的名义保护和促进文化表现形式多样性；其"定义"部分环环相扣，把"文化活动、产品和服务""文化产业"上下两端与"文化多样性""文化内容""文化表现形式"及"文化政策和措施""保护""文化间性"对接，强调了公共部门（包括公民社会）在文化发展与文化贸易中的作用（公共政策和公

[①] 联合国教科文组织：《世界文化报告》，关世杰等译，北京大学出版社，2000，第 27 页。

共财政)。这里有道义合法性下蕴含的具体利益关切。

正是这后一个方面的观点与美国相冲突。美国人对《公约》始终持反对意见，但美国人并不完全反对文化多样性问题的提出，而是反对对文化市场竞争进行过多的公共干预。美国人的观点也值得思考。他们认为，文化多样性含义复杂，既有"社会内的文化多样性"，也有"社会间的文化多样性"（考恩，2002）[1]。尽管世界文化贸易有一些负面影响，但总体上说，其"阻挡个体在世界范围内获得财富与机会的空间限制要比任何一个时候都少"[2]；竞争在使一些文化部门萎缩的同时会让另一些文化部门兴旺，一些文化产品的滞销也会刺激大量文化创新的发生；因此国际文化贸易可以使各地区内部实际可享受的文化多样性变得丰富。同时美国人也并不赞成完全垄断，认为"并不是所有个体都持世界主义态度的时候，这个世界往往更具创造力"[3]。另外一些美国研究者以"达沃斯文化、麦当劳世界文化、大学教师俱乐部文化和大众化宗教文化"为分析框架，对不同国家存在的这四种文化发展的特征进行研究，也揭示出文化多样性的多种存在样态[4]。除了对在竞争中失利的文化及其产品缺少同情，美国人的观点并没有多少毛病。现在问题竟然成为这个样子，即多少才算多样性，是"一个也不能少"吗？

事实上，教科文对文化多样性的尊重也是有原则的。各种形态的"文化原教旨主义"就不值得尊重，因为它是错误的[5]。2000年《世界文化

---

[1] 泰勒·考恩：《创造性破坏——全球化与文化多样性》，王志毅译，世纪出版集团、上海人民出版社，2007，第24页。

[2] 泰勒·考恩：《创造性破坏——全球化与文化多样性》，王志毅译，世纪出版集团、上海人民出版社，2007，第16页。

[3] 泰勒·考恩：《创造性破坏——全球化与文化多样性》，王志毅译，世纪出版集团、上海人民出版社，2007，第27页。

[4] 塞缪尔·亨廷顿、彼得·伯杰：《全球化的文化动力》，康敬贻、林振熙、林雄译，新华出版社，2004。

[5] 联合国教科文组织：《世界文化报告》，关世杰等译，北京大学出版社，2000，第27—30页。

报告》还用专栏形式表明:"一些'文化'中的价值观可能不值得尊重。正如索尔(Thomas Sowell)所指出的,'如果一切都得到同样尊重,那么尊重这一词就失去意义了'。"①

四、缔约方中发达国家与发展中国家的文化政策差异较大,基金使用会有难度

《公约》的通过使文化成为国际贸易中的"例外",在一定意义上限制了市场的扩张;给一部分文化带来了发展道路选择、在民族国家疆域内壮大成长的机会和时间;并为特定的双边或多边文化贸易打开了方便之门。为此,《公约》建立基金,希望以之支撑发展中国家与发达国家之间的文化多样性保护与促进方面的合作。但这方面合作开展的前景迄今并不明朗。究竟哪些类型的项目才适合以《公约》的名义支持呢?我觉得《公约》制定过程中的"统战"策略运用及文化多样性"二元论"论证给操作留下了操作困难。一句欧洲谚语说"魔鬼藏在细节中"。

我们姑且不考虑种种"文化原教旨主义",目前《公约》的一百多个缔约方包括了发达国家(主要是欧洲和加拿大)和发展中国家。这两类国家的文化政策在传统上就是不同的。欧洲国家的文化政策通常是倾向精英艺术的(这从"文化内容和艺术表现形式"的表述中可以看出),无论是在现代还是后现代时期;而发展中国家的文化政策容易是保护某种特定文化传统。看上去这里有两种不同形式的文化保守主义。把它们推到一起的是强有力市场竞争对手"大众文化",尤其是美国舶来的"迪士尼""好莱坞""麦当劳"文化,现在还有"网络文化"。

从道理上说,弱小和弱小联手可能变得强大。但双方目标潜在的对

---

① 联合国教科文组织:《世界文化报告》,关世杰等译,北京大学出版社,2000,第31页。

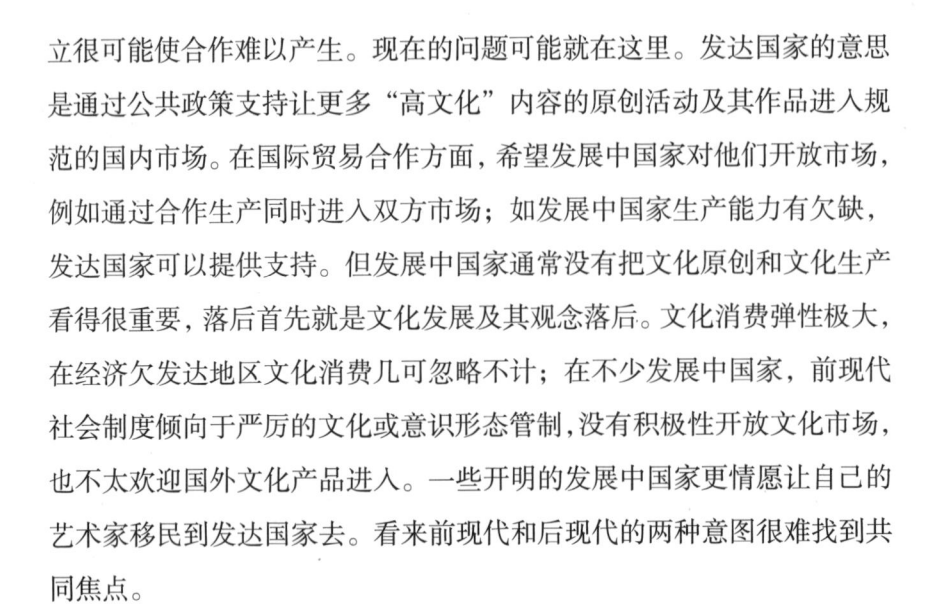

立很可能使合作难以产生。现在的问题可能就在这里。发达国家的意思是通过公共政策支持让更多"高文化"内容的原创活动及其作品进入规范的国内市场。在国际贸易合作方面，希望发展中国家对他们开放市场，例如通过合作生产同时进入双方市场；如发展中国家生产能力有欠缺，发达国家可以提供支持。但发展中国家通常没有把文化原创和文化生产看得很重要，落后首先就是文化发展及其观念落后。文化消费弹性极大，在经济欠发达地区文化消费几可忽略不计；在不少发展中国家，前现代社会制度倾向于严厉的文化或意识形态管制，没有积极性开放文化市场，也不太欢迎国外文化产品进入。一些开明的发展中国家更情愿让自己的艺术家移民到发达国家去。看来前现代和后现代的两种意图很难找到共同焦点。

或许有一些发展中国家认为，有形及非物质遗产保护会是一个可以开展合作的切入点。但事实上那可能会属于《保护世界文化和自然遗产公约》或《保护非物质文化遗产公约》的范畴。2005年《公约》将着眼于保护现实的文化原创并帮助它们进入国内、地区和国际市场。我感觉在这个方面合作的可能性（项目）即使有也不会太多。濒危文化的救助更是非常有限的一些特例。

在机会较少的情况下，机会主义倾向就更容易表现出来。在项目设计、提交、评审和实施等操作环节当中，不同方面的利益之争就会显露（在缺少效率的官僚主义操作中欧洲的精英和国际NGO组织往往是事实上的受益方）。而这种利益之争的预演在《公约》及其操作指南等的制定过程中一直存在（如专家遴选、INGO的资格认定和基金使用比重的分配等问题）。这是今后可以更多注意的。

说到底，文化交往以及文化市场的竞争在很大程度上是语言流通及使用人口数量的比较。欧洲国家已经在经济、政治上实现了高度统一，但仍不容易克服语言差异造成的市场分隔问题。同理，指望《公约》发挥更大的作用似乎也不现实。幸而，如同文化认同不必单一，人们在语言使用上也不单一。无论是欧盟还是世界其他国家，要改善文化多样性状况最终还是要靠促进交往，扩大贸易，并需要在国内和国际上推行各种形式的语言多样性政策（bilingual, trilingual or multilingual policy。在这方面，恰好是法国做得不够好）。这样做，生活的成本可能会很高，但生活的质量也会随之提高；并且这也是发展的一层含义。或许我们还可以期待语言技术（如机器翻译）的更新。

五、中国的机会？！

从文化多样性到文化表现形式多样性的变化当中，加入进来的 expressions 明确地反映出两个意思：首先是 ex- 这个前缀呼唤的是精英们不绝的原创（表达出）；其次是中间 –press– 这个词干表明了媒体的重要性，既承认市场经济的作用，又要求公共部门的监管；也正是媒体（media，广义中介）的出场，使前面提到过的符号（sign 或 symbolism）落到了实处。与前面相关公约、宣言相比较，2005 年《公约》的新进展应该体现在这里，未来的发展趋势也是朝着这个方向的。同时，原创与媒体的发展也使教科文二元论立场在现实中获得弥合的可能。《公约》"定义"部分最后一个概念"文化间性"指出它的希望。"inter–"是不同 cultures 之间的共同营造空间，是校正经济全球化的文化全球化前景。那么这样一个公约给中国带来哪些机遇和挑战呢？

改革开放已经让世界看到中国的崛起。中国转瞬成了世界第二大的经济体，经济连续近 20 年以接近 10% 的速度增长，已经创造了人类历史上的奇迹。今天中国仍然希望继续扩大开放，更多融入全球经济，并承担更多全球责任。加之中国自己的国内市场巨大，梯度发展也说明其潜力巨大。在文化方面，汉语是世界上使用人口最多的语种，内部又保留了多种方言的差异，与国内几十种少数民族语言有长期的相互影响。今天这些语言品种又通过电视网络等传媒扩大着流行区域（广东方言、四川方言和云南方言等）。从这些方面看，中国文化大发展进而"走出去"应该是一个水到渠成的结果。但又毋庸讳言，中国文化发展的现状相当不如人意，原创作品稀少，文化市场规模过小，文化市场法制化管理手段缺乏，文化体制改革严重滞后，公民的文化需求还难以很好地满足。从更大的背景上看，国内经济社会政治文化环境发展明显不平衡，与市场经济相适合的伦理主张缺失，分配不公引起社会紧张度增加，这又反过来使社会信息透明化、媒体开放变得更困难；文化产业幼稚，公共文化服务体制不健全，等等。发展的不平衡已经为党和政府所意识到，科学发展观的提出就是为了改变种种不平衡的态势。虽然这还需要有一个艰苦的调试过程，但文化体制改革已经启动；一方面是转制改企，另一方面公共媒体的身影也在浮出当中。

　　正是在这样的局面下，《保护和促进文化表现形式多样性公约》对我们具有特殊的意义。《公约》与WTO规则似乎有明显的差异。同时加入两个国际法律框架使我们有更大的政策选择空间和较为灵活的操作空间。长远地看，中国巨大的文化市场和巨大的文化原创力并不惧怕全球化市场竞争，相反他更希望全球文化市场有更高的开放度（我们现在反对欧美国家对中国产品进口设限，反对他们动辄对中国产品进行反倾销调查或加征关税，这已经预示了今后中国文化产品出口大幅增加后的某种不利局面）。但眼下，我们的文化产业极为弱小，原创力难以发挥。因此通过《公约》的使用，我们可以在各类特定的市场环境中先期试水；并且在不远的将来，在《公约》缔约方范围内发挥大国的文化影响力和市场竞争力，建立与发展中国家的文化互动关系（2011年的"哥本哈根会议"已经显示了一种苗头，即美国等发达国家今后对中国的援助会收紧甚至明确不资助中国），同时也帮助欠发达国家加强文化产业能力建设，让更多的国家能在市场环境中发扬自身的文化创造力，改善其境内的文化多样性状况，从而促进世界和平。我们不应坐失这样的机遇。而能否把握这样的机遇，取决于我们自身改革的不断深化。中国的发展可能成功，也可能失败。但只要能成功，必须满足两个条件：第一，提高效率，因此必须推进配套的各项社会政治体制改革；第二，必须有自身文化的大发展大繁荣，有中国版本的"普遍伦理"和道义呼声。应该认识到，科学发展观所要求的"可持续"比一般经济和环境上讲的可持续含义更深刻，只有不断地进行体制改革才能保证中国的发展是可持续的。也只有继续深化改革，扩大开放，我们才能更积极主动地运用《公约》这一国际文化发展政策工具，促进世界和平，促进自身和世界文化的发展繁荣。

让资源成为产品：传统文化与现代化良性互动方式的探讨①

——关注《保护文化多样性国际公约》制定的问题

一、保护文化多样性：现代化进程中陷入困境的传统文化的出路

在现代化特别是全球化进程中，一些传统文化的自然进程受到扰动：一些传统文化加速变迁，另一些传统文化甚至濒临灭绝。这样的现象不仅出现在国际环境中，也出现在发展中国家内部。比如中国云南的诸多少数民族，其女性服装服饰更多保留着传统文化的特色，男性成员的服装则"汉化"得很厉害；而国内大中城市的男性汉族居民则通常已是"西服革履"了。这一方面说明了普遍交往的必要性，另一方面也让人产生文化多样性降低的忧虑。

现代化的一个趋势就是经济全球化。经济全球化在一定意义上蕴含了国际分工的理论假定，即是说，各种生产都应该在资源配置最合理、最经济的地区而不是每一个民族国家中进行。这在传统制造业迅猛发展的时期似乎是合情合理的，虽然也要视国际政治关系情势而定。但现在进入了知识经济、文化产业的时代，一个更重要的问题凸显出来：是否人们的文化、价值观、生活方式等等也要接受国际分工的选择，无论是主动的还是被动地？是否可以得出结论说，有一些文化已经不具有继续存在的合理性？人类社会说到底是否应该贯彻弱肉强食的"丛林原则"？这样提问比较尖锐，似乎在要求人们挺身而出，甚至"誓死捍卫"某些传统文化。

---

① 本文发表于《文艺研究》2005 年第 2 期。

西方国家一些专家与学者希望使用"文化多样性"（cultural diversity）的提法作为"政策工具"。这是一个从环境问题和生态学中借用的概念。人们指责现代化甚至包括农业化过程对人类的生态环境做了过于片面的筛选和改造，一些作法长远地看是有害的。人们发现，一个多样性的生物圈对人类的长远利益是适合的，而且人们在进行科学尤其是商业活动时也应更加谨慎，不宜对环境造成不可逆的改变。因此，人们倾向于认为，生物多样性是一个可检测的指标工具：一个好的环境总是保留了更多的生物物种。一些看似对人类无利甚至有害的生物物种也不宜让它们灭绝，而一些对人类有益的物种也不宜任其滋生繁衍，破坏了生物圈的平衡。将这样的态度搬到文化领域里来，就形成了保护文化多样性的观点，意思是说，比较强势的文化未必就是唯一有价值的，而种种弱势的文化当中也可能蕴藏着导引未来文明发展的智慧。

使用"文化多样性"这一理论或政策工具的优点在于，可以巧妙地"悬搁"对不同文化的价值评判。人们似乎找到了一个外在的、可量化的尺度：任何现存的文化品种，再弱不能任其消失，再强不能任其独大。在趋同的全球化与保持差异性的文化多样性之间现在可以保持一种适度的张力。

可能谁也不会把法国当代文化当作传统文化，无数的现代主义艺术派别都是诞生在这个最能容忍差异的国度里。可在当今世界知识经济崛起、文化贸易昌盛的形势下，连法国这样的欧洲国家也实实在在地感到了文化发展的压力。这才令人惊讶！难道欧洲真的也"老"了吗？

然而欧洲毕竟是欧洲，法国人的政治智慧也是高度发展的。他们希望在国际法框架内寻找并确立保护文化多样性的合法性依据。起初它们仅仅是以"文化例外"的名义，在世贸组织中与美国等"文化大国"抗争，慢慢地也发现，以文化多样性的名义在联合国教科文组织的框架下进行周旋更有力。于是他们已经推动教科文组织通过了《保护文化多样性宣言》，并进一步要将这个《宣言》发展成为一部"公约"，即《保护和促进文化表现形式多样性公约》（以下简称《公约》）；希望由《公约》确认，缔约国有在其境内保护文化多样性的主权，并可在境内外承担保护和促进文化多样性的义务。在这个问题上，法国、加拿大等发达国家的利益与包括中国在内的不少发展中国家的利益相一致，也在行动上结成了较广泛的"统一战线"。或许，这是在现代化进程中陷入困境的各传统文化的一条生路。

二、文化多样性如何才可能得到保护？

也许有一些发展中国家、一些传统文化的继承者以为，只要这部国际公约获得通过，这些传统文化就安然无事，不再受到现代化或全球化的侵扰了。其实问题并不这么简单。这还不仅是个法律的执行力的问题，重要的是我们首先就要弄清，这部国籍法律所要保护的对象可能是什么。

文化是什么？除了与自然相区别，文化几乎无所不包。《公约》草案也界定了文化概念，说它是"社会或某一社会群体内存在的一整套独特的精神、物质、智力和情感特征，除了艺术和文学以外，还包括生活方式、聚居方式、价值体系、传统和信仰。"[1] 但这种意义的文化是无法保护的，这样的保护除非是隔断所有文化间的联系。国际知识产权组织的代表就曾坦言其难。因此《公约》希望保护的是"文化表现形式的多样性"，而《公约》的全称是《保护和促进文化内容和艺术表现形式多样性公约》[2]。我们必须能将"文化"解析为"文化内容和艺术表现形式"甚至是它更进一步的载体，才能利用法律的形式对其加以保护。让我们试着做一次这样的解析。

（一）自在的文化和自觉的文化

文化固然应该是活生生的，表现为生活方式、整体认同和特征体

---

[1] 最终通过的文本中取消了这个定义。
[2] 最终确定的公约名称是《保护和促进文化表现形式多样性公约》。

系。国内许多学者提出要对某些少数民族的文化进行所谓"原生态"的保护。有关国际会议上也可以听到有官员或专家说文化放到博物馆里就是死的，只有在现实中才有活力。但这样的文化"原生态"只会是各种抽象的理论形态，其所指也不完全明确。现实中任何文化的发展都是流动的、不断变迁和进步着的。因而任何不变的"原生态"都是不存在的。上面也已经说过，如果在今天还要让一个民族进行全封闭的发展，不仅不大可能，而且未必道德。文化间的相互影响也是普遍的，边界清晰的文化"原生态"也是不存在的。

那么如何可以把握住文化的某些单位特征，从而知道文化有多样的存在形态呢？我觉得注意文化的反思形态、自觉形态或叫符号形态也许更为重要。一方面人们可以在理论上相信各种文化都有其活动、发展的"原生态"，而且更多地表现为"日用而不知"的样态，这是所谓自在的文化；同时另一方面也可以对其各种符号表达形式的组合予以整体的梳理和理解，把握种种自觉的文化。文化之所以能够发展就因为人是符号的动物，符号是文化对自身进行组织的手段，人通过反思及其集体的认同而发生变迁。抓住人类文化的符号特征才算抓住了人类发展的动力机制和创新发展的每一个关节点。重要的是，像河流流淌一样变动不居的文化现在成为具有物质存在形态的、相对固定的文化作品的集合。

与此同时，在人类各种符号活动形式中，文学艺术是最为鲜明的和最易理解的。人类的文明总是在反思、表达和对话中推进的，而文化间发展程度的差异也说明，鼓励表达和艺术原创的民族通常会发展得快一些，共同体内的团结更紧密一些。而且各种文明在发展中都觉悟到了符号存在的重要性，都自觉不自觉地对自己的符号创造物的物理存在方式进行保护。文化因而也具有了积累的特征：旧的符号形式并不被遗弃，新的符号形式不断涌现。新旧符号之间构成了语义和元语言两个方向的越来越复杂的构造与解构的关系。因此我们不仅可以看到每个文化当中都有艺术创造的活动，而且可以看到他们各自的文化遗产。文化因此不断升华，遗产不断增殖；也正是由这些文化艺术表现形式，显示出世界各民族各文化的区别性特征。这样，保护住各种"文化内容和艺术表现形式"的多样性就有效地保护了文化多样性，或说落实了保护文化多样性的美好愿望。从操作层面上说，只有具体的事物才便于给予法律保护，而抽象的东西、文化作为民族生活形式整体特征保护起来难度极大。

（二）文化表现形式和文化产品与服务

历史上各种文化内部与不同文化之间也发生过激烈的冲突，一些文化或一种文化内部的一部分内容希望压制甚至灭绝另一些文化或其中的一些部分。但是全球化时代的文化威胁不是直接的对决，而是商业竞争中垄断地位的产生。高科技也在其中扮演了一个重要的角色。

在今天，传统的艺术表达形式如美术和音乐、文学和戏剧依旧有着自己的传播模式和传播节奏，而且比以往受到更多人的追捧：消费者的数量在增加，来自政府和私人部门的资助在增加。但今天是全球化的时代，是信息技术和知识经济的时代，是文化产业强劲发展进而内容产业、创意产业重要性凸显的时代。这时，一个国家强大的文化产业生产、传播、分销能力会在客观上压制其他弱势国家的文化表达；经济技术上落后的国家在贫困之余还有失去表达机会的可能。他们的下一代将接收不到本文化流传下来的图像和声音；一般意义上的代沟将具有跨文化的性质。总之，文化的多样性原貌有可能被单一性覆盖，而人们并不能肯定胜出的是最好的一个。而一个没有艺术作品传播的文化就是一个被禁了声的文化，就是一个注定要被忽略的文化。这就是市场和技术全球化给文化多样性包括文化表达多样性带来的威胁。

这就让人必须关注文学艺术乃至所有文化作品向下游传播的问题。我们还要做出一种分别：作品和它进行大众传播的形态。

《公约》草案定义"文化多样性"时特别提到，"文化多样性不仅通过保护、弘扬和传承人类文化遗产的不同方式得以彰显，也通过以文化产品和服务为载体的各种文化表现形式来体现。这些形式自古以来一直以各种生产、传播、分销和消费方式在世界各地存在着。"①

我们可以特别注意一下"以文化产品和服务为载体的各种文化表现形式"的表述。艺术作品本来就具有特定的表现形式，绝大部分艺术作品都拥有自己的鉴赏者。但在传统社会，大部分艺术作品尤其是最精美的那一部分往往并不容易被多数人所接触。在大众传媒时代，原来已经具有存在介质的艺术内容现在又有了一种载体，被再编码重新装载在各种传媒上，原来的艺术表现形式这下成了新的内容。经过这一次复制装载，原先单纯的作品现在成了产品、货物。这时形成的产品或服务是艺术表现形式，是艺术家的个性表达；但它们同时又是被搭载在一种由商业动机掌控的复制媒介之上的，极易登上批量化制造和大规模营销的快车。这是一些艺术商品。这时的它们具有二重性：是艺术作品的作品，是艺术表现形式的形式。这样的艺术作品面临激烈的商业竞争格局，也易受商业动机的影响甚至支配。这样的艺术生产形成了产业。

传统社会造成了艺术作品的垄断，大众接触不到足够的作品，而到了富足的现代社会，巨大的潜在受众群苏醒了，巨额的有效需求极为精明地释放，选择性价比最恰当的内容，接受最为人性化的服务。这是传统社会的文化提供者（通常是政府）所无法适应的。而全球化了的市场给所有商家平等的机会，一个区域市场（如民族国家）的供给缺额就是另一个区域商家的机遇。在大众文化产品的提供方面，美国、日本等国显然已经抢得了先机。

这就是说，一个具有文学艺术作品、文化表现形式优势的文化，如果在产品、服务转化和传播手段上落后，其前途仍然是堪忧的。为了保护一种文化的健康存在，不仅需要强大的反思能力、艺术创造能力，还必须有同样强大的商业传播与营销能力；必须有一个强大的文化产业

---

① 最终文本与此有一些差异，参见上一篇文章相关脚注。

部门，能充分吸纳自己的文化艺术原创作品，一面向艺术家颁发丰厚的知识产权，一面向消费者献上物美价廉的文化产品和服务。否则，文化多样性保护的愿望依然要落空。近年来，我国政府在文化体制改革试点工作中一直强调文化产品生产要接受市场检验，强调增强文化企业的核心竞争力，强调对外文化交流也应注意运用市场手段，其意义都是较为深远的。

三、电影产业发展在文化多样性保护中的重要地位

当我们把文化多样性或传统文化保护的着力点从文化的整体特征或生活方式移动到文化艺术创造上，再从文化艺术原创移到文化产品的生产和传播上，我们对电影这种艺术形式的评价就会出现一些变化，会和传统的艺术概论教材的眼光有所不同。

通常艺术概论在讨论艺术门类问题时会涉及电影，如说它是一门综合艺术，但同时还将其视为一门通俗艺术。在艺术概论中，显然美术和音乐占据更高的地位。然而现在我们必须在更宽广的背景中为电影这种艺术产品形式进行一次定位。我们不仅将电影看成一种艺术形式，而且首先就要注意其与商业、科技的关系。一部电影问世的同时，就既是艺术作品也是文化产品或商品。

从电影这种艺术形式诞生时起，一种复制技术已经渗透进艺术创造过程之中，它的艺术作品就是以一种复制技术编码的，因此才与后期商业放映紧紧地联系在一起。这一点，早期法兰克福派的思想家本雅明似乎不是很理解。其实今天的文化产业主要就是要用复制技术去吸纳内容，而一些人选择创意产业的说法更是强调了这个行业的服务性特征，即这个产业的产品是为其他商业组织提供附加值服务的。如果城市里没有现成的电影院系统（院线）的存在，就不会有人愿意投资拍片。而由于有这样一个商业零售网络存在，电影的制作才会最终由商业制片人主导，而不是导演或明星主导。电影是连接了艺术、商业与技术的枢纽。

在这个基础上,我们才可以去看它其他的优点。比如,它是一种综合艺术,是声像俱全的,因而很方便地就将美术、音乐和文学等要素统合起来并落实在表演上。这种艺术表现形式极易为文化程度不高或有语言障碍的观众所理解。这一点并没有为较早进入这个领域的国家如法国、意大利所意识,这些国家的电影导演们更愿意以之从事前卫性的艺术实验。其次,作为一种技术手法,它开了电视、MTV、网络游戏等的先河,很容易进行相关"后电影产品"的链式开发。它具有进行产业化运作的便利条件。当然,它的技术编码方式也面临更新换代。数码电影将取代胶片电影。第三,当作为与复制技术紧密捆绑的商业艺术形式出现时,它将自己逐渐做成一道在制作成本上高几个数量级的艺术"大餐",从一开始它就要求市场予以广泛的消费支持,从而也给后来的从业者设立了不断增高的市场门槛。而在将艺术制作的不同环节切分开来的时候,电影的知识产权(版权)更容易地被控制在制片人手中。因而我们也看到,当今世界上的文化贸易大国必然是影视产品尤其电影产品生产和消费大国。

目前,不少发达国家及发展中国家或转型国家的政府及其艺术家、企业家都把注意力投向电影,《公约》草案也已经聚焦电影。它鼓励各国合作拍片,这与其说是鼓励文化艺术合作,还不如说是鼓励市场合作。一部同属于多个国家的电影作品,便同时拥有了几个民族国家的国内市场;观众群的增加意味着票房的增加和回收制作成本风险的降低。

但是从总体上看,一些传统国家或地区在转型初期似乎更愿意发展旅游产业,愿意以它们尚存的自然风光、农业生态和纯朴习俗吸引游客。这样做没有错误,也很自然。一般说,传统社会中文化表达没有得到特别鼓励,在这些社会中,艺术作品创作不足,储藏也不多。同时这些社会的商业文明发育不足,尤其是对知识产权的保护难以落实,因此发展那种实景观光式的产业似乎更容易。但是应该看到,旅游多少有对自然与文化资源的损耗,并且有对目的地原有文化的外部扰动。或许,运用各种政策手段发展广义的电影产业是使其文化产业结构得以调整和升级的后续策略。

四、文化多样性保护的政策层面

　　保护传统文化或文化多样性人人有责。人就生活在特定的文化当中，对自己所属的文化有认同和推动其发展、变革的权利；同时对于其他文化的存在也应抱尊重、欣赏、理解或同情的态度。但对于历史进程中的特定社会，无论它是一个国家还是一个地区来说，保护文化多样性主要应体现在文化政策的层面。这就是说，文化多样性保护的责任在政府。例如我们在国家产业政策和文化体制改革的宏观指导下发展自己的文化产业；法国等欧美国家履行政府的文化保护职能积极推动《公约》的制定；《公约》的制定也是希望对各国政府实行文化多样性保护政策的主权予以确认。因而根据上述对文化多样性问题的分析，我们也可以对各类文化政策的正确着力方向形成一些判断。

　　出于本文的目的，我们把文化分解为三个层面：生活方式、符号作品和文化产品与服务。活生生的民族生活必须能反思地形成为各种符号形式，即文学艺术等等，而且文化的活力就在于艺术创造。进而这些艺术作品必须能成为大规模传播的文化产品与服务，这样艺术作品才能回到生活，履行其功能。一个符号原创不足的文化是缺乏活力的；而一个文化传播能力不足的文化缺少的是团结和凝聚力。这里每前一个层面对于后一个层面来说都是源泉；而每后一个层面对前一个层面来说都是其现实的展开。说到底，只是由于艺术作品不断地涌现，现实的文化生活才可以被称作灵感的源泉（source）；只有当文化产品与服务变得丰富多彩，传统文化和艺术作品才真正可以被称为有待开发的丰厚文化资源（resource）。在当今的世界，我们就是要用各种文化政策进行导引，让更多的资源进入流通，变成数量倍增的产品和服务。这样才是最积极、最彻底地保护了传统文化，维护了文化的多样性。

　　具体地说，对于每个层面的文化形态，保护的方式也有所不同。既然对于第一个层面的文化而言，To be is being，涌出即是存在；对于第二个层面的文化而言，Seeing is being，见证才是存在；对于第三个层面的文化而言，Communicating is being，交往就是存在。那么，对于蕴含了种种价值观、表现为生活方式和整体认同特征的文化，最好的保护方式就是尊重和理解；应尊重世界上每个民族自己做出的文化及发展道路的选择。对于各种反思性的、符号化了的文化艺术作品，最好的保护方式就是尽可能长久地保存其物理存在介质；对其内容予以同情的理解，争取与之进行善意的对话。对于第三个层面的文化，最好的保护方式是予以严格的知识产权保护，同时还要予以一些辅助政策的支持。

对于这第三个层面的文化进行保护，还可以进行一些讨论。我们知道，文化的发展不同于单纯的经济增长，它的确有一些超经济的影响力。因此即使是像美国那样的完全自由市场经济国家，也会有一些公共性的文化机构在政府的资助下运作。只不过美国人的表述与我们有一些差异。我们一般把文化生产部门分为文化事业单位和文化产业单位两部分。美国虽然把它们通通称为文化产业，但其中也可以分为营利性组织和非营利组织两个部分。美国人很知道非营利文化产业的重要性。"美国人文"组织2002年6月的一项调查结果显示："全国非营利性文化产业（各博物馆、剧院公司、表演艺术中心、管弦乐队、舞蹈公司及文化协会），每年创造的收入高达1340亿元，这个数字比世界上大多数国家一年的国内生产总值还高。……此外，这1340亿还提供了总共约485万个全职工作机会，其所占美国从业劳动力的比例，比医生、律师或会计的比例还要高。"更值得注意的是："非营利性文化产业每年为联邦、地区、州及地方创造244亿元的税收。相比之下，联邦、州及地方各级政府每年为支持艺术而投入的资金不足30亿元。政府每年对非营利性文化产业投资的资金回报是8倍多。"

这就是说，对于第二个层面的文化原创所进行的政策性保护，世界各国都一样，没有分歧。对于精致文化，政府、民间都有义务扶持、资助。问题是对第三个层面的文化产品，除了知识产权保护以外，还可不可以有另外的保护措施。在这个问题上，美国所代表的观点与法国所代表的观点有分歧。在美国，电影被当作营利性组织，完全进行市场化运作。美国的电影（及后电影产品）的确也争气，不仅有大批的国内观众，还风行全球。而法国电影没有那么幸运，尽管它拥有电影史上不少的经典之作，但市场本身反响平平。法国人将这一点归结于区域市场太小，观众人数与票房收入不足以与大制作的制片成本持平。因而法国人希望有额外的政策扶持，比如份额制或财政补贴。但这种政策在世贸组织规则看来是贸易保护主义的。

本文从开始就断断续续地交代出的这场国际争端现在已经进入关键时期，但毕竟悬而未决。从道理上说，以文化多样性的名义论证贸易保护主义的合理性也许是最强有力的了；而从策略上说，《公约》要求的也仅是一个低水平的保护，仅仅是要求为各文化的持续发展保留基本空间，同时承诺开展不同文化的交流。我们应当关注这一事件的进展。

人们看到，在这个日益全球化着的世界上，即使是发达国家，在伸张自己民族国家主权的时候，也要诉诸国际法体系的确认。国际法的制定，就是各种国际游戏规则的制定；一个国家在国际法制定过程中发挥的作用越大，它最终得到的利益就越大。对于文化方面的国际法来说，一个国家在其制定过程中发挥的作用越大，就说明其"软实力"越强，其获得的"文化安全"系数也就越高。在改革开放不断深化的今天，我国政府能主动参与各种国际游戏规则的制定，从而谋得利益，实现主权，显然是一种积极进取的姿态。

与此同时，我们国内的文化政策也应做出相应的调整，以适应新的国际环境，尤其要充分预见更新的国际趋势变化。国际上有经济伦理学家认为，只有唯一的情况下，保护主义才是可取的，那就是对国内生产者的暂时保护促成了企业向外的学习效应①。对于我们这个转型中的国家来说，合理的保护主义还意味着要为市场化取向的文化体制改革和调整争取到宝贵的时间。

我们有许多事情需要去做。比如我们的文化市场开放度还太低，民营部门、外资还很难进入文化产业的绝大部分领域。如果说，许多发达国家和发展中国家都在积极考虑以适当政策安排首先支持那些与复制技术及市场机制紧密结合的艺术生产部门比如电影产业，将电影大国设置的市场门槛高度降下来，使电影在艺术性上的竞争成为更重要的指标，并让自己的"后电影"产业链获得源头活水，给本民族才华横溢的艺术家保留施展身手的必要空间的话，那么，我们就还在为电影审查制度的创新而犹豫。如果电影内容审查不是按照一部成文法进行（而且通常是事后进行），而是由某些人根据不同形势需要，在影片进入市场之前任意做出的，作品投资方的风险就非常之大。因而就不会有人（包括企业化改造后的国有电影制片厂）愿意投资这个艺术、市场、技术结合非常紧密的产业环节。如果这种状况不改变，即使是《公约》如期通过给我们争取到的宝贵机遇还是会白白地断送掉。而本来我们是一个市场大国，中国人对电影并没有成见，中国消费者对文化内容的需求正日益旺盛，这仅仅从近年来的出境游、手机短信及网络游戏等行业的迅猛发展就可看清。我们的确需要有一个宽阔的渠道来释放这种文化消费热情，同时使国内的文化企业得到充分的发育。

作为结论，可以把我们的逻辑反过来说，就是只有积极推动国内文化产品和服务的大规模提供和文化市场的健康发展，才是对艺术原创的最大鼓舞，进而才是对中华文明现代发展的巨大推进。这或许就是有效保护我们的传统文化，使之与现代化进程发生良性互动的最佳方式。

---

① 乔治·恩德勒：《经济伦理学大辞典》，李兆雄、陈泽环译，上海人民出版社，2001，第192页。

文化遗产的真确性价值与遗产产业可持续发展的三重目标[①]

序言 文化遗产保护与开发利用的两难处境

（一）文化遗产的价值及我们对文化遗产的伦理关系

本文所谓（有形）文化遗产包括已经出土的和尚埋藏地下的各种可移动的文物（历史上的典籍、艺术品及其他各类器物）及不可迁移的历史遗迹、遗址（建筑及壁画、居落和刻石）；其中部分器物或建筑至今在用或由民间收藏。

对于今人而言，所有的文物或遗址都属于特定历史文明的意义整体，都是后者的词语片段。它们存在的意义更多是精神上的，是我们每个活着的人理解自己的文化根源的启示和依据所在，是我们思考自身未来的教训和参照，因而具有极高的价值。由它们所构成和呈现的意义整体原则上说是属于全人类的。应该强调的是，文化遗产中一个很大的部分并非前人有意流传，尤其没有现代意义上个人之间明确的财产遗留、赠予及归属关系；今天在世的所有几代人甚至还不是它们的全部遗赠对象，因为我们的子孙后代同样具有对它们的继承权。于是面对它们时，我们

[①] 本文最初是一篇会议论文，以"文化遗产的真确性价值与遗产产业的可持续发展"为题载徐嵩龄、张晓明、章建刚编：《文化遗产的保护与经营》，社会科学文献出版社，2003，第3—35页。后以"遗产产业可持续发展的基础和理想模式"为题载《云南大学学报》（社会科学版）2002年第3期。以"The Ideal Targets for the Sustainable Development of the Cultural Heritage Industry"为题刊登在《Social Sciences in China》（《中国社会科学》英文版），2003年春季号上。后又被上海交大国家文化产业创新与发展基地、山东济宁文化局编：《文化产业创新与发展》（齐鲁书社，2004）等书刊转载。

就处于一种伦理境况之下：尽可能完好地将它们传递下去是一种责任，而对它们的损坏或者浪费则是不道德的。

进而言之，在今日中国，市场化的进程也势必影响文化遗产的存在命运。在文化产业兴起的过程中，各种文化遗产将不可避免地被当作文化资源看待，将不可避免地面临被开发、利用的局面。在这种情况下，对它们合乎道德的继承、开发和利用就必须是可持续的。

（二）遗产产业化的窘境及本文的理论目标

遗憾的是，在遗产变产业的最初阶段，我们面对一种特殊的尴尬：

一方面，大众旅游时尚的流行和现代人的文化觉醒反映为文化产业的兴起和文化消费需求的旺盛，导致了稀缺文物价格腾涨、热点文化遗址人满为患，造成了对珍贵文物无可挽回的损害，也令文化旅游资源迅速退化。在这种风气的带动下，文物犯罪猖獗，各类文化遗产被盗、流失严重，由于任何的保护都要以特定公共机构设置和财政拨款为前提，许多遗迹遗址实际上是处于没有任何保护的状态之下。在加速度进行的城市改造和其他大型工程建设过程中，文化遗产遗址的保护更像是一句空话。像自然界的物种每一天都在迅速地消失一样，我们祖先千百万年来的文化创造遗迹也在一天天地消逝着。有专家认为，中国近30年的破坏程度甚至超过"文化大革命"时期。这可以说是遗产产业发展不可持续的第一个类型，即文化资源消耗和供给的不可持续。

另一方面，为了充分发展旅游业，一些地方和部门也走出了另一条道路，那就是避开文物或遗址，在毫无资源基础的空地上复制甚至毫无根据地滥建各种"古迹""文化景观"或（历史与神话题材的）"主题公园"。这是一些注定没有信誉的赝品。这是景观信誉和客源的不可持续。像全国各地多处建造的《西游记宫》、北京昌平十三陵附近的《明皇蜡像宫》等，最终都是门可罗雀，毫无经济效益可言；而在急功近利的驱使下，还不时会看到"拆除真迹建假景"的双重不智之举。

遗产问题的紧迫性还表现在这样一种局面上：注重经济效益的一方高举着"发展是硬道理"的大旗；而强调文物保护的一方则拒绝考虑任何产业化的合理方案。我们真的已经进退维谷，无法两全其美了吗？问题恐怕不是这样绝望，我们就是要在保护与利用之间找到足够的空间供其周旋。而且文化遗产开发利用显然要在现代文化产业的框架之内予以考虑。人们已经把这样的开发利用称为遗产产业（heritage industry）。

目前国际通行的文化产业定义是联合国教科文组织给出的，即"按照工业标准生产、再生产、储存以及分配文化产品和服务的一系列活动"。这里需要注重的一是大规模的复制技术；二是商业化的传播服务。简单地说，文化产业就是应用复制技术完成文化传播的商业活动的总和。文化产业可能迅速取得商业成功的秘密在于其产品可重复消费的符号特征及高容量、高保真、低磨损、低能耗、低成本复制品的不断推出。但是这样的定义是否也适用于遗产产业呢？文化遗产的不可复制性不是它的根本特征吗？或者反过来问：文化遗产产业化的特殊途径何在呢？这才是本文要从理论上进行探讨的问题。我把问题分为两部分：第一是要说明，文化遗产可资利用的独特价值是什么、一件文物或一处遗址复杂的价值构成是怎样的；第二是要讨论文化遗产可持续的开发利用模式是怎样的。与上述文化遗产开发利用的两种不可持续的模式相反，我们将努力寻找遗产产业可持续发展的理论基点，并力争描绘出这个产业所能达到的最高境界。

一、文化遗产作为符号能指所具有的真确性价值

（一）作为符号的文物与遗址

我们是从符号学的角度理解文化遗产的，将所有的文物或遗址都视为与其他艺术作品、文字等相同的符号。当然这里有些符号本身可能

就是一个复杂的系统,相当于一个文本甚至一个多卷本的巨著。这就是说,我们是将文物、遗址作为理解(understanding)与体验(experience)的对象而非一般物质消费的对象看待的。我们说这是文物或文化遗产可能成为文化产业基础资源的基本特征。按照符号学的观点,一个符号 A 本身其实主要是为了指示着或说明另一事物 B 而设立的。这是就规范的符号而言的。而我们知道,许多文物最初并不是作为专门的文化符号被制造出来的,但因其不可避免地负载了多重历史信息而在今天被当成了完全的符号,并废止了当初它们可能被当作普通日用品消费的功能。在历史的演进过程中,当我们把文物当作符号来看待的时候,文物的使用价值发生了一次重要的转换。

作为一个符号,每个文物或遗址都可能被分析为能指(signifier)和所指(signified)两个方面。用罗兰·巴尔特(Roland Barthes,1915-1980)的话说:"能指面构成表达面,所指面则构成内容面。"[①] 只不过这时原本为实用目的制造出来的器物或建筑等成了它携带、蕴含的历史、文化信息的专门载体。另外从巴尔特等人的符号学研究我们也可以知道,符号及其意义总是一个相对复杂的系统。如符号的"所指"有"直接所指"和"含蓄所指"("间接所指")之分,如汉字"羊"指示着被人类驯养及未被驯养的各种羊,又在人类文明和汉字词汇的历史发展中含蓄地携带了一种"善良""吉祥"的含义。如符号"能指"的建立不仅映射出一个对等的世界(包括它的意义),而且也标志了一个语法系统的技术性编制成功;能指还可能不断地被"能指化"("元语言化"),即被用另一层次(级别)的代码所注释或标记,人们可以通过对译本汉语字典的解析理解这种符号的解说与自解说属性。又如能指与所指之间的关系更可能发生极为复杂的互换,等等。这就是说,当文物或遗址被当作符号看待的时候,我们更强调其作为文明或文化整体的组成因素与

---

① 巴尔特:《符号学原理》,李幼蒸译,三联书店,1988,第134页。

自解说系统的相互关联方面。这样才能充分理解作为文化资源的文物或遗址的全部价值。

一切文化制品的符号属性使以意义传播为主要形式的现代文化产业的发展成为可能。在一件文化制品上要消费的主要是其所负载的内容（content）或意义（meaning），满足于对其意义的理解体验，其载体的物质损耗反而微不足道；用符号学的话说，文化符号的所指内容消费并不同时或等比例地消耗其能指载体，例如一张音乐CD可以几乎无差别地反复播放同一段音乐演出的"实况"。用经济学的话说，文化产品总是有可能实现非排他性消费的。这样就为一种能耗注定要有所减少（或相对减少）的现代生活因不断提高质量和精神内含从而变得更丰富提供了可能。我们完全可以从这个意义上去理解生态主义者的著名口号"手段俭朴，目的丰富"（"Simple in means, rich in ends"）或者现代主义建筑师的著名口号"少就是多"（"Less is more"，Mies Van Der Rohe语[①]）。文化产业的兴起使人的艺术性、鉴赏性生活时间增加，高物耗费性活动时间相对减少，因而在降低能耗的前提下提高生活质量，这就与生态主义或环境保护主义的可持续发展思路正好可以互补。所以大力发展文化产业成了21世纪的方向。

但是这个主张面对文化遗产似乎受到了挑战：人们就是不满足于对文物或遗址的复制品（即对文物或遗址这种符号能指的再能指化复制）的观赏，而执意当面礼拜那个"现场"，观赏那个"原物"，看那原汁原味的历史上"第一个"能指，因而在举手投足间造成了文化遗产的损坏甚至毁灭。在这种情况下，作为文化产业一个分支的遗产产业发展的根据何在呢？

[①] 王受之：《世界现代建筑史》，中国建工出版社，1999，第142页等处。

（二）文物或遗址符号的价值结构

文化学者通常同意说文化的核心是一组价值观念，那么我们就可以说，整个符号系统所指向的意义就是对这组价值观念的描述和表达。符号的所指、意义与文化价值大致是同义的。离开了符号系统就没有价值系统可言。

对于文化产品（如一件艺术作品或文物）的价值已经有不少理论给予说明。澳大利亚学者戴维·思罗斯比（David Throsby）在其2001年新著《经济学与文化》[①]一书中提到了6种，分别是：审美价值（aesthetic value）、精神价值（spiritual value）、社会价值（social value）、历史价值（historical value）、符号价值（symbolic value）和真确性价值（authenticity value）。作者罗列这诸多价值意在表明一种多元化的主张，或表示非如此多角度的概括便不足以充分反映人们对于艺术作品的种种寄托与需求。这样做说明了价值在文化产品上表现出来的多角度多侧面的特征，也表达了研究者对这些价值的细致分辨。我赞成他的观点并且认为这样的罗列已经足够了，但我觉得这些价值未必应罗列在同一层面上。不同的价值是分属符号的不同层面的。

在我看来，一件文化产品或文化符号的社会价值就是指其可能作用于社会生活及人际关系而言的，狭义上尤其是指其具有某种道德教化功能（精神价值或说宗教价值）。它们既是存在论的，同时也是认识论的。它诉诸社会成员的感知、理解与同情，作用于现实的人际关系，也揭示出人类存在过去—现在—未来共存的庞杂结构。这时当你关注其共时结构时，发现它具有表层的审美价值、观赏价值和深层的意义蕴含即符号价值；而当你注意其历时结构时，它就具有了历史价值和普遍价值，前者是人类已往的种种经验教训，后者是人类的憧憬和理想。我给出的这

---

① Throsby D, Economics and Culture, London, Cambridge University Press. 这本书有中译本（中国人民大学出版社，2011），并已引起中国文化学界尤其不少文化产业研究者的注意。下面所涉及的内容请参见该书第2章，尤其第28—29页及前后。

个文化符号的价值构造可以将思罗斯比所提到的各种价值大体含括了，唯独他所说的最后一种价值即真确性价值还需要单独讨论。这时我们应关注符号结构与价值结构的对应关系：上述的价值结构对应于符号结构中的所指层面，而真确性价值对应于符号结构的能指层（参见图1）。

（三）真确性的含义

真确性一词的英文 authenticity 通常翻译为真实、真实性和权威、权威性两种[①]。在中文中这两个意思有时并不一样。Authenticity 的反义词是 counterfeit 或 fake 即赝品，因而它的本义是"原件"或"真货"。思罗斯比对真确性的定义是："这种价值与一件艺术作品被真实、原本、唯一地表现出来的事实相关。毫无疑问，这种真确和完整是作品附加于上述种种价值之上的可辨认性价值本身。"[②] 是这样吗？

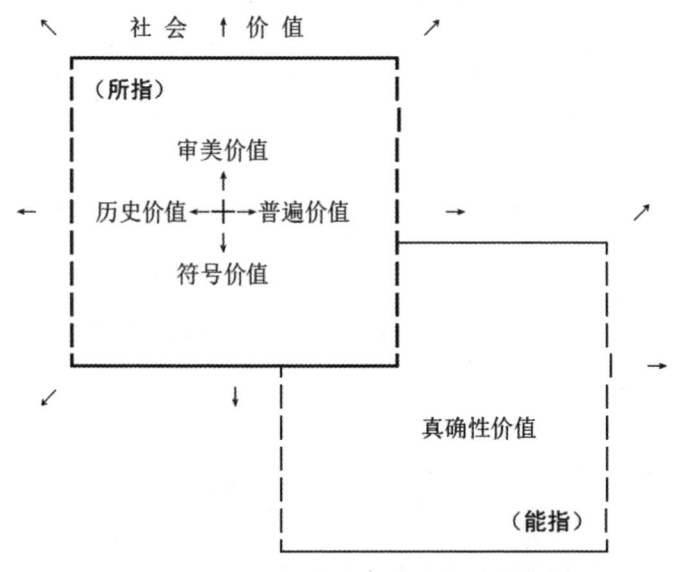

图1 文化产品价值结构与符号结构对位图

① 《新英汉词典》authenticity 词条的释文为："可靠性，可信性；真实性"。同词根的形容词 authentic 的释文为："①可靠的，可信的；权威性的；有根据的……②真的，真正的……"（见第73页）。

② Throsby D, *Economics and Culture*, London, Cambridge University Press, P29.

这里，有两对概念应该加以区分。一对是复制品与赝品、模仿与造假；另一对是真理性价值与真确性价值。

首先，自然界是无所谓赝品的，只有人会造假。但造假与模仿是两回事，人的文明在很大程度上是学习的结果。复制品与赝品也是两回事，现代文化产业本来就是以复制技术和复制传播为基础的。几乎百分之百的小说读者读的都是出版物、印刷品或译本，而没人去读作家的手稿；音乐爱好者也是在音乐厅里听乐团的演奏而不读作曲家的曲谱手稿，在一定程序监督下精致的仿制品已经被不含贬义地叫作"高仿"。这里的关键是符号所指与能指之间存在某种任意性关系。

符号学创始人，瑞士语言学家索绪尔（Ferdinand de Saussure，1857—1913）就注意到，语言能指（词形、语音）与所指（词义、概念）之间有一种任意性关系，尽管这种任意性不属于语言使用者个体①。最易理解的例子就是同样是指"牛"的意思在各国语言的发音和字形上存在明显的区别。正是二者间这种任意性的存在才使语言具有了灵活性：一样的意思可以用不同的语音、词汇表达；表示唯一事物的语词可以无限重复。符号的可复制性就是建立在符号能指与所指的相对可区分性和任意性之上的，它们也是今天的文化产业得以成立的基本条件：人们用复制品传达原件上负载的各类信息包括真理，其逼真度几乎可以达到100%。为了传递信息、真理和价值而复制种种符号在原则上是没有错误的②。

而所谓赝品是指那种明明是模仿他人却不承认自己是仿制品的制品，是被错冠作者名的作品，通常是诞生于自己标榜的生日之后的作品。赝品也被不很严格地意指那些粗劣的仿制品，但严格地说，赝品往往是

---

① 巴尔特：《符号学原理》，李幼蒸译，三联书店，1988，第142页。
② 但在市场经济条件下，以谋利为目的的复制必须遵守相应的法规。这与真理的传达是两个层面上的问题。

作品的创作者及创作年代受到特别注意之后的用法。赝品的说法尤其适用于学术性的文化史研究。文化史上的纷争太多，人人都以真理自居。而符号所指与能指的相对分别使能指的年代鉴定为所指蕴含的各类文化逻辑的理解与排序提供了另一侧面的参照。

  相应于符号能指与所指的区分，真理性价值与真确性价值也相对可分。真理性价值通常存在于上述普遍价值之中，属于符号所指的范畴；而真确性价值是针对各种文化符号尤其史迹的能指或载体的。真确性价值是个别的作品或文物即原创物作为文化载体被实际地制作出来这一历史事实或事件所具有的价值；是原创物的编年史价值；是符号能指独具的价值。属于文化遗产能指的真确性价值不仅保证了符号所指的历史存在的真实性，即某些观念、意义在特定历史时期或时刻的现时性（actuality），标示了它与特定时段文化语境的崎岖却又明确的边界，而且在这一物质载体上还保留了与同时代其他存在物或载体的千丝万缕的相互联系。这就是真确性价值不同于其他各种价值也无可取代的独特意义。

  于是就可以承认这样的可能性：所指中含有非真理性内容的符号仍然可能具有百分之百的能指上的真确性价值，例如历史上一本格调低下、内容荒唐的市井小说；而今天市场上非法出版物作为载体或能指是无理因而需被查处的，但其内容很可能充满真理。人们总爱充当历史的审判者，评说历史的千秋功罪，而有趣的是历史上那些伟大诗人或作曲家涂鸦似的零散手稿总是在拍卖行里拍出个好价钱；这时那些已难以辨识的古代陈迹像明智的法官，反过来从程序上、资格上判别着纷繁人世上的是非真伪。历史像一场当事人与法官法庭相互审判的诉讼：后人鉴定前人的真理性，而前人则鉴定后人的真诚。这就是真确性的价值。

（四）人之于真确性价值

  这里显示出人们对于各种原物（即文物）的嗜好与热衷是一个颇值得深入探讨的哲学人类学问题。这里简单地讨论它的三种指向。

1. 指向能指诞生的历史时刻

前文说过,许多文物最初并不是作为专门的文化符号被制造出来的,因其不可避免地负载了多重历史信息而在今天被当成了完全的符号,这时我们废止了其原有的使用功能,而专门关注其负载的文化内容。这是一些与历史相关的符号或能指。这时符号可任意复制特性的终止是由人类的历史属性给它带来的。历史是不可重复的,而人对他这一属性有了清醒的意识,对他的历史性有足够的尊敬,人们要用一些特殊的符号标记那个失而不可复得的历史的踪迹。

主要是由遗产所负载着的真确性价值应该说是普遍有效的,即对所有人有益的。但是这种价值首先更多是由人文学者尤其是历史学家代理的。今天恐怕所有的人都会认为对未来的预测和展望是必要的,而历史往往被人忽视。但实际上有效的前瞻并不是对尚未显露的未来的"观察",而是靠对历史与现状的观察和比较,从差异和变化中看出发展的方向,甚至可能从回顾所引起的惊愕中预见到未来一些重大事件的发生。因此对各种历史坐标的准确定位就是对未来的丈量。

现代符号学和解释学哲学的工作在一定意义上也是"灾难性"的,符号所指的表层意义与深层意义的区分及解释的无限可能性几乎使所有符号的说明都成为相对的。因而历史学家需要找到一个相对可固定的尺度以使符号那种不断要向未来延伸、迅跑的理想之矢固定住,锚在一个特定的历史时刻上,并进而明确它们与其同时代别的符号的相互联系,将该文化瞬间的意义或历史逻辑勾画出来。这部分能指并非专门或有意识地作为能指被制造出来,而是首先被作为一种器物制造出来,它们是那个曾经存在的一个时代现实的组成部分,是那个时代的遗物与延伸。它们的持存揭示了我们人类社会的历史属性,即它是一个有过去、现在和未来共同组成的特殊时间序列。就像我们的现实中不能没有未来的到场一样,也不能缺少历史的遗存。因此我们符号系统中这部分代表了人类生活的历史向度的能指确实可以说是后来各种复制物的底本,具有特殊的权威性。人们把与它们的会面也看成直面真理的神圣时刻。

历史学家和考古学家找到了许多种技术对所有历史遗迹进行相对和绝对的年代测定。仿佛我们符号系统中每个能指都曾被铭刻了一个特殊的胎记，即被作为一样器具所制作出来的历史时刻的标记，就像一件工业制品暗中总有一个绝不重复的出厂序号。尽管不是每一个符号的真确性都值得认真关注，但它确实是所有文化制品所具有的重要的时间属性。通过能指方面的时间定位来研究所指方面的区分与差异。所有同时代能指构成的语境 context 使文本 text 的准确含义得以确定。应用这种技术，各种符号的历史价值与普遍价值成为可区分的，它们普遍价值的具体历史形式被确认并得到评估；甚至只有在这个基础上，对文物或遗址的观赏价值也可能做出历史差异与流变的分辨。尤其大批文物或遗址最初并不是作为专用符号开发的，这种非专门的能指上往往携带了多侧面的信息，特别是在应用和损耗中还积累了偶然信息和个性化信息，这都使历史研究得以进入细节。这就是文化遗产真确性价值的所在，而相对于此，赝品则是一种干扰。

2. 指向创造性

然而在今天的旅游与文物博览收藏的热潮中，这种对历史遗迹的甄别嗜好几乎成为每个个体的普遍要求：一旦意识到面对的仅仅是一件复制品时，所有的人都会产生受骗感。对此作为一种历史哲学的存在主义可以给出某种启示性的解释。

在深刻而阴郁的哲学家海德格尔（M. Heidegger, 1889–1976）晚期思想中，世界被看成天地人神这"四方纯一"或"四重整体"（das Geviert）在时间中的存在或持存；人这种"终有一死者"在其间的存在被叫作"栖居"，在栖居中，人"拯救大地"，"接受天空之为天空"，"期待着作为诸神的诸神"等；而"诗意的栖居"（Wohnen）就是"筑造"（buan, Bau）。"筑造"既是指培育、保养，也是指建立和制造，将存在的真理开显出来[1]。简单地说，人类文明中那些与自然和谐的创造就是筑造。在筑造中，人超越了他终有一死的命运，成就了"四方纯一"的持久和本真的存在，因而成了持久的、不断的 Dasein[2]，而不再是普通的生命或作为物种的人（man）。

如果是这样，我们在历史中就看到了一连串的创造及创造物，这不断的创造使真理或存在（Sein）被开显出来，是所谓"让在"（Seinlassen）即让真理显现出来，而所有被创造物呈现的那个瞬间正好就是 Dasein 中的那个 Da-[3] 或 to exist 中的前缀 ex-[4]。它们是我们的本真存在及其确证，是使我们的存在成为可肯定可坚信不移的东西。海德格尔是这样讨论人的自由的："自由乃是参与到存在者本身的解蔽过程中去。被解蔽状态本身被保存于绽出的参与之中，由于这种参与，敞开之境的敞开状态，即这个'此'（Da）才是其所是。"[5] 这些 Da- 或 ex- 就是真确性价值历史定位下面的本质特征。这种 Da- 的瞬间连接起来就构成了与物理时

---

[1] 海德格尔：《筑·居·思》，《海德格尔选集》，孙周兴选编，上海三联书店，1996，第1188—1204页。

[2] 通常译为"此在"或"亲在"，它的意思是"此时此地的存在"。我理解海德格尔是以此表示历史中具体的人的存在，而人的生物学意义上的生命被他称为"终有一死的东西"。

[3] "da"是德语中的一个副词，表示"（在）这儿""（在）那儿""这时""那时""在这种情况下"等义，还可做连词用，可以与其他词做固定搭配，可以用做一个构词成份与其他词组合成为一个新词，是个十分灵活、微妙的小词。参见《汉德词典》，上海译文出版社1983年版，第247页。

[4] "ex-"是英语中的一个前缀，表示"出（自）""向外""向上""超过""离开"等义。见《新英汉词典》，上海译文出版社1978年版，第417页。在"论真理的本质"一文中，海德格尔专门与（insistiert，即英文 to insist）对举讨论过 ek-sistiert（即英文 to exist）的问题，并以此解说 Existenz 或 existentia 即"生存"。中译者将前者译为"固执地持存"，后者译为"绽出地生存"（见《海德格尔选集》上卷，孙周兴选编，上海三联书店，1996，第224、229页）。细心的读者会注意到这两个词中共有的构词成份"-ist-"，即系动词"sein"（德语）或"to be"（英语）的变形。西文中"是"也即"存在"。

[5] 海德格尔：《海德格尔选集》，孙周兴选编，上海三联书店，1996，第223页。

间相对的人文时间，即历史。它是意义的生成史，是平庸生活中的节日时刻，是其中的庆典、仪式与供奉。这也才是文化或文明的本来含义。

这些 Da- 是筑造者与其造物的合一。但筑造者的生命是短暂的，在其造物还幸存着的时候，他或他们自己却已经回归大地，只是凭借这些"物"的持存，筑造者才成为不朽。用海德格尔的话说就是："栖居把四重整体保藏在终有一死者所逗留的东西中，即物（Dingen）中。……终有一死者爱护和保养着生长的物，并特别地建立那些不生长的物。"① 这些"不生长的物"就是"文物"。"文物"的长期"逗留"使它们成为我们这些"终有一死者"所接受的文化遗产。所有的这些"物"向我们昭示着本真的存在即栖居的使命与实现的可能性。这就是说，真确性价值是倾向创造性或创造活动本身的，表达了对创造的崇尚。

3. 指向活生生的创造性个人

对于文化遗产的真确性价值，种种以"后现代"相标榜的理论给我们另一方面的提示：由于现代性及传统形而上学的瓦解，文化分享的迅速实现，人的历史意识普遍觉醒，因而历史叙事变得精致，语气重新变得和蔼。

前现代和早期现代的历史意识都曾是个性化的，如 F. 培根就说："历史应自然而正当地关注个体——受时空限定的个体。"② 笛卡尔说："历史上值得纪念的英雄事迹在被人读到的时候则提高人的心灵，……读好书就像与过去时代里最杰出的人谈话——实际上是一次不断重复的谈话"③。但其谈论范围极小，很少有人听到。由于技术以及传播技术对能量的巨大控制能力，现代社会的历史学嗓门提高，变成了宏大叙事，

---

① 海德格尔：《海德格尔选集》，孙周兴选编，上海三联书店，1996，第 1194 页。

② 何兆武：《学问的进步》，载《历史理论与史学理论——近现代西方史学著作选》，何兆武主编，商务印书馆，1999，第 13 页。

③ 何兆武：《论方法》，载《历史理论与史学理论——近现代西方史学著作选》，何兆武主编，商务印书馆，1999，第 25 页。

但它的分辨率相对极低。因而它诉诸集合名词"人民群众"或极为宏观的"历史规律",抽象的"力"或"权力"取代了具体的"意"("主意"或"意志"),而人物或事件的面目都因"像素"低而模糊不清,"英雄"被抹成了大花脸。

后现代则要求深入细节,重返个性化。这时的关注对象从"英雄"及其业绩、帝王及其政治军事行动扩大到普通人或下层人的社会关系、文化创造、深层心理或日常琐事。后现代的历史学要求那个 Da- 即创造过程成为范围广泛、每时每刻、事事处处发生的,能给普通人的生活以印证或参照。所以海德格尔谈到的"物"包括石桥、黑森林的小木屋,还有凡·高画上的农鞋,也都是些平凡之物,是平凡的创造与发现。后现代的深刻和大局观是体现在丰富的细节背后的。

在后现代的社会中,一方面是艺术创造的个人属性被充分强调,并刻意以立法加以保护;另一方面历史关注活动的主体无限扩大,因而有了广泛而持久的国际旅游和文化旅游,有了对古迹古物的巨大发现热情;博物馆成了世俗宗教的庆典场所,在这里度过的就是让真理显现让人们直面真理的神圣时刻。尽管我们可以看到的史迹当中真正属于普通人的还不多,但现在人们是在与历史上具体的文化创造者(Dasein)窃窃私语,进行私人间的沟通。这时的 authenticity 即真确性价值强调了对创造者的个性和以个体生命为基础的特殊创造过程的尊重,这里也有我们对真理和美的一种不懈追求和坚定信念。

这里我们又一次看到价值的某种独特性:任何事物的价值都是在评价中获得其数值的。希望观赏的人数增加了,文物的价值水涨船高。尤其正是在这些"物"的持存和人的持续关注当中,那个 Da-、ex- 或 to be 的瞬间也变成了过程,成了 being。

当然,符号的能指即其物质载体也会在岁月中磨损、流逝,因此,越是古老的符号能指就越珍贵,也就具有越高的真确性价值。于是对 Da- 或 ex- 的尊崇使真确性价值指向了各个时期"筑造物"或制品、文物的第一件，起码在同一制品的重复制作中，真确性价值随时间排序递减；反之随着某种制品的不断减少其价值递增，最后一件价值最高。

在这种形势下，真确性价值也孕育了一种文化伦理或者美德：在纷攘的文化场所和复杂的对话关系当中，众多主体在价值观上最好也保持一定程度的多元，描述上尽可能中立或略带自我调侃，以免冒犯他人的选择权。面对那些寂静的言说者（即遗址或是文物），我们不仅会有更多自信，也有了一种倾听与呵护的责任、一种承诺。反之任何对它不承担责任的人将被认为是不可信赖的。这样的人或是一个藐视他人的暴君、恶棍，或是一个缺少教养、随波逐流的无根者，一个扫兴或亵渎的人。

前面提到过，思罗斯比说真确性价值是附加在其他价值之上，或与其他价值并列的，我们对此有疑问。现在由于我们引进了文化制品的符号结构理论，我们又将符号能指负载着的真确性价值追溯到了存在论的基础上，所以它恰好应该是其他各种由符号所指蕴含的价值的基础。古语云："皮之不存，毛将焉附。"真确性价值就是这里说的"皮"。它并不存在于其他价值之上、之列，而是在它们之下。

二、遗产产业实现可持续发展的三重目标

（一）展示传播：遗产产业化的基本方式

说明了真确性价值的重要性和在符号结构中的地位，文物遗址作为遗产产业的资源的独特性就说清楚了。这种资源从根本上说就是文物、遗址作为符号的能指及其真确性价值；其他种种所指与价值都是负载于它之上的。但我们前面说文化产业的基本运作模式是复制传播，而文物的复制恰好无法传递其能指的真确性价值，因而除了贩卖文物这种传播总像是隔靴搔痒。其实不然。文化产业的传播主要有两种方式，在复制传播模式之外还有一个展示传播的模式。

应该说，这两种传播相辅相成，大众文化消费的热情已经把世界上各种各样的博物馆卷入了文化产业的行列。随着广播电视业的兴起，美国的博物馆、画廊数量在20世纪60—70年代迅速增长。一些古老的博物馆或以高雅艺术相标榜的美术馆如纽约的古根海姆美术馆先后也都采纳了某些商业化经营的模式。已经有一些统计表明，相当比例的旅游者在抵达目的地后立即就想光临当地的某些博物馆[①]。博物馆就是典型的以展示传播为基本方式的文化产业部门。

展示传播与复制传播的不同之处在于，后者是以高科技复制品的低廉单件成本打开市场，完成传播目的；前者则是将高价收藏的艺术精品及其展示权做时间单元切分，以相对低廉的入场券吸引消费大众。在满足公众对文化产品真确性价值的热望方面，什么方式也比不了展示传播。展示的强项在于开放了重大历史或文化事件的"现场"，并让所有趣味盎然的出席者"到场"。"出席""到场"也是"存在"（to present 或 being）。此外，"原物"永远具有比复制品更高的完整性（integrity）和更丰富的细节。

面对如潮的观赏热情，展示传播无疑还有许多问题需要解决。但前面的分析已经给出了一些重要的分别。首先是符号的能指所指相对可分，文化符号的各种价值也相对可分，起码可以分别处理，例如文物的真确性价值我是通过展示传播出售给你的，而其他各种价值则既可以是在展示的同时向你传达的，也可以是通过其他复制品向人们传递的。这就说出了一个更重要的分别，即遗产不直接等于产品。任何具有高质量唯一性的文物或艺术精品与以商品或准商品提供给消费者的产品或服务之间有一个清晰可辨的空间。文化产业没有直接切分或耗损（depletion）作为资源的艺术精品或文化遗产本身：在复制传播中它提供的是复制品；

---

① 网上有消息说：根据美国旅游业协会（TIA）1998年的统计，有53%的美国成年游客在抵达其目的地后即开始筹划自己的活动，约有26%的游客就打算立刻访问一家当地的博物馆。

在展示传播中它提供的主要是其真确性信息甚至仅仅是它的视觉形象。只要原件本身被好好地保存住，传播就永远是可持续的。我们可以通过技术保护措施将文物原件制作成可展示的产品和服务，然后对后者进行销售与商业交换。

这就是说，具有全部真确性价值的艺术杰作或文化遗存对于文化产业来说只是可资利用、开发的文化资源，而不应成为直接出售的商品。文化产业与传统制造业的最大不同就在于，其资源并不必然完全转移到产品中去，作为符号存在的文化资源在商业化意义传播过程中甚至可能做到能指本身完全不转移；符号能指及其真确性价值的完全保护保存刚好可以成为长期经营的条件。这才是文化产业和文化遗产开发利用的可持续发展模式得以成立的基础。

这里的意思不是说文物绝对不能卖，而只是说与普通文物不同，那些具有高质量唯一性的重要文物或遗址价值连城，在市场（包括拍卖行）上不可能实现自身全部价值。否则我们怎么叫它们无价之宝呢！无论怎样的一个大价钱，以无穷大为分母就毫无意义。假如我们相信这样的文物精品是无价之宝，人们对它的需求将千秋万代地保持下去，那么我们就得承认，现实的有效需求永远低于其使用价值的总和。这样的拍品到最后无非是由经济实力足以将其他人都排除的竞拍者以最低价将其购得，因而他日后稳获拍品的增值效益。在这样的拍卖中，文物出手者永远显得是破落户，是败家子。

这里应该强调的是，文化遗产的资源化只能是在市场化的过程中实现的。不发展文化产业，文化遗产就永远不会成为资源，不会被当作资源对待，不能形成各种知识产权，公众的文化权利也无法得到落实；而继续将文化遗产当成国家的专属库藏已经遇到种种尴尬并难以为继。与此同时，作为资源的文化遗产毕竟是非常有限甚至极其稀少的，在市场化和全球化初期，文化遗产资源的发掘权、所有权、使用权及初期转让及真确性价值的营销是最敏感的问题，甚至会成为国与国之间涉及复杂民族情感的长期历史问题。这一点不可不给予更多的关注。

（二）可持续发展的原则及对我国遗产产业发展的迫切性

1. 我国遗产产业实现可持续发展的迫切性

工业文明在20世纪70年代开始遇到资源和生态方面的极限，"可持续的发展"才是人类唯一正确的选择。由于在能耗和环境影响方面表现出一些优势，我们说文化产业的兴起已经为工业文明的可持续发展做出了示范。但是严格地说，文化产业尤其是遗产产业发展本身也有个可持续或不可持续的问题值得探讨。未经充分前瞻性思考和市场规范化建设就一哄而起的短期商业行为将使珍贵的遗产资源连同其真确性价值毁于一旦。这个问题对于急急忙忙进行追赶的后发国家来说就更是一个迫切的问题。

中国宝贵的水资源和森林资源几乎是在其农业文明阶段就已经被破坏殆尽；而在其工业化进程中，矿产资源的掠夺式开采同时破坏了环境；大量粗劣的化肥、农药毁掉了土壤结构及全部高产农产品的质量与安全性。现在，所剩不多的优美自然景观已经一律被当作旅游资源看待；而低水准的开发、超过景区承载能力的游客和野蛮的旅游模式已经导致了像丽江、大理和张家界这样的旅游资源迅速退化，甚至面临彻底毁灭的危险。因此当我们讨论文化遗产的开发利用问题时，理所当然地引起了诸多人士的怀疑和忧虑。对此我们甚至应该庄严承诺：决不让不可持续的发展成为"硬道理"，而只让可持续的发展成为硬道理。

2. "可持续发展"的道德基础和实施原则

所谓可持续发展或可持续性（sustainability, sustainable development）按"世界环境和发展委员会"（或叫"布伦特兰委员会"）的定义就是"满足现在的需要，同时不牺牲下一代满足需求的能力"。将"子孙后代"提前带到我们面前不仅是要我们看到一些环保技术或经济增长策略，而且要诉诸我们的伦理意识：世界是我们的，也是他们的；我们必须把属于他们的那一份留出来。这才使我们面对自然、资源或生态的时候也具有了一种伦理责任。

有经济学家将可持续发展的思想具体化为各种经济准则①，我理解的可持续性原则包括下列四项：

（1）保留原则

与没有穷尽的"他们"（子孙后代）相比，"我们"只是微弱的少数，因而"我们"所拥有的自然本来只是很小很小的一部分。那些已被侵占的部分应逐渐退还；如果可能，也许应当永久保留一片"原始的、不被触动的自然"。

（2）内涵式发展原则

我们只能靠对属于我们的有限自然进行深度开发和有效利用才能满足我们更多必要的消费需求，在这个意义上原则可以称为效率原则；但同时我们还强调消费中充分的精神性的意义体验。这是持续增长的唯一可能方式，也是尽可能多、尽可能快地实现退还的必要前提。

（3）无污染原则

在理想的状态下，所有的生产和消费将实现零排放，不产生连带副作用。

（4）救赎原则

我们有很多错误已经无可挽回，因而我们必须拿出更多的虔诚来处理未来的事物，对竞争关系中的弱势一方（无论是自然界物种还是特殊人群，通常首先表现为不善言说者）有更多善意，以表达我们对历史责任的担当。

这四项基本原则不仅适用于处理人与自然的关系，也将使用于处理这两极之间的各种关系，如人与文化遗产的关系。可持续的文化遗产开

---

① 如世界银行的赫尔曼·戴利就有一简洁的三项原则：1.可再生资源的使用率不超过它们的再生率；2.不可再生资源的使用率不超过可持续的可再生的替代物的开发速度；3.污染排放率不超过环境的吸收能力。T.梅多斯：《超越极限》，赵旭等译，上海译文出版社，2001，第217页。

发利用模式就将从这里出发。

在文化遗产保护利用问题上,这四原则中保留原则仍是基本前提。我们应该承诺,所有的历史文化遗存不仅属于当代人,也属于未来的人类,因而我们在保护和向下遗传的责任远远大于我们使用和消费它们的权利。这里的特殊性在于,人类生存的空间已经非常有限,过多和不加选择地保留各种遗存也会成为负担,因此历史遗存的保护应主要考虑对特定文化层面的典型意义系统的保留,其保存原则是完整性及最小值。考虑到文本与语境之间的复杂结构联系,各种符号遗存在真确性价值保存上说整体大于部分之和,遗址、整体格局的保护应优先于零散文物的保护。由于人与遗产的关系是位于人与自然的关系之中的,因而这时的保留原则同时是一种经济原则,也要符合人与自然关系中的内涵式发展原则。防止污染原则既包括技术的方面,也包括学术解释的方面;而救赎原则更涉及国际政治、国际合作和许多经济安排的规则问题,兹略。下面应该着重讨论的是内涵式发展原则。

(三)遗产产业内涵式发展的三个目标

我们相信,与物质遗产及其私人继承与占有方式相比,文化遗产更适合作为公共产品存在;而与复制传播相比,文化遗产的展示传播具有更好的传播效果;展示可分为原地展示和迁移展示、室内展示和户外展示,因此与文化遗产展示传播直接相关的文化产业有文博会展业和旅游业。据此我们可以看到,文化遗产开发利用的内涵式发展的基本目标无非是如下三个:

(1)使展出时间无限延长;

(2)使向单个参观者提供的展示时间单元相对变短,而单位时间接待的参观者相对增加;

(3)使展出物的内容(意义)得到彰显、充实、整合,使展示更具感染力,观众的体验和理解时间变长,展示质量提高。

这里第一个目标是数量方面的，着眼于文物持存年代绝对值的最大化；存在及展示年代久远可能见到它的人自然就会多。第二个目标是效益方面的，着眼其于有限持存年代里可能与之谋面的观众人数最大化；与此同时，展出影响的扩大带来门票收入、捐款赞助等的增加，进而促进了保护和展示技术的研发。第三个目标是质量方面的，着眼于观众在有限时间内直面文化遗产时所获得的内心感悟最大化。

（四）遗产产业可持续发展的三重任务

与这三个目标相对应，我们就有了三重任务，它们也是遗产产业可持续发展的三项主要工作，乃至三重境界：与文物持存年代绝对值最大化相关的是技术性可持续；与观众人数最大化相关的是经营性可持续；与观众内心感悟最大化相关的是解释学可持续。

1. 技术性可持续

为了使展示成为可能，对文物或遗址即各种文化符号能指的物质保护是基本前提。无论多么坚固的物质，都会在无情的岁月中消逝。按照海德格尔的说法，我们这些终有一死者正是通过物的筑造而与死抗争，由于筑造物或创造物的持久存在，短暂发生的 Da-、ex- 或 to be 才成为 being。大地既是"涌流者""开花结果者"，也是"承受者"，它不断将那些被"开显"出来的东西重新遮蔽起来，掩埋掉。而我们作为人，就不仅要不断地开显，使自然的各种可能性变成现实，而且也要"保藏"。对作为开显"物"的文物的保护、保藏就是对真理的第二次开显，是对原始的（无意识的、非刻意的、不作为对文物的）保藏即持存的第二次（刻意的、明确作为文物的）保藏。在这个意义上，"绽出的此在是固执的。"[①]

真确性价值附着于文化符号的能指之上，建基于该载体的自然属性。

---

① 海德格尔：《海德格尔选集》，孙周兴选编，上海三联书店，1996，第230页。

文化遗产作为资源不仅是不可再生的，而且是无可替代的。明白了这个道理，所谓文物保护首先就是要保护这种负载了真确性价值的物质遗存。除了使其免遭人为破坏，技术性可持续就是要使文物遗址在人为条件控制下持存时间长于在自然状态中的消散。我们应能测定出文物、遗址等在自然状态下的消亡速度和时间参数，以衡量我们各种保护技术的有效性，也让它成为衡量其持存时间最大化的基点。我们可能不得不找到各种使文物与水、氧、光或热的隔绝技术。

对文化遗产的技术保护措施在社会面前经常是很软弱的，反之它是在社会的共同支持下才会行之有效。因此文化遗产可持续利用模式的形成意味着一整套社会制度即人文技术的形成。作为一种人文技术，它涉及的是对人的文化权利的分配。保护文物、保护历史文化名城等主张当然不能仅仅停留在专家或政府的口头上，也要成为社会各界的共识，但这种说法之所以缺少效力也在于其伦理内含的缺乏。文物及遗址的破坏固然可恨，但因此就将文物封闭起来，让它们永不见天日，不能与公众见面也是令人接受的、有损公众文化享有权的；而且这样做同样使文物丧失了它的绝大部分功能和价值。我们没有权利禁止历史的交流和对话，要允许那些无声的言说大声发言，也要允许人们近距离倾听。正如毁坏文物是一种暴力，将文物人为地禁锢起来也是一种暴力。因此，文物保护技术的发展是由种种伦理原则及相应的人文技术支撑着的。社会的文化、文物需求最终推动着保护技术的研发。

2. 经营性可持续

保护技术的开发和更多文化遗存的保护都需要日益增多的财政支持，这种财政压力对于发达国家的政府也是相当沉重的，因而博物馆业的市场化是一种趋势，虽然有相当一部分博物馆是作为非营利机构运作。这种运作将筹措到文物保护设施的部分资金，或起码会使尽可能多地展示活动本身成为可持续的。这是文化遗产开发、利用的第二层意思。这方面我国也已经有一些启发性案例值得留意。

2000年4、5月间，在各种舆论和行政渠道干预无效的情况下，"保利"集团斥资约3000万港元，先后自香港克利斯蒂拍卖行和索思比拍卖行购回3件圆明园流失国宝：青铜牛首、猴首和虎首。这个竞拍行为及文物拍得后的展示活动带有相当公益性质和民族主义色彩，但它说到底还是一个商业行为，这些文物的所有权或起码是收藏权完全属于保利集团。与此同时，我们也可以换一种思路，将其理解为企业参与文化产业经营的尝试，因为事实上保利集团已经购得这些文物的展示权。企业无非是以其雄厚的资金事先垫付了日后陈列的票款收入及适当利润。

同样的例子还有上海联洋土地发展有限公司以100万美元的价格从法国方面购得罗丹的雕像《思想者》（历史上少数几件编号的翻铸品之一），让其永久落户上海浦东罗丹广场做开放式展示。这件事不仅提升了联洋公司的社会知名度和信誉度，还直接改善了附近住宅小区的居住质量。从另一个角度看，公司是将艺术品作为小区业主的共同财产购置的。这样做或者可以抬高商品房的价格，或者可以让利于业主以赢得市场竞争。

我们的博物馆、陈列馆往往不这样想，他们习惯按传统的方式思维。观众人数少他们总是埋怨公众文化水准低或领导部门未给予行政支持，比如未发文要求组织观看等，而不愿意检查自己的展览内容、布展形式和经营理念方面的欠缺[1]。这里就有一个经营理念的差别问题。商业化经营是需要人气的，因而出于这种商业目的，恰恰是它要讲人性化服务、人性化设计，从展示内容安排、布展形式和营销策略都会很细致地考虑，

---

[1] 美国一些博物馆的经营方式对他们有启发意义。网上的材料介绍说，"9·11"事件发生后，美国得克萨斯州的奥斯汀儿童博物馆迅速发E-mail给他们所有儿童会员的家庭，告诉孩子们在遇到恐怖事件时该怎么做；短短一个小时后，就有家长回信说，非常感谢博物馆的做法。博物馆则表示，他们做的只是些小事，但如果大家都这么做，对社会和公众的益处就是很大的。我想我们现在的博物馆尤其是那些老牌高级别的国家事业单位是不理解别人的做法的。我们的博物馆恐怕连向路人提供如厕的方便都不情愿。

对市场需求敏感，同时具有精确的调查和推算，这样才会取得成功。而我们那些博物馆领导和管理部门恐怕是不想这么多的，比如我们的博物馆是否想到要向周围社区发展会员，对会员参观提供票价优惠，因为这样的安排才更容易使会员倾向于将自己的客人引到博物馆来。目前，北京市也有多家博物馆的年票推出，但这种安排似乎还没有对游客及本地居民形成足够的吸引力。

展示博览业产业化运作的政策考虑应该是全面、彻底的，应该能够考虑到所有利益相关人的权益。比如对于建设工地无意发现遗址、文物的情况应以政策鼓励施工单位主动保护甚至进而以适当形式开发经营这些文物，像北京王府井东方广场地下的北京古人类遗址及博物馆的设计规划和日常经营就不应该仅仅依靠业主的赞助。

当产业化经营提上日程的时候，可持续的模式还要求有一个关于有关文化遗产展示场馆的承载力参数，例如应确定当保护技术措施使得文物持存时间超出自然毁损极限多少倍时算达到对公众陈列标准，而对于不同的陈列条件其单位时间里的观众最高承载力是多大。这是我们衡量观众人数最大化的基点。

3. 解释学可持续

通过模仿进行学习是教育存在的前提；文化制品的可重复消费特性是文化产业与传统产业相比具有可持续特征的根本原因。但与此同时，理想的教育是以模仿方式传授知识为契机，培养、调动、唤起被教育者的创造热情与创造力；同理，文化消费大众也在不断重复的观赏过程中被调高了口味，他们不仅要求新鲜，拒绝没完没了的重复，哪怕有时对雷同和俗套的拒绝仅仅换来了更强的感官刺激，而且要求它们成为自己理解和改造生活的教益与探索方式。事实上这里已经清楚地显示出文化要求持续创新、要求回到生活、要求重新成为创作冲动与行为的实践特征。文化的本质就是创新，就是那个 Da- 和连续不断的 Da-。今天的问题是：文化的这种创造动机是否可以在市场化甚至"后现代"的市场当中实现？

　　知识经济的现实、文化产业的崛起已经清晰地表明，文化完全可以成为强大的市场竞争力。不断地创新、产品的升级换代是以大规模复制技术为基础的现代文化产业生存发展的基本方式。这时，一个相反的动机出现了：如果说市场让文化有些许"铜臭"的话，那么文化也会给市场带去几缕"书香"。商业动机、利润最大化动机要求认真地研究消费者的文化需求及其走向、文化的社会功能及对个人行为的影响，要求研究创新的种种可能方式，要求了解文化的多元存在原理和可在不断解释中得到意义扩充的道理所在，甚至必然地要相文化的原创方面投入，鼓励可供复制传播的新作品出现。这时我们就应具体地考虑，人类社会中的文化功能究竟是在怎样的市场机制下实现的？

　　文化产业容易造就通俗的大众文化，起码是在其较早时期。法兰克福学派曾批评这种比较粗俗、均质化甚至代表了资本主义意识形态对大众进行麻痹和控制的文化。"文化工业"（culture industry，即"文化产业"）一词的发明者阿多诺曾说："现代大众文化的重复性、雷同性和无处不在的特点，倾向于产生自动反应并削弱个体抵抗力量。"① 但已经有学者指出，法兰克福学派对文化产业的批评①是技术决定论的；②有居高临下的贵族化艺术取向；并且③仅仅针对以广播电影电视技术为代表的"播放型传播模式（broadcast model of communication）"时代的状况。该作者认为随着"第二媒介时代"即因特网时代的到来，情况会发生一些变化②。

　　在某种意义上说，同样尚未见到网络成为时尚的美国学者戴安娜·克兰（Diana Crane）对文化产业尤其大众媒体的看法更有见地，她将传播

---

① 马克·波斯特：《第二媒介时代》，范静哗译，南京大学出版社，2000，第7页，"电视与大众文化的模式"。
② 马克·波斯特：《第二媒介时代》，范静哗译，南京大学出版社，2000，第3—28页。

媒体分为三类，①全国性核心媒体，包括重要报纸和影视；②边缘媒体，包括书刊、广播录像等；③都市文化，包括音乐会、展览、博览会、戏剧表演等[①]。进而她看到，核心媒体的受众是"异质性的"，即所谓没有城乡、工农和阶层差异的大众传媒对象；边缘媒体的受众是以生活方式的近似划分的，具有地方性的特点；都市文化的受众是按阶层划分，甚至是有圈子、相互相识的。再进一步她发现，"新思想和新形象往往始自于核心领域之外的边缘和地方领域，其中少数会被核心领域吸收。在核心领域的边界，存在高度的'喧哗声'，这是大量个体和组织争相进入核心领域的活动的集中体现"；而在相对精英倾向比较强的都市文化中，最容易产生文化创新[②]。

克兰研究的意义在于她看到，尽管文化的市场化有它的问题，但由于有媒体及其受众的分类或分层，市场中的文化创新、观念更新仍然可能发生，高雅的东西会逐步地浸润整个社会，提升普通大众的文化素质。事实上，包括19世纪批判现实主义作家的小说和法兰克福学派几代思想家的社会批判都是通过作为文化产业或传播媒体的图书出版发行环节实现其深远而长久的影响的。

在兰克的分类中，文化遗产的开发利用及其展示应该在"都市文化"范畴当中，具有比较高的文化位势，相对来说也比较"小众"，但它在携带大量文化信息进入大众文化市场的势头仍然是可以看好的。随着大众旅游和发达国家博览业的兴起，已经有越来越多的人认识到文化遗产对于当代人的生活及全球化的经济具有怎样的价值。这些已消逝社会的"剩余物"是我们这个复杂社会的一个组成部分、一种精神资源和滋补品。我们的博物场馆已经和正在成为日益世俗化和多元化的社会中的"准

[①] 克兰：《文化产业：媒体与都市文化》，赵国新译，译林出版社，2001，第7页。

[②] 克兰：《文化产业：媒体与都市文化》，赵国新译，译林出版社，2001，第11页及第6章。

教堂"①。

这样的趋势也给文化遗产开发利用提出了一个更高要求,我们必须将传统上基本被安置在教育和科研院所中的人文学者请出来,让他们对这些支离破碎的"遗存"进行"复原"、解释和补充;让有限历史符号能指的整体语境重现出来,将其所指即其文化意义或内容得到充实,从而使观众在有限的展品面前做短暂的逗留后,产生丰富的体验,获得更广泛的知识与教益;使这些过去历史的沉默"遗迹"重新发出人们可以听见的声音,使它重新成为活的文化传统。这就是文化遗产永续利用的第三种含义:解释学可持续。我们也应该建立起相应的参数,如根据文物展品和展馆新增内容的比、观众在馆逗留时间和多次来馆的统计数据、展馆相关印刷音像制品销售额(这时它有效拉动相关媒体或产业的发展)及参观人数的增加(与旅游业增长相关)等,说明展示质量的提高,找到可以衡量内心感悟最大化的测量基点。

(五)遗产产业可持续发展的理想模式

现在,文化遗产永续利用或遗产产业可持续发展的最高境界或理想模式其实是很清楚的,无非是上述三重任务同时实现并相互促进,并最终促进一个可持续社会的生成。没有技术性可持续,这个产业根本就无法形成;没有经营性可持续,保护技术的开发都难以为继;没有解释学可持续,产业经营就失去方向失去魅力,同时失去消费需求与市场。

就中国目前的情形而言,技术性可持续的重要性自不待言,然而相关技术发展不充分的症结在于资金的拮据,因而经营性可持续是一个关键的环节。我们整个社会正在向市场社会过渡,凡是实质上还处于原体

---

① 记得看过一个材料说,本雅明在十月革命后不久到过俄国,对那里的教堂留下了深刻的恶劣印象,认为里面的圣像等等苍白、散乱、粗劣,说整座教堂"就像一座博物馆",意思是说由于信仰受到了压制,教堂里本该有的精神的凝聚力、生命力没有了,本来应该能使神显像的媒介物现在成了凌乱的摆设。我们现在正好是将这两者的关系反过来说。

制下的单位都面临巨大的困难。而从整个社会发展和人的觉醒的历史进程上看，市场环节的加入才可能有效地保障公众的文化权利。在国内与文化遗产相关的行业上，旅游业的改革起步早，市场化程度已经比较高，经营意识和开发动机都比较强；而文物发掘和保护部门则至今还没有形成新的思路，文博部门的情况与后者接近，至多是搞了一些与文化相关的多种经营，被叫作"以文养文"。实际上是以彼一"文"养此一"文"，以副业养主业。其间的被动和窘态是可想而知的。尤其可以注意到的是，这两个市场化改革有差异的部门在整个社会的市场化进程中正不断发生一些冲突、争吵和"博弈"行为。

进而，一些改革冲动比较强烈，多少冲破了制度约束的文博单位往往会犯浪费乃至破坏资源的错误，而且经营上仍嫌粗糙。这里的问题在于，有关单位并没有按照真正的文化产业组织的方式去改造原有的单位体制。新经济中的文化产业组织都有一个显著的特点，即生产制造环节的比重越来越小，而研发、设计与营销、策划部门越来越大；从业人员的文化素质越来越高，还通过在职培训不断为脑力"充电"。这种"头脑"部分越来越大的产业组织甚至还不能满足对其拥有的智力资源的调用，还通过各种与知识产权相关的制度安排，从大学或科研院所租用"外脑"，满足各种营销计划实施的需求。这类经济组织的发展不仅可能带动同类文化产业部门的发展，甚至可以与传统产业进行合作，促使其实现产业升级，将其代入新经济的行列。而我们目前的一些文物或文博部门除了普通工作人员素质差，不能适应社会发展要求外，高级人才组合上有缺项，经营人才匮乏，没有经营理念。

这样我们就看到，经营性可持续在可持续发展的三层含义中占据了核心的地位：经营上可持续既可以保障遗产保护技术的研发和使用，又可能组织相当一部分高级研究人员做新产品开发，从而使自己的经营上到解释学可持续的层面。目前一些文博单位多少已经开始了这种尝试，位于北京的大葆台汉墓博物馆推出的模拟考古项目以很高的人文知识含量吸引了大批青少年学生。应该说，这个经营思路还有很大的可扩展空间（包括向虚拟方式的延伸等），关键是要克服追求"现得利"的短期行为，真正按营销的思路设计完整的市场战略和市场链。

但说到底，遗产产业可持续发展的灵魂在于解释学可持续。黑格尔在《精神现象学》接近结尾的地方，有一段充满诗意、不无哀伤又迅即升华的文字，就好像是专门为今天的文物博览业所写的。他说这些文艺遗存：

> 是已经从树上摘下来的美丽的果实：一个友好的命运把这些艺术品传递给我们就像一个美丽的少女把那些果实呈现给我们那样。这里没有它们具体存在的真实生命，没有长有这些果实的果树，没有构成它们的实体的土壤和要素，也没有决定它们的特性的气候，更没有支配它们成长过程的一年四季的变换。同样，命运把那些古代的艺术品给予我们，但却没有把它们的周围世界，没有把那些艺术品在其中开花结果的当时伦理生活的春天和夏天一并给予我们，而给予我们的只是对这种现实性的朦胧的回忆。

所以，黑格尔认为文博展示：

> 这类活动类似于从这些果实中擦去雨珠或尘埃，并且在环绕着、创造着和鼓舞着伦理生活的现实性的内在因素上建立了它们的外部存在、语言、历史性等等僵死因素之详尽的架格，这并不是为了让自身深入生活于它们之中，而只是为了把它们加以表象式的陈列。

果真如此，文博展示的意义何在呢？黑格尔笔锋一转：

> 但是，正如那位把摘下来的果实捧出给我们的姑娘超过那个提

供它们的条件和元素、树木、空气、日光等等并且直接生长出它们来的自然界，因为她是以一种更高的方式把所有这些东西聚集到具有自我意识的眼神和呈递的神情的光芒中，同样，把那些艺术作品提供给我们的命运的精神也超过了那个民族的伦理生活的现实性，因为这个精神就是那个外在化于艺术作品中的精神的内在回忆——它是悲剧命运的精神，这命运把所有那些个别的神灵和实体的属性集合到那唯一的万神庙中，集合到那个自己意识到自己作为精神的精神中。①

这里，文博展示业或叫遗产产业的目的要素出现了。解释学哲学家伽达默尔看到了这段话的解释学含义，他称赞说："这里黑格尔说出了一个具有决定性意义的真理，因为历史精神的本质并不在于对过去事物的修复，而是在于与现时生命的思维性沟通。"② "与现时生命的思维性沟通"说明了在理想状况下，文化遗产产业的基本社会功能。这种"与现时生命的思维性沟通"才是需要不断持续的，是它向包括遗产产业在内的整个文化产业提出了"可持续发展"的道德律令。

---

① Hegel、Georg Wilhelm Friedrich：《精神现象学》〔下〕，王诚、曾琼译，商务印书馆，1979，第231—232页。
② H.G. 伽达默尔：《真理与方法》，洪汉鼎译，台湾时报文化出版企业有限公司，1993，第237页。

民族手工艺产业发展传承需要市场政策扶持①

2013年文化中心与国家民委连续多年开展的民族地区文化发展调研的主题被确定为"文化产业与民族地区文化创新发展",具体路线则被锁定在云南的大理、丽江及贵州的黔东南自治州。半个月的调查行程我们的关注焦点有两个:少数民族民间手工艺发展状况及民族地区古镇的旅游开发状况。关于后一个问题本文暂不涉及。

雨季里十余天时间,除先后召开六七场座谈会和一系列古镇行,调研组集中到访了少数民族手工艺产业厂点共计十余个:大理的大理石厂、大理周城的扎染坊、鹤庆新华村若干家金银铜饰家庭作坊、剑川的古典木雕家具厂、建设中的剑川木雕产业园区及若干家庭作坊、贵州凯里民贸民品企业厂区和批发店、丹寨县石桥村传统土法造纸厂、丹寨县的蜡染企业等,在昆明期间还重点考察了民族村中几位民间手工艺大师的展示点;调研中与有关民间艺人、当地各级干部简单交谈,总之只是走马观花、浮光掠影,远远说不上深入细致。但反过来说,由于这次调研与云南大学文化产业研究院展开合作,整个云南段的线路设计极为有针对性,行前或途中得到一些文字资料,过程中也有些许理论上的探讨,因此见闻、感受相当充实。而在贵州所见相关民族手工艺产业发展状况也与云南的情况构成相互比照和印证,深化了对这次调研主题的认识。

在这次调研中我获得的一个明确印象是,由于对少数民族民间手工艺乃至整个少数民族文化发展的认识有局限及不同理解,各地方政府的

---

① 本文发表于国家民族事务委员会文化宣传司、中国社会科学院文化研究中心编:《中国少数民族文化发展报告(2014—2015)》,社科文献出版社,2015。此次结集略有删改。

相关扶持政策有缺失，因此这些手工艺产业没有得到充分支持，也没有形成期待中的产业规模，没有形成强有力的产业品牌，有的甚至仍然处于自生自灭的状态之中。具体地说，各地很少有与各少数民族经济社会发展阶段相匹配的、自觉的市场培育政策措施，因此很难真正促进这些民族手工艺产业的健康发展，做大做强；也无法有效地助推当地少数民族社区及其文化的发展创新与传承。这种局面应该尽快改变。我的简单分析如下：

一、现状与特征

云南大学文化产业研究院的学者对大理－丽江地区的民族民间手工艺发展有多年的跟踪研究，并倾向于认为那里已经形成了一个西部地区特色文化产业集聚。除了我们实地看到的手工艺品种，该区域还有下关的沱茶、剑川的石雕、丽江的土法造纸和皮具等多种民族民间手工艺产品生产。云南省民委木桢巡视员的座谈会汇报材料提到："民族民间工艺方面：全省生产销售企业发展到7000多家，涌现出了建水紫陶、鹤庆银器、会泽斑铜、永仁石砚、个旧锡器、大理石器等工艺品牌，建成了鹤庆新华银器村、腾冲荷花玉雕村、石林阿者底刺绣村、剑川狮河木雕村、大理周城扎染村和昆明民族民间工艺品交易市场等一大批专业市场和生产集聚地，年销售额超过80亿元。"显然，民族手工艺产业的发展在云南各地具有一定的普遍性。

鹤庆县的汇报材料中介绍说：新华村"有工艺品加工户987户，占总户数的76.2%，从业人员1600余人"；"2012年全村经济总收入10852万元，其中工艺品加工销售收入8845万元"，并因此使全村"农民人均总收入10900元"，大大超出全州"农民现金收入5689元"（见大理州民委汇报材料）的平均水平。剑川县的汇报材料则说："2012年，全县从事木雕产业人员7000多人，有专业生产厂家15家、个体经营户

1500户，木材初级专业市场4个，品牌商品34个。……2010年全县木雕工业总产值首次突破亿元大关，2012年实现工业产值2.2亿元。"云南大学文化产业研究院提供的材料还提到："目前（下关市）喜洲镇周城村有18户经营扎染，直接从业人员79人，2011年产值为7620万元，上缴税金1.2万元。"这些数据表明，民族民间手工艺生产及流通在云南这样的边远民族和欠发达地区不仅有较多留存，而且对当地社会经济的发展起着有力的推动作用。

云南大学文化产业研究院的多项研究认为，大理—丽江地区民族手工艺产业的兴盛有其特定的历史原因，如滇中地区温和的气候带来相对发达和富裕的农业文明（白族民居强调文化装饰的特点在全省是较为突出的）；南方丝绸之路与茶马古道的交汇带来深厚的手工艺传统和商业文明（不同民族的生活习俗中蕴含了对其他民族地区物产的依赖）等。更为重要的是，改革开放30多年来，在国家市场经济发展和国际旅游时尚兴起的大潮中，在交通不断改善和人口迁徙便利的条件下，有着手工技艺和经商传统的当地居民自己慢慢摸索到了利用传统技艺致富的门道，并逐渐形成了规模；在一定程度上，他们又恢复了自己曾有的生活方式与文化传承，而在这个过程中，地方政府并未进行过多的干预。这些云南学者还倾向于强化这种民族地区发展模式，让这种"社会化小生产"自然地发展，也让这些少数民族能够按照传统的生活方式生活下去，并因此使他们的文化尤其是各种"非物质文化遗产"得到更本真的保护。显然，这是人类学家的一种典型思路。

这些学者还认为，当前对这些手工艺产业及艺人家庭收入的统计数据并不真实，或者说工匠们对自己的收入有较大"埋伏"。我们调研中的一些感受也证实这种估价。但这些学者同时相信，这样的模糊没有什么了不起，甚至更有利于"藏富于民"。的确，中国东西部省区的发展似乎都伴随这样的现象。

二、研判与诊断

  但是我对当地及国内其他地区民族手工艺产业发展的认识及判断和上述看法有些差异。我更强调变，变就是发展，是历史的辩证法。

  首先，静态维持的保护思路不一定适宜。我认为作为任何民族生活的文化是流动的，理论才把它相对固定住，为的仅仅是对它有反思和理解；同理，作为民族文化符号的创作过程包括技艺是生生不息的，其产品或符号形式相对固定，有相对明确的物理存在方式。因此，我们应该从发展的角度看待民族手工艺生产活动，看待一个民族的历史现实，弄清"保护"的含义和最佳方式。我以为，尊重一个民族内在的发展动机，顺应并推动发展较慢民族加速发展才是最好的保护。当然，希望各民族的发展能更可持续，其发展中的内外部关系更和谐是一个更高的境界，而因自己片面发展的窘迫希望将更多民族拉入单向度的发展也是应该避免的。快不是绝对的好。因此，各级政府的很多政策措施应该具体分析。简单地希望保留民族生活的某种历史形态只是快速现代化过程给不少先行者或文化学者带来的怀旧冲动。

  其次，对我们所见到的各种民族手工艺产业而言，它们自身的存在状态都没有很长的历史，甚至我们应该承认它们对发展的适应性很强。例如，大理周城的扎染恐怕只是近些年来的技术创新，而在它之前，有清晰图案的传统蜡染占有该产业的主导地位（现在贵州丹寨宁航蜡染有限公司的产品图案和蜡染技术更传统，但在染料的处理和织物材料的选择上有所创新）。同样，鹤庆新华村的白族银匠们主要生产的都是藏族居民使用的生活器具及宗教用品，鹤庆有更多的银匠在拉萨从业。剑川的木匠曾经在整个滇中和滇西南走乡串寨，兴建房屋（那时他们从事的是"大木作"）。现在他们的产品成为"大木作"（建筑）和"小木作"（家具）之间的过渡产品，即雕花门窗及附属饰品。这些产品上的图案没有多少少数民族文化或宗教内涵，主要是世俗的甚至汉地的流行题材

（连大理白族民居外墙上书写的也通常是"紫气东来"或"耕读人家"的字样）。至于大理最出名的大理石产品除了一些简单的建材产品外，更是以"创作加工"出具有各种山水画纹样的挂件、摆件为主。凡此种种，都说明这些民族手工艺产业正在为一个更大范围的文化消费品市场进行生产，更多为其他民族为外地进行生产，而且也更多为各种装饰目的即为文化的交流而生产。这是这些传统产业可能继续存在甚至获得新生的机遇所在。民族手工艺无论作为实用技艺还是"非物质文化遗产"本身就是不断流变的。因此我们希望强调，除了少量样本的保留，应该为民族手工艺产业进一步的转变、自觉的转型提供支持。

之所以要如此，还是因为这些民族手工艺产业也面临发展的窘境，在市场和同行竞争格局下，它们面对各种新技术、新材料、新工艺、新工具及其继而产生的新产品的强烈冲击；一些产业的原材料已经变得十分紧缺，需要外地替代品的补充（比如大理石，当地的生态保护政策已经在很大程度上禁绝了石材开采）。因此这些民族手工艺产业能否长期"原汁原味地"持续发展是让人怀疑的。

进而，云南大理以及黔东南的各种民族手工艺产品无疑来自各少数民族一些传统的生产技艺，但这些技艺很少是某个民族所独有的，因此这些产品的独特性应该体现在其文化内容及工艺表现形式方面。产品的文化内容独特性本来是来自民族生活的，相对封闭，但今天，这些传统技艺的承继者们必须考虑将原本为共同体内部服务的手艺用于为大批共同体外部善意的来访者服务，在一定程度上也要满足他们有些"外行"的趣味需求。这方面，传统的工匠们似乎并不十分自觉。体现在传统手工艺产品上的传统内容或文化符号本身就是匠人们代代因袭而来的，他们自己很少需要进行解释和创新，与此同时，他们与外来者也有知识不对称的问题存在。这几乎是所有传统手工匠人的弱项，也是这些产业难以为继的困顿所在，但并非这些匠人们对改变有强烈的抵触。周城扎染也许有其技术上的历史渊源，但当前图案的更多现代趣味来自艺人们在市场中采取的差异竞争战略（这样他们可以把来自外地的差异化产品作为补充放进自己的展销场所，也增加其基本销售额）。

接下来，当这些产品向外部人提供时，在更多的场合是以商业交易的方式进行的。大理、丽江的居民对此并不陌生，反之正是能够处理好不同民族商业往来的种种规范，历史上的茶马古道才持久兴旺。问题是今天，这条"茶马古道"被无限拓宽了，通往了世界，甚至连上了互联网。我们的工匠们还在坚持，并看到了更好的前景，但传统的交易方式和手段今天够用吗？不需要更新吗？！例如他们在本地产品销售竞争激烈的情况下，不得不接受产品被贴牌在外地销售，进而只能参与低端市场的现实。如果上述问题的答案总是否定的，那么谁可以帮助他们？什么可以扶助他们？！

我以为，国家的发展是自觉的，因此各级政府应该发挥主导作用，为当地居民的致富乃至可持续发展提供政策引导和援助。公共政策是政府通过公共服务培育当地市场的首要工具。尽管有经济学理论强调"最小化政府"，希望市场能自发地形成。但另外的经济学家则看到市场或经济只是社会发展的一个层面，而自发的市场也会发生"失灵"。不少发展经济学家或比较经济学家会承认国家、政府在现代化过程中也有一定的经济职能。在偏远的少数民族地区，政府的作用可能尤其需要强调，中央政府的很多扶助、优惠政策也需要通过地方政府创造性的工作得到实施。

政府的政策是方方面面的，我们必须对其进行分析评价。面对云南、贵州等地民族手工艺产业发展的现状，各地政府显然也采取了诸多政策措施予以扶持。但从目前我们调研得到的各种文件看，各地政府的政策措施有一些明显缺失。人们常说政府的公共服务不要缺位、越位或错位，在现实中这几种情况常常是伴随发生的：一种正确的政策缺失也可能是以另一种不太适宜的政策补充的，这时缺位是用越位替补的。从当前的情况看，市场培育政策缺失是明显的。

从调研所获大理市及其下各县的汇报材料和近年有关文化发展的政策规划等看，这种缺失表现为以下方式：

首先，文化发展政策过于笼统，发展文化产业的规划也包括"文化事业"；反之，发展公共文化服务的规划也包含发展文化产业的内容。究其原因，国家有关部门就没能正确而细致地对这两类不同的文化部门及相应政策要求分清楚，没能使各级政府部门及有关领导对两者有清晰地分辨。再深追究，这是计划经济思维的遗产，是文化体制改革严重滞后的结果。

其次，在促进文化产业发展的部分，有关文件也是从媒体新闻出版谈起，然后是影视产业、节庆文化和会展产业等，说到文化产品开发才谈到有关民族手工艺品生产的问题。民族手工艺产业的地位较低。

具体到促进民族手工艺产业发展方面，优点是突出强调与旅游产业相结合，打造一批产业集群或产品集散地，缺点是较为宏大、空洞，片面强调"大项目、大集团、大园区、大品牌"等，难以落实到对手工艺人或工艺户以及手工艺集聚社区、匠人自律组织的扶持上，难以促成民族手工艺产品品牌的形成。

总之，在"文化市场"的概念上，各级政府看到的只是交易场所，而不是一套合理有效的法律关系和法制环境，因此也不会有行之有效的市场培育政策措施。更可悲的是我们一提起市场管理，想到更多的是"市场执法"或"扫黄打非"。

通过有限的观察和资料审读我们发现，各民族手工艺集聚地政府的相关扶持政策主要有两类：一是与"非遗"保护相关的政策，各地很看重对传承人、大师的认定和财政补贴、年轻一代艺人的培养等；二是一些地方有意识地从外地引进较有实力的文化公司及投资，希望由他们组织地方市场，引领地方民族手工艺产业的发展。应该说，这两类政策措施对民族手工艺的发展传承具有一定的促进作用，但并不能予其根本性的援助。前一类政策政府对传承人的财力投入十分有限，且各地一再增加"非遗"项目的申报，已使中央或省级财政感到力不从心。上级部门已经意识到，凡是以"保护"为名的申报，都是冲着公共财政来的，而公共财政的投入不会产生真正有意义的经济产出；其对各类"非遗"的传承也未必有显著的作用（不同地方政府认定的传承人身份甚至又带来传统人事管理弊病）。第二类政策主要是地方政府为当地经济有较快发展而采取的措施，出于安全的考虑引进的更多是国有资本。但这些大企业的进入首先是瞄准当地的基础设施和重要文化资源（如旅游景观），一旦他们垄断了地方市场，作为个体经营者的民族手工艺人或农户通常会处于更为被动的竞争地位。一些操作中的弊病还会带来更多的社会不公，既不利于民族手工艺产业的发展，也不利于和谐社会的构建（元阳哈尼梯田景观开发过程中就有这类问题的苗头[①]）。我们也可以看到，这两类政策对我们上面提到的民族手工艺发展面临的三类困境（现代技术冲击、文化内容创新和商业模式更新）都没有直接的改善。我们显然需要新的政策视野，这种新的政策将处于已有的两类政策之间，并且它才是有效促进民族手工艺产业发展的基本措施。

三、相应的政策建议

现在有必要再明确一下当前民族手工艺产业发展的问题究竟是什么，然后给出相应的政策建议。

当前云贵两省的少数民族地区民间手工艺产业集聚现象发生在整个国家进入现代化（交通基础设施的极大改善）及"第二次现代化"（即知识经济和文化创意产业、新型服务业发展时期）的大背景之下；而成为风尚的普遍旅游动机（大量的游客）和被公认为具有鲜明民族文化特

[①] 章建刚："村民参与开发是红河哈尼梯田申遗及可持续发展的方向"，《学术探索》2009年第3期，第17—19页。

色的旅游目的地是其存在的第二重背景。在当地政府与居民强烈的致富与发展动机驱使下，各民族民间手工艺产品生产正经历历史性转型，原先为共同体内部功能服务的实用性或符号性产品正在转而成为服务于外部多个共同体成员（广大游客和文化消费者）的文化符号消费品；大批的民族手工艺人正在转变成为民族地区文化创意产业主体，成为该产业特有中小微企业的业主或个体从业者。如果这一产业得到成功发展，有关地区就实现了跨越式发展。这是中国西部省份在科学发展进程中可努力争取实现的战略目标。

在这样的前提下，各地方政府对民族手工艺产业的扶持政策应该是市场化取向的，是对当地手工艺产品交易市场的潜心培育。尽管民族手工艺市场是充分开放的，但观察表明，我们的民族手工艺从业者们在很大程度上还是在一种前市场的状态中拼搏。这里的说的市场显然已经不再是传统农业社会和自然经济条件下的商品交换，而是规范的、可以和国际市场无缝对接的现代国内统一市场，体现为大批产权归属清晰的企业组织、较为规范公平的交易过程、充分并较为透明的信息披露机制、良好的价格形成机制和市场退出机制、成熟的税收机制、有效的消费者权益保障机制和各种文化产品的知识产权保护机制等。

同时应该看到，如果不引入机械加工，民族手工艺产品就只能走精品路线、瞄准高端市场，为此，政府可以通过以下公共政策和公共服务为手工艺人及小微型手工艺企业、企业化的家庭作坊提供如下帮助：

（1）市场信息服务。民族手工艺人只有在对市场有尽可能清晰了解的情况下，才能制订出有效的营销策略并通过市场获利。当前大理及其他民族地区的手工艺市场是游客需求主导的，而目前几乎所有旅游目的地地方的政府都没有专门的部门对游客市场进行过细分研究，进行过行情预报；地方旅游部门的统计指标相对简单，并难以和整个地方的经济统计相整合。手工艺从业者希望知道即将到来的游客从哪里来，消费偏好（文化趣味）怎样，消费水准有多高等细分信息（如其间的性别、年龄、受教育水平等方面的差异）。云南省不仅较早发展旅游产业，而且在近年还作出了"旅游二次创业"规划，即便如此，人们还是看不到当地发布的游客分析报告。

（2）为了让从业者的手工艺产品更好满足外部消费者的需要，政府应有意识地对当地从业者进行传统内容创意和形式精加工方面的能力培训，强化从业者创新产品的知识产权获得与保护的意识。当前几乎所有的传统手工艺产品都具有制作工艺复杂、人工技艺含量较高而文化含量较低、意义含混的缺陷，因而难以走上高端市场，做大市场规模。手工艺产品不断向艺术作品靠拢、转化从而实现产业高端化、品牌化，这是传统手工艺产业可持续发展的必然要求。当然也应该鼓励从业者从各自民族文化传统中汲取灵感，将传统文化中蕴含着的美好价值带入现代社会。

（3）政府应该鼓励从业者注册、创办更规范的现代文化企业。这样做不仅有利于从业者公开参与市场竞争，也有利于传统技艺的传承。这方面，云南腾冲的大村经验有一定借鉴意义。村集体不仅支持农户参加火山石建材加工合作社，而且还有一实地进行"孵化"，将经营比较成熟的农户推向市场，经过工商注册使之成为独立公司。这样，相对较为传统和含糊的村社制度及人际关系的发展就会与更为城市化的经济社会制度相融合，促进城乡一体化进程。大理的很多民族手工艺集聚是发生在乡村的。剑川县政府兴办木雕产业园区的举措也具有这方面的积极意义，但对多重的功能及未来发展趋势还可进一步思考。

（4）政府还应鼓励集聚区内形成行业协会，让基层主动维护集体权益，规避恶性竞争，杜绝假冒伪劣，加强行业自律。这方面鹤庆新华村村民有了一些初步的实践，但推进起来困难重重。目前省文化投资公司已经介入当地开发进程，较为成熟的行业协会将使当地手工艺人在未来的竞争中处于更为有利的地位。地方政府由地方纳税人供养，理应为当地居民争取更多合法权益。

地方政府培育当地民族手工艺市场的政策措施也许还有其他方向，而上述相关政策的缺失、缺位具有普遍性。其实，整个中国的文化创意产业发展都还迈不开步，一些大都市中本已比较活跃的原创部门、那些个体从业者或小微企业都得不到产业政策的支持，经济体制、工商管理和税收等方面都还没有建立起相应的扶持、培育体制，对这些工作各级政府的考核指标体系中没有列入。这就使那些依赖复制技术的大型文化传媒企业为内容不足而长期苦恼。更深一步说，文化表达不足，文化发展乏力，提高国家文化软实力和国际贸易竞争力云云永远是一句空话。在这方面我们可以期待地方政府尤其少数民族自治地区的政府先行先试，创造出一些具有普遍示范性的经验来。

在调研走到贵州时，我们也了解到存在着民族手工艺产业发展的另一个途径。贵阳市按照非物质文化遗产产业化开发的思路，选择了一批传统民族工艺品图案，通过设计将其部分元素转化用于批量制作的时尚产品。这是将民族文化符号经过提炼和精加工，再以产业化的方式加以推广、传播的思路。他们甚至希望只将设计部分留在贵阳，而将量产放到珠三角地区去。与前面我们的讨论相比，这更像是一种经济学家的文化传承思路，而人类学家通常会更关注当地少数民族居民的生活方式及其转变。

以新的政策促进传统手工艺的传承[①]
——第三类非遗保护政策刍议

恰当的产业政策会对相关行业的发展起到显著的促进作用,而政策的恰当与否取决于对有关产业的性质、发展趋势、条件等有准确而深刻的认识。近年来,本来在现代化发展中已经处于颓势中的我国不少传统民间手工艺在一些地方,尤其在中西部少数民族地方有了某种振兴甚至产业化的可喜趋势。但这种振兴规模有限,也较为脆弱。出于对传统民间手工艺珍贵文化价值的认识,精准的文化经济政策扶持是必要的。

应该说,近年来国家公共政策运用的力度很大,各有关部门的政策措施也多种多样。但多重政策覆盖的效率并不必然倍增,而是可能造成浪费,留下死角,甚至酿成腐败。因此我们并非简单呼吁一项新的政策出台,而是希望对既有相关政策进行梳理和分析,强调某种更高效率、更具针对性的政策创新。新政策的要点在于与国家新型城镇化政策相衔接。区别于已有的非遗保护政策我们称之为"第三类非遗保护措施"。

为此本文将首先讨论"传统手工艺"及其振兴是个什么性质的问题,具有怎样的趋势;进而讨论什么样的政策措施对它才是最恰当、最有针对性和高效的。

[①] 本文发表于齐永锋、李炎主编:《中国文化的根基:特色文化产业研究》(第五辑),光明日报出版社,2019。

一、传统手工艺的振兴

传统手工艺是指工业化、机械化出现之前,产生于农业社会的各种手工技艺。一般说它们是日用生产生活器具的制作、房屋家具的制作,也有一些手工技艺被用于制作更重要、更精美的宗教文化仪式道具。这些技艺没有以精准的文字记录下来,而是由一代代能工巧匠通过口传心授传承至今。

在 21 世纪的全球视野中,这些传统手工艺已经被作为非物质文化遗产看待,成为其中的一个特定类别。一般说,大工业的兴起使它们陷入灭顶之灾。人们不仅追求方便和富裕,同时也追求效率。人类最伟大的技术总是通过不断创新而得到传承。传承就是改变,不变的事物势必消亡。因此在所有现代化的国家,包括中国广大的东部沿海都市区域,传统手工艺大多消失了。但凡事总有例外。本文所说的传统手工艺振兴或复兴是指这样一些现象:在西部尤其一些少数民族农区牧区,由于社会发展本身相对滞后,生产力水平低下,一些传统手工艺依然还在使用。而在地方追赶式发展过程中,人们发现这些传统的文化资源还可以被调动起来推动农村的发展和农民致富。例如这几年我们看到过云南大理鹤庆的银器制作、周城的扎染和剑川的木雕,红河建水的紫陶;贵州湖南重庆四川等地的苗绣羌绣;也看到过青海黄南州的热贡唐卡绘制技艺,这些传统手工艺都在一定程度上有所振兴,进入了市场,给传承人们带来了不小的收益。

这些仍在流行的传统手工艺不仅给传承人个人或家庭带来富裕,也在这些相对闭塞的村庄里变成了受到追捧的手艺,通过手把手地传授,整个村寨的劳力大多加入了这个行当,并使大量的产品通过市场传播到远近不等的周边地域。千户人家的鹤庆新华村现有近三千位银匠,每年的销售额达几十个亿,村庄绝大部分收入来自这些传统工艺。

在一些发展势头良好的地方,传统手工艺的流行还使村容村貌发生了改观。整个村庄仿佛成了一个大作坊、大集市，村庄面积不断扩大，楼房越盖越高。除了手工艺人集聚，商人也被吸引到这里，外部投资来到这里，不断拉长产业链，也修建起更多商场、旅馆等服务设施。地方旅行社看到商机，把它们开发成旅游景点，带远方的游人到这里观光购物。上级领导光临视察，专家学者到现场研究指导，地方政府为了强化治理，也在这里设立各种机构，建起公路、电网、车站、市场、给排水等必要的公共基础设施。互联网的开通还使电商迅猛发展，拓宽了当地手工艺人的销路与视野。新的生活方式已经呈现，人们仿佛看到现代化的另一条道路。

在迅速发展的同时，人们也看到激烈竞争给这些产业带来的脆弱性：手工艺家庭的生产规模有限，资金调用不足，手工艺的代际传承仍嫌缓慢。更重要的是老艺人们的观念陈旧，产品缺少创新，在使用现代科技装备方面有许多界限把握不住。有些时候，传统手工艺的大规模使用也会对村庄的环境造成污染或破坏。因此这些传统手工艺仍然面临"失传"或"脆断"的危险。这时，为了发展的可持续性，公共政策的支持与干预就变得格外重要。

在讨论对这些传统手工艺振兴的地区给以政策扶持的时候，首先需要弄清这些振兴现象的实质，知道它们是在什么样的环境及发展趋势下走到这一步的。

有专家将其概括为"特色文化产业"。这种说法较好地揭示了传统手工艺在今天获得振兴的特殊历史机遇。要不是自20世纪70年代以后全球各主要发达国家及新兴经济体在经济规模及居民收入持续增长的同时，陆续出现了文化创意产业崛起的势头，各类文化资源与艺术创意被如饥似渴地纳入文化市场，这些传统手工艺恐怕也难再度振兴。

另外一些专家则把它进一步描述为"社会化小生产"。这个说法值得分析。

"社会化小生产"，最早被用来描述浙江农村改革开放之初农户普遍建立工业零部件加工家庭作坊并因此致富的经验①。文化产业的研究者看到传统手工艺振兴的某些特征，借用了这个说法。但我认为当年浙江的情况与今天西部省区传统手工艺产业发展的情况不同。

首先我认为严格说这个概念的使用还是有一定缺点的，是一种自相矛盾（类似于说"方的圆"或"当今的法国皇帝"）。小生产从根本上说是对前工业社会自给自足的小农经济的描述。这种生产不是社会化的。当然人们也可能用它描述一种历史转折时期的过渡状态，（与典型的大工业包括矿山、远洋航运或大规模机器制造业相比）也可以用来描述早期城市手工业作坊的制造规模。但小生产在一定意义上就意味着社会化程度低，没有充分的外部社会需求与市场交换，没有导致社会分工与新的生产关系形成。浙江的"社会化小生产"只是国家工业体系发展、转型升级的一个有限时间窗口中的一个特殊机遇与特殊现象。而当用这个概念说明西部民族地区传统手工艺生产的再度风行时，一方面这里的生产更像是小生产，因为他们往往连各种电动机械设备都没有。而另一方面，这些小生产是却发生在一个更强劲的社会化进程之中的。这个大的背景就是整个社会的现代化、城市化进程和旅游时尚的兴起。

通过观察可以发现，这些传统手工艺产品热销的地点都是位于热门旅游线路上，每天有大量的游客途经，并被作为旅游景点使用的。如云南鹤庆新华村虽然距县城有六七公里之遥，但由于它除了有远近闻名的银器生产，还有水质清澈的黑龙潭等湿地资源，已经成为4A级景区"银都水乡"。同时，这些传统手工艺人的集聚，已带动了村庄的扩张（引入了一些服务业部门，甚至建造了云南银器博物馆），其主业已经成为商业而不是农业，当地居民收入的三分之二以上来自非农产业，因而已经表现出明显的城镇化特征。在这个意义上可以说，它们已经处于一种

---

① 网上可以看到社会学家杨建华的一篇讨论浙江方式的文章（及书）。他主要讲浙江家庭作坊式的小商品生产。对社会化小生产概念他有明确界定：生产单位小，但生产关系、市场链是社会化的。

特定的城市生活环境当中，或者说，靠发达的交通线、信息网络的联络，它们已经成为周边中心城市的特殊飞地。这时用"社会化小生产"来形容它们多少有些幽默的意味。"小生产"本是形容农业文明的生产生活方式，一家一户，田是小块小块的，人们主要是进行粗放的手工和体力劳动。而本文所提及的传统手工艺人们不仅进行着极为精细的艺术品创造，而且只有当他们放下手艺回到日常生活中来的时候，才不无几分无奈地意识到自己的"小生产"即农民身份。由于已经有了较好的收入，他们已经敢于带着某种自豪感地自我调侃。

更进一步说，西部少数民族地区的"社会化小生产"是指在国家的改革开放和市场经济建设大环境中，以匠人个人、匠人家庭或匠人集聚的村寨为单位展开的传统手工艺品生产。如果说当年浙江农村的社会化小生产毕竟因缺少工艺传统与市场规范而导致劣质工业产品的流布，那么西部这些社会化小生产一般说会带来更多文化精品[①]。例如鹤庆新华村生产的银器有很大比例是藏区的宗教用品和家庭高档日用品；而剑川的木业加工也从以前游走四方为人盖房变成坐地生产一些传统建筑的装饰部件如雕花门窗等，大木作（盖房）的技艺已经转变成小木作生产（制作家具）。专家认为这是一种西部地区赶超东部发展的后发优势，尤其可以成为西部少数民族文化资源较为丰厚地区的文化创意产业发展战略。这时的"小生产"已经带有某种"后现代"或"创意产业"的含义。

当然，"社会化小生产"的概念是与"传统小生产"对举使用的。因此这种矛盾的用法中有多少欠妥之处，就有多少先见之明。它毕竟将社会化的趋势点明了。我们可以概括地说，这些传统手工艺振兴的事例

[①] 云南学者张黎明有"社会化小生产：文化生产的重要方式"一文刊登在《学术探索》杂志上（2013年第10期）。他认为消费社会的来临，客观的文化、精神需求是促使传统小生产向作为文化生产方式之一的社会化小生产转变的外生力量；而作为生产主体的民族文化产品创造者，所表现出的文化自觉则是这一历史性转化发生的内在动力。这也从一个侧面区分了"传统小生产"与"社会化小生产"两个概念。

表现出三方面的趋势。第一，市场化。供需两方面的努力促成了大面积、跨区域、较稳定的产品市场的形成。这是社会化的基本含义。而小生产则是为本地甚至主要是家庭或家族开展的生产。第二，城镇化。这种大面积需求、生产及商业渠道的构建，必然要求一个甚至多个交易地点的存在，这既是集市又是城镇，或者就叫集镇。这些手工艺生产自身是带动乡村超越传统社会传统文明的强力引擎，会将许多现代化因素（如动力制造业、金融资本、房地产和旅游服务业）吸引到其周边，并与之交汇、融合；会刺激村庄面积的扩大、人口的增加及对各类公共基础设施的巨大需求。第三，艺术化。在城镇环境中，随着没有人身依附或亲属关系的消费者的增多，各类信息的增多，艺术化的倾向才会出现。商业城市是近现代艺术出现的社会环境（与传统社会恩宠制的状况不同），也是传统手工艺产品不断精致化、非实用化的社会条件。在这种条件下，传统手工艺内容及产品形式将从实用向装饰迁移，或从宗教性的向世俗性的转移，将较早受到大众文化市场和旅游时尚的青睐，其中少数会因设计因素的大量投入而成为现代工艺品、奢侈品甚至金融产品。

如果可以确认这样的发展趋势，我们就可以讨论对它们的政策扶持了。

二、传统手工艺振兴区域的扶持政策创新

在讨论传统手工艺扶持政策创新之前，我们有必要回顾一下已有的两类扶持政策。

（一）非物质文化遗产保护政策

在文化资源变得稀缺的今天，保护各类文化遗产成了一种共识。许多国家的政府在这方面也屡屡出手。但坦率地说，这样做的效果非常有限，总的说这还是一种样本保留的模式。

从非遗概念在21世纪初进入我国，尤其进入我们文化管理部门的

政策范畴时起,就有所谓原汁原味的样本保护的意见。其实践当然主要是文化专家们的工作。中国现代化进程由于改革得以提速,工业化也迅速改变了农业及农村的生产生活方式,于是传统社会的许多手艺都面临失传的危险。实际上,不仅这些传统技艺本身十分美好精湛,而且它们对于文明记载的连续性,甚至对于未来社会与技艺的创新发展仍然具有重要的意义和潜在的价值。因此专家们的意见首先就是赶快抢救,在其濒危过程中救出一批样本予以保存并展开研究。

这种想法和做法都非常必要且有效。但作为非遗,各种传统手工艺实际是保存在工匠们的心中手头的,体现为一系列复杂的运思和制作过程中心灵与动作的分寸把握之上。这才是这些遗产的"非物质性"特征。因此样本保护是有缺陷的;从固定化了的产品逆溯其一连串出神入化、心眼手的动作配合与分寸的把握,恐怕记录下的只是整个过程十之一二。利用各种摄像设备恐怕也记录不到更多的诀窍。因此人们会想到进行动态的保护,把艺人的整个制作活动过程持久地保留下来,让传承人长久地展示这些技艺。

政府出手更是专家所无法比肩的:建立各级非物质文化遗产名录,确认各级遗产项目的传承人并予以定期资助,明确传承人的各项职责,还会动用公共财政购买一定的产品用于馈赠或节庆活动。

然而这样的保护是以与世隔绝为前提的。它不考虑整个社会生活条件、生产技术、居民精神生活的变化、转型,只是将这些非遗与其社区生活、日常生活区隔开来,让其在很有限的范围里残存。在一定意义上说,这些做法相当于把传承人及其相关活动作为(地方文化馆站)非正式的事业编制人员及其职务活动予以聘用。而这种做法本身也是政府长期希望压缩或控制的,它知道既有的公共文化服务体系本身效率并不高。因此这些补贴事实都非常有限,也不会有太强的保护成效。

（二）乡村振兴的政策

乡村振兴是个系统性课题，很难一言以蔽之。这里是说乡村振兴的某些政策连同其财政投入也可能间接用于传统手工艺及各种非遗的保护。例如在《国家乡村振兴战略规划》文本中，村容村貌改造、农村公共文化服务、产业升级及特色产业发展等内容都可能与传统手工艺保护、振兴发展相关，都有可能引来相关资源。例如在非遗保护方面，各种非遗样本可以被收集在村文化室或村史馆中；一些表演性的项目可以与周边旅游活动相衔接，并取得一些收入。又如村容村貌的整治，道路硬化、公厕建设、污水处理甚至村内绿化等项目都可以改善传统手工艺产业振兴社区的环境，吸引游客进入。再如《规划》也提到鼓励城乡资本进入村社，建立主体多元的企业组织。但无论如何，在这样的政策视野下，城乡二元结构没有打破，农村农民相关的所有制性质没有改变，因此财政向农村投入需要谨慎，村庄规划尤其公共设施规划标准不会太高。对于进城务工人员、城郊居民的身份转变相对可以期待，但远离城镇的传统手工艺产业集聚村寨的城镇化进程还难以描画。而自身发展较快、经济状况较好的传统手工艺集聚地区对生产生活条件、公共基础设施的需求早已超出有关规划的蓝图。

如上所述，这些传统手工艺振兴地区，它们的发展阶段早已超出了"三农问题"的范畴，除了身份和居住的环境，他们早已迅跑在市场化、城市化和艺术化的道路上。想用乡村振兴或美丽乡村的前景装扮它们，实在是希望给一些成人重新套上童装：不是图样色彩不美丽，而是尺度不太合适。

（三）政策创新构想

在我们看来，无论这些既有政策有多么必要，多么有效，将其用于这些传统手工艺振兴区域是既无效也无用的。我们需要在新的发展视野下探索新的扶持政策。新的扶持政策是基于对传统手工艺产业发展趋势的判断。如上所述,我们认定目前表现出某种复兴趋势的传统手工艺正走在市场化、城市化、艺术化即现代化转型的道路上。

然而,即使这些传承人对此并不十分自觉,也缺少对现代化宏观社会进程的认识。他们未必十分了解市场,例如不知如何创办企业,也不知怎样既可以扩大生产,又能够保护自己的知识产权;他们不了解城市生活,例如不知迅速堆积起来和增加着的高大建筑如何更好采光、通风、放火,不知不断增加的生活垃圾该如何处理,不知地面以下怎么可以铺设必要的公共基础设施;他们对自己的技能将向什么方向变化也不自觉,他们的学习更多是因循的,刻意创新也许导致怪异。而政府方面对这些自然人也不敢放心发放大额贷款,不知如何让他们组织起来对自己的生产生活进行自治管理。

这让我们想到大城市的文化创意产业集聚现象的发生和管理的尝试。文化产业事实上包括大型传媒和小型原创两类企业,后者的创新活动极为活跃,缺少可预见性,经媒体传播往往对社会产生较大影响,因此难以管理。而严厉的行政或治安管理又会压制其创新积极性,影响中国文化的国际竞争力。近年来,创办一批专业化的产业园区或集聚区是不少城市的积极尝试,也取得一些积极成果。我们或许可以想象将这样的园区管理模式也送到这些传统手工艺振兴地区。这些传统手工艺人的家庭作坊其实也相当于文化产业前端的小微企业。如果这些艺人们能认识到,当自己的手艺、产品进入城市环境后,原有的使用功能会逐渐弱化甚至完全消失,而装饰和表达功能会逐渐强化,当他们更自觉地朝这个方向去开发自己的产品时,他们就会成为名副其实的特色文化产业组织。然而这时甚至就在当前,他们也会面临进入城市环境后的各种新的问题,如高科技或信息化的问题,金融和法律方面的问题。因此在这些产业发展动机强劲的乡村开办文化产业园区是地方政府一个更为积极有效的作为。

关于城市文化产业园区建设与政策支持,我们可以找到很多具体的经验。由于文化产业部门自身的多元性与复杂性，这些园区及相应的政策也有多种类型。对此我们不展开具体讨论，但我们强调，完整的文化产业园区服务应该同时包括物业、培训（企业孵化及同行间交流）、（市场）管理、金融政策、法律援助、科技装备平台等若干重要功能。这些功能也是现在乡间这些创意产业新秀们所渴求的。将目前这些传统手工艺之乡当作创意产业园区打造意味着送去一整套的政策与功能的工具包。它将全面助推这些特色文化产业的市场起飞。

这些乡村园区的基本政策目标与任务不难想象，其中就包括让这些手工艺人、家庭尽快变成现代企业与企业家；让其手上的绝活儿尽可能多地变成知识产权和商业诀窍（know-how）；让其企业和产品尽可能成为名牌，乃至于奢侈品、收藏品或金融品。对于西部和其他乡村地区而言，这也意味着有更多培训工作要做；有更多高新技术引进工作要做，要让作为文化产业链前端的小微企业更方便地与产业链后端的大型商业媒体建立联系，等等。但我认为，建立在这些乡间地区的创意产业园区可能有一点与城市园区不同。它们的设置会更多与当地城镇化进程发生联系。

乡镇和村庄之间，横亘着我们国家二元结构的巨大落差。尽管近年来，通过新农村建设或乡村振兴运动，国家的政策方针通过不同部门的实施得到落实，村庄中的道路、给排水、电力、防灾、垃圾处理等公用基础设施的水平在提高，有些甚至就是从无到有，但这些基础设施的设计标准较低，与建制镇的水平都有明显的差别。而现在如果我们要助推有关村庄的传统手工艺振兴和创意产业发展，那事实上就是要把这些地区作为未来的小城镇进行培育。这时乡村居民点规划、居民住宅面积和基础设施设计标准都需要有充分前瞻性统筹，并能与政府规划、建设部门有充分前瞻的沟通。

人们可能会觉得这样就把一些乡村作为城镇去建设过于任意。但在中央和国务院印发的《国家乡村振兴战略规划（2018—2022年）》当中，已经提到"在有条件的地区建设培育特色商贸小镇",要"打造一批特色文化产业乡镇"的任务。我认为这些传统手工艺特色产业村寨就非常适合作为特色商贸小镇去建设,而小镇建设需要与当地产业发展结合进行,上级下派或委托经营的产业园区管理机构正好成为小镇规划建设的筹备及先期操作机制。

应该明确区分的是,我们这里说的特色商贸小镇或文化产业乡镇不是建制镇,而是非建制镇即所谓集镇。所谓建制镇是国家最低一级行政管理区划,一般要对下属的若干村庄进行行政管理。现有大部分乡镇即计划经济体制时期的公社所在地。这里会有比较明确的建设标准和基本公共服务机构及人员编制方面的配置。集镇则只是因自身的交通便利、周期性商贸活动及文化活动场所的形成而发展起来的人口集聚及服务中心。除了商贸、文化辐射力,它不对周边村庄具有实质性管控功能。与建制镇的认定和建设过程相比,集镇的发育过程更加自然,反映出城市史进程中市场一端的活跃发展态势。回顾城市化的历史,就会发现除了作为地域行政、政治中心发展起来的城市(通常以京、都、州、县为名)、作为军事要塞发展起来的城市(通常以营、卫、所、堡为地名),在传统商路(如丝绸之路)基础上,具有经济枢纽地位的节点区域也会诞生一批城市(通常可能以集、市、街、场、墟等为地名)。集镇就属于后者。今天我们也应该承认这条城市化发展道路,这样的乡镇开发可以说是水到渠成,民间有较强的经济能力,建设起来成本更低。

那么为何不能让其就作为特色村庄继续存在呢?这是因为我们看到,这些地方已经以商业活动而非农事活动作为自己的主业及生活方式。这些地方已经吸引了周边城市的资本进入,已经开办了不少商贸机构,而商贸活动的活跃吸引了更多的人口,也需要更多全国性公共机构网络的进入,如邮电、电力、水务、工商管理进而学校、文化馆图书馆等。这些网络分支机构的开设不是一个村庄所能申办的。

其实建制镇的设立也有一个重要的标准。学界通常认为,设建制镇的具体标准为：常住人口在2500人以上，其中非农业人口不低于70%。这里非农业人口比重较大是由于对周边村庄具有管理功能所致，例如以前服务周边农村的农机、农技人员会集中居住在乡镇上。集镇虽没有这样的功能需要，但多数居民已经不从事农业生产，而是进行带有文化性质的产品研发、制造和交易活动。例如鹤庆的新华村，其几千名从事银器生产的居民显然就已占当地居民的大多数。

更为重要的是，这样的村庄事实上已经开始扩张，如果不能先期进行各种稍高标准的基础设施管网的敷设，未来势必会以更高成本和更大难度补充建设，也会给当地居民带来更多损失和不便。因此，这些办到特色文化产业地区的产业园区应该具有助推当地升格为集镇的工作目标。我认为，这种园区机制的建立将是一种政策创新。它将导致一种新型文化产业园区的诞生。我们把这种政策构想称作第三类非遗保护政策。

最后，让我概括一下本文的思路和主要观点。

西部一些地方传统手工艺或特色文化产业的振兴是"后工业社会"或全球文化创意产业兴起给这些本已濒危的传统非遗项目带来的可贵机遇。同时这些告别了农业生产的手工艺人们也利用了当地发展的各种便利，不仅使他们摆脱了贫困，也使他们的传统手工艺产品制作继续沿着其历史发展的必然之路前行。这些工匠集聚的地方即他们的乡村也发生了规模的扩张和产业升级，吸引了外部的资金和服务业企业的进驻，还促使旅游企业将其纳入各种旅游产品，吸引大量游客到此购物、观光。因而它们已经脱离了从前的农业文明网络，成了周边城市网络中一种特殊的飞地。这是乡村发展及非物质文化遗产振兴的一种极为可贵的类型。

正是看到这些工匠集聚村落的经济社会发展表现出明显的市场化、城镇化、艺术化趋势，因而我们觉得既有的两类非遗政策（与非遗保护的政策和新农村建设的政策）已经失效，而这些刚刚离开农业文明未久的从业者对新的生产生活环境缺少更多的自觉，其产业发展仍然存在很多困难，因此我们认为需要以新的一类政策对其加以保护和扶持。这种新的政策就是将大中城市文化创意产业园区的模式移植到有关乡村。

我们认为，办到乡村去的产业园区有一个在城市里不同的职能和任务，就是要助力当地农村社区升格为集镇，迈出其城市化进程中最关键也最基本的一步。集镇的产生本来就是城市自然形成的一条道路，条件好，建设成本低。同时此刻介入对当地农业文明的治理、改造、发展具有较强前瞻性与推动性。因此这一政策创新值得尽快尝试。

打造本地艺术市场，营造创意通州，推进国际新城建设[①]

一、机遇与目标

通州国际新城建设显然是通州实现跨越式发展的一个重要契机。由北京市委市政府成立协调机构，并由市政府出台《加快推进通州现代化国际新城建设行动计划》大大提升了通州区经济社会发展的规格，也将引入更多政策支持和财政资源。我们把《通州区国民经济和社会发展第十二个五年规划纲要》（以下简作《通州十二五规划纲要》）看成是对市政府这一战略意图的具体落实。我们将在对其予以充分肯定的基础上也提出我们的一点儿看法和建议。

国际新城的建设对于通州发展来说是跨越式的，就是说它将告别传统郊区按部就班发展的思路和节奏，一步跨上首都主城区建设的新高度。我们不仅看重其间"纾解中心城区城市功能"和"加速城乡一体化进程"的常规要求，还特别看重其间"拓展世界城市新增功能"的超常要求。我们相信北京市打造世界城市的愿望是真诚的，这是中国发展对它首都的必然要求。因此通州国际新城的成功打造就是北京成为世界城市的开始。与此同时，我们也相信这个目标的实现将面对极大的挑战甚至困难。

毋庸讳言，当今时代任何一个世界城市的打造尤其是一个发展中国家或"金砖国家"打造新的世界城市都应该有其文化上的目标，应让它首先成为一座有文化理念和艺术表现的城市，也是一座具有较强文化创

---

① 本文一个精简后的版本刊登在北京市社科联、通州区委区政府编：《打造现代化国际新城，提升文化软实力研讨文集》上；而更简短的发言在通州的一个研讨会上发表。

意产业的城市。或者说,今天的世界城市首先应该是一座创意城市。《创意城市》一书的作者认为,对于创意城市的打造而言,文化创意资本比金融资本更重要,必须"以创意为通货"①。相形之下,《通州十二五规划纲要》中"文化创意"仅仅作为着力培育的"四大新兴产业"之一,位于重点打造的"三大产业"之后,对于世界城市的打造来说似乎有些不够"给力"。

这么说有两个方面的含义。一是当前的世界,"文化创意产业"的概念已经不再"前卫"。按照兰德利的说法,文化产业变成创意产业之后,又出现了"创意经济"和"创意阶层"的阶段,再往后是"创意城市运动"②。英国人要打造"创意英国";而欧洲人接着就要求打造"创意欧洲"③。这些概念之间有着发展阶段上的递进关系。因此重要的不仅是通州国际新城中要有一个创意产业,而且是通州新城要按照创意城市的方式来打造,进而推动整个北京的世界城市打造。

二是"三个北京"的发展战略源于奥运会的举办,"科技奥运、绿色奥运和人文奥运"在奥运结束后变成了"科技北京、绿色北京和人文北京"。而在"三个奥运"当中,显然"人文奥运"是一块短板。在为奥运新建的几十座场馆中,我们还没有看到一座建筑具有鲜明地人文表达,并因此将中国文化与世界其他文化具体地连接在一起,进行持久的对话,并形成一个历史的坐标。无论是"鸟巢"还是"水立方",彰显的都是"绿色"或生态的概念以及"科技"的概念。我们坐失了一个百年一遇的机会。事实上北京如何可以有其今天的人文表达,如何可以成为一个世界城市迄今仍是一道有待破解的难题。现在我们要向通州国际

---

① 查尔斯·兰德利,《创意城市》,杨幼兰译,清华大学出版社,2009,第5页。

② 查尔斯·兰德利:《创意城市》,杨幼兰译,清华大学出版社,2009,第11页。

③ 参见 Danielle Cliché 等:《Creative Europe》,ARCult Media, Bonn, 2002。

新城建设寻求答案！

　　对通州国际新城的愿景可以有何种期待呢？我们可以向兰德利那样向通州国际新城要求一种人文景观表达意义上的"氛围"（milieu）[1]吗？可以想象通州国际新城中有一座由文化、教育、行政、市场从四面围合，并成为地方媒体永远聚焦的城市广场吗？[2] 还是说，这仅仅是地球上一个新的曼哈顿？！

　　我们可以谦虚地说，通州只是北京城市的一个区域，我们不能独占北京的鳌头。但《创意城市》的副标题叫作"如何打造都市创意生活圈"，我们总可以打造一个都市创意生活圈吧！这是一个市民趣味盎然的生活区域，也是与一个创意型政府的高效谋划、运作分不开的。实际上，全球化背景下的国际新城首先就要有地方性，或叫地方认同；用兰德利的话说是"极度全球，极度地方"[3]。那么什么是地方性或地方认同呢？地方性当然与地方性历史遗产有关，例如通州有著名的燃灯塔，我们现在正想把它重新点亮。但更重要的不是遗产，而是不断地创新。没有创新，遗产就处于不断湮灭的过程中。反之，没有太多遗产的地方完全可以锻造出地方性。"地方"来自"首创"（或叫"创制"）。地方性是创造性的本地"绽放"，是集聚产生出的成就感和凝聚力，是对集体创新事件的"追认"（entitlement）。今天，中国宋庄的名气也许比燃灯塔更大！所以我们必须知道我们打造国际新城的真正目标是什么；通州国际新城打造与创意城市运动是什么关系。

---

[1] 查尔斯·兰德利：《创意城市》，杨幼兰译，清华大学出版社，2009，第9页。

[2] 查尔斯·兰德利：《创意城市》，杨幼兰译，清华大学出版社，2009，第182—184页。

[3] 查尔斯·兰德利：《创意城市》，杨幼兰译，清华大学出版社，2009，第70页。

二、艺术产业与艺术人才

一切发展的最终目的是人的全面发展。发展中最难的也是人的素质的提高。通州要实现跨越式发展、建成国际新城，首先就要想想将来在这里生活、工作、学习着的是怎样的人。我们的《规划纲要》中反复提到人才的问题。其实不仅是高端人才，我们的普通市民、我们的公务人员、我们的商业销售人员、我们占人口大多数的市民，他们的素质才是更重要的问题。未来的国际新城一定会有一定数量的外国侨民，一定会有从世界各地到这里从业创业的特殊人才，我们怎样才能保证他们在这里待得住、留得下，身心愉快，有归属感？这不是个将来的问题，而是现在就存在的问题。

其实各地都不绝对地缺乏人才，而通州在一定意义上是人才积聚的地方。我们认识到这一点并自觉地调用这些人力资源了吗？海尔布伦和格雷专门分析过艺术家数量在总人口中的比例对地方经济规模的影响。他们注意到，自1980—1990年间，这个比例在美国各大都会地区都有快速增加的趋势。他们发现，"在整个美国中，每10000人当中的表演艺术家人数在1980年为9.75名，1990年为11.24名。"[1] 而在大都会地区，"艺术家密度"更高。纽约的造型艺术家在1980年为万分之17.5；1990年为万分之17.62。洛杉矶的表演艺术家1980年为万分之37.51；1990年为万分之41.67[2]。那么通州的情况如何呢？我们可能还没有太精确的数字，但据宋庄镇的介绍，这里生活着大约4000名画家（造型艺术家）；而据北京现代音乐学院有关同志的介绍，在九棵树地区生活着大约3000名音乐人（不是指学生，而是毕业生等）。仅这两项相加

---

[1] 詹姆斯·海尔布伦、查尔斯·M.格雷：《艺术文化经济学》，詹正茂等译，中国人民大学出版社，2007，第344页。

[2] 詹姆斯·海尔布伦、查尔斯·M.格雷：《艺术文化经济学》，詹正茂等译，中国人民大学出版社，2007，第343页，表15-1。

所得7000人，与通州区130万常住人口之比就达到了万分之53.84，堪与纽约、洛杉矶相媲美（纽约的表演艺术家万人比低于洛杉矶；而洛杉矶的造型艺术家万人比低于纽约，参见同上）。

海尔布伦和格雷的研究关注的是艺术产业的经济影响。他们将艺术的经济影响分为直接消费、间接消费和引致消费。他们通过纽约—新泽西地区1982年一项调查的数据分析，相信整个艺术产业对总经济影响的乘数效应平均值是2.03[1]，即直接艺术消费1美元可拉动2美元略多的总消费。而在纽约市，当时人均年各类艺术消费高达到181.7美元[2]。纽约市今天大约有839万人口，80年代应比现在少一些，但按800万人口计算，纽约的年艺术消费就有14.56亿美元。这就是那些集聚在大都市里的艺术家所造就的经济影响。那么，人口比例与之相当的通州艺术家们将创造多大的经济影响呢！

对于通州国际新城来说，艺术的直接经济影响还是次要的，重要的是它会成为吸引众多各类人才到国际新城创业或工作的"新磁极"。海尔布伦和格雷的研究承认，尽管艺术的存在能够有助于将企业吸引到大都会地区，从而促进当地的经济增长，但对企业选址因素的研究还不能证明艺术与文化具有决定性的影响。但有研究表明，美国很多政府官员倾向于认为，艺术产业的存在"是对社会文明和文化总水平的一项重要的指示器。它的存在意味着当地社会是进步的，富足的，自我关注的，并且是积极向上的"[3]。相信对于吸引全球化时代国际人才的入驻，当地艺术产业的存在及远播的声名是更加重要的。而对于今天通州的政府

---

[1] 詹姆斯·海尔布伦、查尔斯·M.格雷：《艺术文化经济学》，詹正茂等译，中国人民大学出版社，2007，第353页。

[2] 詹姆斯·海尔布伦、查尔斯·M.格雷：《艺术文化经济学》，詹正茂等译，中国人民大学出版社，2007，第356页。

[3] 詹姆斯·海尔布伦、查尔斯·M.格雷：《艺术文化经济学》，詹正茂等译，中国人民大学出版社，2007，第363页。

部门来说，我们不仅要眼睛盯着外国看，首先应该盯着本地看。作为地方政府，我们提到的那些艺术人才已经被当作通州人或"新通州人"看待、管理和服务了吗？东部地区许多城市中的"新市民"是西部来的农民工；而到通州来的"新市民"竟然是高素质的"人才群"！这是我们打造创意城市首先就必须关注的问题。

三、本地艺术市场的培育

宋庄艺术家群落是海淀区送给通州的一份厚礼。今天中国宋庄声名远播。不少艺术家的作品远销国际市场，而当地村民与艺术家们的生态依存关系也变得紧密。我们已经看到许多规模相当大的美术馆建在了小堡村周边，其中一些有常年的美术品陈列和销售；这里还有一些美术用品商店开业，等等。但我们不知道他们每年的产值是多少，他们的作品销售到了哪里。同样，据说有3000名音乐人、500个工作室和50多个录音棚的九棵树数字音乐"产业园区"也因为社会需求的存在而生长起来。北京现代音乐学院有着与中央音乐学院、中国音乐学院都不同的音乐发展及功能定位，成为这个产业园区的核心。但这个园区至今是潜伏着的，除了北京现代音乐学院的校园，我们看不到其他音乐产业机构的招牌或广告，不知道它们做了多大的市场，进行了多少版权交易；这里也还缺少具有较大影响的"音乐事件"发生。也许我们会觉得这些文化人习性散漫，他们的创作甚至可能找麻烦；他们的生产规模很小、很分散，他们本能地倾向避税，等等。因此，我们对他们听之任之，任其自生自灭。但是当我们准备打造国际新城的时候，这些看似零散的文化艺术资源变得弥足珍贵，而且绝大多数的艺术家首先要考虑谋生问题。因此在我看来，没有形成成熟的当地市场才是真正的问题；没有让这些资源在谋生动机驱使下成为规范的商业活动和艺术交易才是问题；政府有意无意地回避才是真正的问题。没有市场这里的社会问题才会更多地变成政治问题或治安问题，而资本实际上是相对保守的。

市场不都是自然形成的，尤其现代的、规范的市场要靠政府培育、引导和规范。科学发展观不仅要求我们调整经济结构，加快文化产业和文化市场的发育，而且要靠文化产业的发展改善经济质量、经济结构，改善市场管理水平。

应该说，艺术品市场和音乐版权市场在政策上都是开放的，但现在市场里的企业不多。企业是将分散活动的艺术家通过作品交易过程初步集中起来的市场主体。所谓培育市场就要让这些文化企业浮出水面，挂牌经营；要让原先非正式的场外交易浮出水面，规范经营；要让很容易流散到外地进行的版权、著作权交易回到本地，就地成交。我们要为这些交易搭建本地平台。应该说，艺术家们的集聚已经使当地市场的搭建水到渠成。艺术家的创作活动很可能是个性化的、分散的，但现在他们已经意识到集聚的益处。对他们来说，集聚可以降低他们的创作成本，他们可以很方便地相互学习和交流，一些设备或材料可以公用共享，并且通过交互的刺激产生更多的创作灵感，同时也可以遇到更多交易机会[1]。这种集聚是本地市场形成的重要前提。而本地公开市场进行集聚性的交易就可以带来另外一个方面的益处，即为消费者带来交易成本和信息成本的降低[2]。这又是本地市场可能持续发展、做大做强的一个重要条件。

为了打造本地艺术市场，有几个工作需要抓紧去做。以造型艺术为例我们首先应该关注几个"中间"部分。第一是关注处于中游的艺术家群体。已经成名的艺术家不用太多地考虑生计问题，但那些即将成名的艺术家有更强烈的市场动机，他们愿意为市场进行创作。我们要关注

---

[1] 詹姆斯·海尔布伦、查尔斯·M.格雷：《艺术文化经济学》，詹正茂等译，中国人民大学出版社，2007，第15章。

[2] 詹姆斯·海尔布伦、查尔斯·M.格雷：《艺术文化经济学》，詹正茂等译，中国人民大学出版社，2007，第9章。

甚至引导他们那些普通题材（如风景、静物等）的创作。第二是要考虑中等规模的画廊。这些画廊是本地市场常年经营的主体。中等规模的画廊所需资金不多，经营成本较低，也很容易调整经营取向及所经营画作的内容和风格；并且在它们之间可以形成一种较为积极的竞争关系。在10年前的韩国首尔和今天的越南河内，都是这种规模不太大、数量却很多的画廊在推动当地艺术市场的形成。第三是注意本市中等或中上等收入水平家庭的艺术消费习惯培养。台湾的经验表明，人均GDP达到6000—12000美元之间的水平是艺术市场形成的机遇期。而现在，同等价格在近郊区可以买到更大面积住房，这一趋势使中等收入家庭向郊区迁徙的数量增多，他们面积改善的住房将导致一定量的艺术品原作需求的较早形成。总之，我们首先要考虑的不是世界级大师的作品创作，也不是国内重大题材的杰作诞生，我们要考虑的是首先能够挂在市民家中的原创艺术商品的上市。这里画廊是关键环节。对于音乐产业而言，中小型表演场所及音乐活动的开展是关键环节。这项工作也可以与目前通州努力打造的文化旅游区建设结合进行。本地艺术市场的重要性在于较为理性、较为成熟、较为稳定、相对主城其他商业中心价格也稍低廉的艺术品产地价格的形成。这才可能对整个北京及周边地区的艺术品消费者产生吸引力。

其次我们应该注意相关艺术产业市场链的打造。九棵树数字音乐产业集聚的经验表明，一座各种制作设施和师资整齐的音乐教育机构（即北京现代音乐学院）的存在具有行业核心凝聚力；它不仅在专业设备上可以为相关企业提供服务，还为这个行业不断地输入新的人才。宋庄附近的美术培训业也应该有意识地做大。在这里学生们可以得到多方面的见习。我们应该明确地认识到，产业链的近端首先就是相关技术设备的销售和服务、艺术教育与展示，相关的则有摄影或图像类出版工作室等；而当地更加便捷、优质的商业、餐饮及银行服务是产业链的远端。同时我们还知道，音乐人和美术人的住地与产品销售地之间的距离是有差异的，美术人往往可以距产品销售地更远。因此宋庄艺术品市场打造的确需要有紧迫感，必须在画家们逐渐转移之前把画廊及相关市场链做出来。

第三，为辅助当地市场的打造进行集聚区建设势在必行。然而国内目前的集聚区或产业园区建设大多有名无实。有些集聚区只有集聚而没有园区，另一些产业园区只有房屋建筑、物业管理而无政策服务。我们所说的集聚区或园区首先要求有政策优惠；其次要有金融支持；再次是相关技术设备的公共服务。集聚区的打造可以说是政府的经济职能，政府出钱（甚至带头兴办一两家中等规模画廊）也在所难免，但这种财政支出也必须是间接的、高效的和可退出的。所谓间接是说它的目的是为了培育市场，而不是培育自身；所谓高效是说能撬动市场及民间投资；所谓可退出是说一旦市场成熟政府就不再负担，不在其中谋利。这才是真正能落实社会公正而不导致新的社会不公的公共服务。而集聚区作为政府派出机构与艺术家个人或小群体打交道也许还可以借助行业自律组织的中介。

第四，无论从集聚区的角度还是市场链的角度，艺术评论都是一个不可缺少的功能性环节。这种批评在一定程度上是市场化的（关注价格、产量和投资），同时也具有艺术发展史、鉴赏和技巧以及市民趣味的分析；包括不同的意见看法和声音。这种评论要依托各类地方媒体：面对面的（如讲座）、纸介的、广电的或网络的。这样的媒体会强化通州国际新城的地方性特质，培育新通州人的地方认同感和自豪感，体现通州本地的生活质量[①]。

现在我们可以总括一下我们的观点：第一，通州国际新城建设为通州的发展提供了一个科学发展、跨越式发展的机遇。应该说，今天的通州并没有新的自然资源被发现，生态环境的压力越来越大，因此通州的

---

① 詹姆斯·海尔布伦、查尔斯·M. 格雷：《艺术文化经济学》，詹正茂等译，中国人民大学出版社，2007，第181、363页。

发展只能向文化要动力。但通州的传统文化资源遗存并不很多，现代传媒业不发达而且还受到制度制约难以发展。但它的艺术家集聚是一个巨大的资源和潜力。激活这个资源就可以为国际新城、创意城市的打造孕育一种极具凝聚力和吸引力的声誉和氛围。而交通条件的不断改善将使越来越多的创意人才与投资商、游客和消费者进入这个地区。

第二，通州及周边地区具有独特优势的艺术家资源并没有得到充分认识和评价。其根本原因就是它们还没有形成可见和规范的当地艺术品市场。因此现在的任务就是要让这些潜在的市场浮出水面，并迅速形成影响和声誉。美术品和音乐制品市场将在通州一南一北形成对国际新城的文化烘托。

第三，为了培育这个市场有几项政策性措施是必须要采取的。（1）培育中等规模、市场取向的画廊，让音乐工作室注册成为企业（小微企业）；（2）培育不断变长变宽的市场链；（3）构建具有各种政策、金融、装备服务功能的艺术产业集聚区；（4）在国际新城核心区形成一批与当地艺术批评相关的各类媒体。这样创意通州的"氛围"才会出来，才会产生连锁反应和裂变效应。

总之，通州国际新城建设只能通过创意城市打造去实现；创意城市打造要通过本地文化资源激活来实现；文化资源激活则要靠当地艺术品市场培育来实现。作为结尾，让我引用兰德利的话："创意城市事关释放、利用，并授权那些无论是源自科学、艺术、技术，还是社会事务等的人与组织的潜能。"[①] 请注意这里"释放、利用并授权"这三个动词的含义。我以为他是在强调文化艺术市场的作用。如果我们地方的领导也希望打造本地艺术市场，进而营造创意通州，并以此推进国际新城建设，那么让我们从认真的、市场化取向的调研和相应的政策设计、制度创新开始做起！

---

① 查尔斯·兰德利：《创意城市》，杨幼兰译，清华大学出版社，2009年，第33页。

西湖：一个城市公共文化设施的管理创新[①]

严格地说，公园是现代化的产物。传统社会只有士大夫的私家园林和皇帝的皇家园林。而杭州得天独厚，自宋代起几经疏浚，西湖被有心无心地打造成一个规模可观、名闻遐迩的"公共园林"。围绕着西湖逐渐形成了四十多处名胜及三十多处重点文物古迹。进入现代社会以后，随着杭州城市面积、人口的增加，建筑物高度和密度的增加，西湖从一个郊野公园变成了被高大建筑物环绕着的都市中央公园。

西湖不仅是风景和环境，也是一座露天、亲水的历史人文博物馆，是一处极具高质量唯一性的公共文化设施。历史上，西湖景区一直不售门票。解放以后，杭州市园林文物局对其进行管护。这种情况在20世纪80年代以后发生了改变：西湖周围各景点画地为牢，纷纷圈地售票。国家在进行市场经济取向的改革，原有文化事业单位也要"以文养文"。但有关部门并没有意识到，市场经济的诞生、私人领域的出现，恰好同时呼唤着公共领域和公共服务的新生。西湖这一大面积公共园林被划分成若干景点进行市场化运营，景点的经营者只对自己辖区的经济效益负责，只是消耗西湖的历史文化资源，不会对整个西湖景区进行长期投入。结果当地市民望而却步，自然文化景观质量和游客的观感都大打折扣。无论对市民还是游客这都算不上有益的制度安排，人们只能无奈地接受

[①] 本文最初的部分来自2006年的浙江调研，有关内容见"公共文化服务体系：市场经济条件下的重构"，载李景源、张晓明主编：《浙江经验与中国发展（文化卷）》第五章，社会科学文献出版社，2007，第186—238页。本文形成后又先后刊载于《中国公共文化服务发展报告（2007）》（李景源、陈威主编，社会科学文献出版社，2007）和《2008年浙江发展报告（文化卷）》（陈野主编，杭州出版社，2008）。

这种现实。人民不知道自己是否具有这种公共权益，也不知道政府是否应该提供相关公共服务。但自2001年起，情况发生了变化，仿佛历史的钟摆又摆回来了。市场经济的高速发展给杭州带来了较充裕的财政收入，更重要的是，单纯的经济增长也带来了更多的社会问题、环境问题。杭州这座城市的发展战略现在要经历自觉和重大的调整。公共服务的问题在城市战略调整及相应的政府职能转变过程中变得清晰起来。此后的西湖发生了一系列的变化：景观的变化是外在的，而公共管理体制机制变化是根本性的、内在的。

一、城市发展战略实施中的公共文化投入

2001年起，杭州市分期实施西湖综合保护工程。迄今政府总共投入建设资金超过50亿元。通过工程，西湖的水面扩大到6.5平方公里，环湖道路延长至38公里，发掘出几十处新景观；先后改造、开放了西湖南线、杨公堤、新湖滨、梅家坞茶文化村和北山街，重现了"一湖映双塔""湖中镶三岛""三堤凌碧波"等历史景观，形成了"东热南旺西幽北雅中靓"的西湖新格局"。经过整治，湖水的透明度有了明显改观。西湖再度焕发了青春。政府这只"看得见的手"做了一个大动作。

更令人惊讶的是，政府如此大的投入，换回的竟是西湖景区大规模的免费开放。西湖重新成为一处公共文化设施。"2002年10月西湖风景名胜区在西湖南线景区整合工程结束后，将西湖南线的涌金公园、柳浪闻莺、学士公园、长桥公园等四大公园以及中山公园实施免费开放；2003年10月西湖综合保护三大工程完成后又免费开放了位列'西湖十景'的花港观鱼、曲院风荷以及杭州花圃；2004年10月又对西湖综合保护工程整治后的15个历史文化景点中的13处实行免费开放；此外，2003年5月18日，国际博物馆日，杭州市园林文物局所属的西湖风景名胜区内六大博物馆、纪念馆也实行免费参观游览。2002年西湖综合

保护工程启动至今，西湖风景区免费开放的公园景点（博物馆、纪念馆）共53处，占西湖公园（博物馆、纪念馆）总数76处的70%。没有围墙、不收门票的完整西湖将自己的每一寸绿地和每一处景观还给了广大市民和游客。"①

近年来，许多地方纷纷兴建标志性文化基础设施，不少城市第一次拥有了自己的大歌剧院、音乐厅、体育场、图书馆或博物馆。这当然是社会进步、文明昌盛的表现。但这些设施建成之后，普遍遇到经营难题；由于没有足够的演出、比赛安排，或是没有足够的读者或藏书，甚至这些公共文化场馆连维护费用都成为负担。这显示出传统公共文化投入机制盲目、无效的弊病。而公共文化服务体系的构建不是向传统计划经济体制的回潮。杭州市的西湖综合保护工程及其一系列后续举措是整个城市可持续发展战略的一个组成部分。

作为省会城市，杭州首先不能再靠扩大发展制造业维持增长。2001年以来，杭州市委市政府已经明确了"构筑大都市，建设新天堂"的城市发展战略定位，他们要抓住一切机遇，重点推动旅游、会展、网络、动漫及演艺等文化产业的发展，从而率先步入所谓"第二次现代化"进程。杭州认识到，西湖是这个城市的精美名片，它足以引来八方客；而所有杭州现在想要发展的产业都将以旅游业为龙头，或与它密切相关。正是这种认识使杭州市意识到走活西湖这步棋，城市总体战略就满盘皆活。

杭州市大规模整治西湖的目的有两个。一是"还湖于民、还绿于民"。这是针对当地居民的。当西湖周边景点被一一围上以后，市民的游园权利受到了限制，低收入阶层的权利甚至干脆被剥夺了。市民的归属感或说城市的凝聚力因而降低。现在要扭转这种局面。二是"精致和谐、大气开放"。这是针对外地游客的。一个巨大景区被无端切割，没有本地

---

① 引自杭州西湖风景名胜区管理委员会："杭州西湖公园景点免费开放评价"。

居民，还要频频购票，这样的旅游体验实在说不上美妙。"一段充满紧张的休闲历程"听上去就是自相矛盾。这种局面也要扭转。因此要加大公共投入，拓展景区，并且免费开放，西湖这步事关全局的棋才能走活。现在人们总是在讲贯彻科学发展观，构建和谐社会，而杭州已经把人们还在说的、还在思忖的事实实在在地做了出来。

做好公共服务是一件很复杂很困难的事。不仅要准确把握公众的公共需求，进行正确的公共决策，而且要管理好公共项目的实施，通过各种方式的绩效评估检验公共服务的效率。50多个亿的建设投资，加上本来可以收入而现在放弃的每年2600万元的票款，究竟换回了什么？如果按计划经济的思路，投入50个亿，西湖湖面、湖滨道路、景区面积和景点数量都增加了，西湖文化资源状况得到极大优化，这已经可以满足了。而现在不再是这样。通过对公开媒体的搜寻，人们还可以查找到下面几笔账。这说明，市民对公共投入的效果还是很关心的。

（1）政府投入50亿，但是，如果游客在杭州逗留时间平均增加24小时，杭州的旅游年收入将增加100亿。这是所谓的"241"算法。统计数字表明，免费开放是成功的。2003年"十一黄金周"新西湖第一次亮相。7天内杭州景区客流量达507.42万人次，创历史新高，共接待外地游客290.02万人次，同比增长60.68%；旅游收入达14.78亿元，同比增长51.43%。杭州的宾馆饭店在大量增加的情况下，客房出租率仍高达81.54%[1]。这就是说，第一个黄金周七天的旅游收入比头一年多出5个亿。政府投入的十分之一已经回来了。2004年，杭州接待国内旅游者人数突破3000万，达3016万人次，比历史最好年份2003年增加了240万人次。接待过夜入境旅游者人数达123.41万人次，相当于

---

[1] 万斌总编：《浙江蓝皮书：2004年浙江发展报告·文化卷》，杭州出版社，2004，第14页。

每晚有近 3400 人次的外地客在"天堂"过夜①。据说,"免费西湖"还产生了"辐射效应",使距杭州不远的绍兴大受其益。绍兴鲁迅故里、东湖、沈园、兰亭等景区的游客人数和旅游收入有大幅增加,其中至少有一半以上的游客是在到了杭州之后去绍兴的。

(2)据杭州市园林文物局测算,西湖沿湖公园原来一年的门票收入大约是 2600 万元。西湖"免票"后,公园在安全、保洁等方面的投入比以前增加,里外里差了 6000 万元。而且这成了一项经常性的公共投入。但是,猛增的人流也造就了商机。景区内商铺使用权每年的拍卖收入因此大增。西湖南线改造后,首批推出的商业网点,每平方米 10 年经营权最高拍卖到 8.8 万元。估计每年能产生 5000 多万元的收益,与投入基本持平。

(3)西湖景区的开发引来大批游客,景中村的农家茶楼应运而生,生意火爆。据统计,现在梅家坞、龙井村和杨公堤一带的茶楼总计有 1200 余座。每户的年收入都在 10 万元上下。这样每年又有了一个多亿的进账。

(4)杭州西湖的美誉度和无形资产在迅速增加。2005 年,西湖被《中国国家地理》这本中国最权威的地理名刊评为"中国最美的湖"。2005 年 8 月 26 日,美国《福布斯》中文版公布了 2005 年中国最佳商业城市排行榜,杭州荣膺前十名中的第一。2003 年起杭州还连续两年被世界银行组织评为"中国城市总体投资环境最佳城市"第一名。这份研究报告显示,长三角和珠三角地区的城市投资环境最佳。而在长三角和珠三角的 23 个城市中,杭州市获得的综合评级最高,为 A+,超过了上海。

媒体尚未计算的收益还有杭州市民增加的幸福感。上述 2003 年

---

① 涂孝丰:《西湖巨网捕鱼背后的经济学意义》,《杭州日报》,2006 年 2 月 21 日。

"十一黄金周"的游客中有 200 万是当地人。一个省会城市几百万的户籍人口,加上百万以上的流动人口,让他们都有一个放松休闲的好去处,让他们能更愉快地工作学习并且更多地纳税,同时增加他们的归属感,政府投入多少钱是恰当的呢?显然,西湖的改造已经提升了整个杭州的城市竞争力及美誉度。透过数据人们可以清晰地看到,社会效益与经济效益在杭州是浑然一体的;文化与市场不是两张皮;西湖的公共文化投入不是单纯的"作秀",反而很能体现浙江人的精明。

二、以体制机制创新提升绩效

西湖免费开放,成为由财政负担的公共文化设施,而无论国际经验还是原有文化事业单位的历史都表明,公共服务单位的成本会高于市场。公园不收门票,显然使这些单位的"活钱"少了。所有的经费都由财政拨下来,监管势必严格。管理部门的积极性如何调动呢?如果工作人员没有足够的积极性,公共文化服务的质量势必就会掉下来。杭州市和西湖风景区是通过体制创新、强化管理来解决公共服务的绩效问题的。

体制机制的创新表现在两个层面。首先,市政府创新了西湖风景区的管理体制。西湖的管理原来属于杭州市园林文物局,但它只负责管理景区的文物和园艺,是市政府的职能局。环湖的一些地区行政上原来隶属上城区。由于行政区划不统一,湖边历史上已形成了不少违章建筑,严重影响景观的质量和湖区的开发。2002 年,确定了发展战略的杭州市政府对相关区域进行行政区划调整,在原园文局的基础上正式成立了西湖风景名胜区管理委员会,赋予其包括湖面近 6 平方千米在内的共 60 平方千米区域的行政职权。现在的管委会就是西湖周边区域的一个特殊的区级政府,有编制,有规划、公安、交通、工商、环卫等多达 16 项政府权限,它管理着 1 个街道、9 个自然村和 6 个社区。西湖的行政管理体制创新了,管理权限全部统一了。经管委会修订的《西湖水域管理条例》也由市人大通过,省人大正式颁布。西湖的开发、建设、管理进入了一个新的历史时期。

园文局成了管委会,责任重大了许多,以前只管花草树木果皮箱,现在要对湖区周边整个社会状况进行24小时不间断的监管。管委会因此制定了严格的管理责任制。这是新的内部运行管理机制。干部和职工都要定期经过考核。员工的工作,有明确的考核指标和监督部门。如对保安人员要求巡查不脱岗,管委会自2003年起在景区安装巡更仪,值班人员到位打卡。核心景区还安装了红外视频监控系统,265个探头将景区实时状况随时提供给监控中心。卫生状况、游客流量、交通事故、设施故障、治安事件都可以及时得到处理。管委会成立了专门的水上援救中心,只要湖面有游船,援救中心就有人值班。援救中心的成员有从部队复员的潜水员。他们配备了快艇、对讲机,能有效保障水上安全。山林防火、野生动物保护也有专门的管理体系,有专门的防火指挥部。西湖周边迄今已有18个年头没有发生过森林火灾。

干部的责任更为重大。为了保证景区的事随时有人管,景区要求所有下属单位的"一把手"手机24小时开通;"一把手"不经请示不得离开杭州市区。景区要求每天18小时保洁。在重大活动之后,公园会留下较多垃圾,那么该单位的领导就会立即参与到卫生打扫工作中去。2003年起,景区成立了专门的巡查组,他们要对各单位10个方面的工作进行监督,一经发现问题就以书面通告的方式抄告有关单位。巡查组发现的问题与有关单位当月的考核关联,并与经济收入挂钩,责任人要受到经济处罚。景区的公园开展"双最"评比(评选最好与最差)。连续两年列为最差的公园,其领导就地免职。管委会还聘请了市人大、政协委员作为监督员明察暗访。有了这样的监督机制和责任处分机制,各单位的干部职工不仅要努力完成本职工作,而且对本单位的所有问题都会关心,发现问题随时反映,力争使其在一出现就被解决。2005年,不幸落为"最差单位"的公园在百分制的评比中实际上也得到了92分的优异成绩。管委会的管理理念是，要通过工作机制的完善弥补体制上的效能缺陷。

西湖风景区管委会有政府职能，但这个行政区划的主要社会服务功能是旅游休闲，是文化；所以它还挂有第二块牌子：园林文物局。这个体制要管内容，要抓管理对象内容的创新。

通过2002年以来的几次综合整治工程，西湖周边挖掘整理复现了80余处景观，确定了需要保护的各历史时期的建筑、街区、大遗址等；博物馆也新增40多处，多是专题性的。这些博物馆有市、区政府办的（管委会直属的就有四五个），也有企业办的，还有私人办的。与西湖相关的文化内容得到广泛和深入的发掘。从2003年起，市、区政府办的博物馆全部免费开放（省管的浙江省博物馆随后也免费开放）。游客参观的选择余地大大增加。为保证免费开放后的服务质量，管委会组织相关博物馆开展达标评比。评比内容涉及讲解及窗口服务，也涉及卫生、库房和学术研究，要比各单位发表了多少种论文和著作。这样的评比在全国是没有第二家的，而杭州作为一个旅游城市的服务质量也因此大大提升。

西湖南岸靠近市区的位置新建的西湖博物馆，2005年"十一"正式开馆。这个馆龄最短的博物馆开业7天就接待了12万游客；到2006年春节，光旅游团就接待了120个；开馆至今，游客总量已突破200万。

西湖博物馆将现存西湖景观的历史底蕴揭示出来，陈列方式新颖、精致，有立体电影介绍西湖成因及西湖景区的最新拓展。这道专为外来游客准备的旅游大餐不期竟深得本地游客的厚爱，连当地的残疾人也愿排队候票观看电影。由于本地游客与外来游客相聚融融，才使西湖旅游成为深度的、体验式的。西湖博物馆成了西湖游的总开关、总枢纽。

为了办好西湖博物馆，博物馆的功能被定位为"四个中心"：一是西湖景观的展示介绍中心。二是西湖历史文献的收集中心。财政每年拨300万元用于各类文物征集，博物馆现已征集了2000多件史料，其中既有一级文物，也有市民赠予的普通见证。市民对博物馆捐赠后获得捐赠证书，其捐赠加入陈列后，要标注捐赠者姓名。这些做法不仅一般地鼓励了捐赠行为，鼓励市民参与公共文化投入，而且极大地提高了市民的归属感和城市的凝聚力。现在，景区的工作档案也一并归入博物馆，让社会共享。第三，博物馆也是研究中心。博物馆正在筹办西湖学研究会，酝酿成立一个西湖学研究院，希望利用社会力量对西湖开展全方位"钻探"。第四，博物馆也是旅游服务咨询中心。通过与市场化运作的游客集散中心合作，博物馆也可以提供导游、订票等服务。游客中心在博物馆内设点，与博物馆工作人员统一着装，从这里把游客带到湖光山色之中。

公共文化设施如博物馆的免费开放无论在国内国外，都可能或多或少地影响展出质量。公共服务一般说在效率上会低于市场化服务，因而只有强化内部管理、强化社会监督才能避免其内在弊病。西湖管委会的各类公共信息在自己的网站和上级杭州市政府的网站上公布，随时接受游客和市民的咨询、批评和监督。这个与杭州市整体发展战略紧密相关的门户、龙头部门充分意识到自己的职责，也知道这些职责的落实靠的是不断的制度创新。公共服务如何能充分调动志愿人员的积极性，动员社会力量的参与将是他们一个更新的课题。

三、让景中村改造和景区建设相协调

出于不断拓展西湖景区的考虑，2002年整体划入西湖风景名胜区管委会的有占地48平方公里的9个"景中村"，村民多是种植龙井茶的茶农。这部分茶农的生产经营显然要尽快向旅游观光农业类型转换；他们的村容村貌也必须尽快向景区的标准靠拢。为此，风景区管委会的公共文化服务涉足一个新的领域。

名气很大的梅家坞原来是一条封闭的山沟，自从连接灵隐的隧道修通、景区环线建成之后，游人纷来沓至。著名的龙井村更是如此。茶农们很快意识到其中的商机，他们迅速地打起了经营茶楼的主意。

事实上，浙江各地尤其杭州周边、萧山的农民早就融入了市场经济，且也较早地脱贫致富。富裕起来的农民很快就要盖房子，希望改善居住条件。但是今天的建筑材料、技术与工艺是他们不太熟悉的。他们在探索中建成的新居外观并不耐看，尤其不能与城市的时尚相匹配。这时政府有责任出来予以引导，以公共服务的方式提供一些设计，供他们参考。这样的工作在中国发展较快的地区通常都被忽略了。因而现在那些刚刚盖好时间不长的"豪宅"又要成批地拆掉；而被迅速扩张的城市围在新城区内的"城中村"改造就更让政府感到被动。景中村的问题和城中村的性质一样，而它的重要性、紧迫性还要更甚。这次，西湖风景区管委会把握了行动的主动权，探索着走出一条新路。

为了整体提升景区内村容村貌及农村人口的生活水平，管委会决定将这两方面的需求组合起来进行综合治理。在农民进行新居建设或旧居翻建的投入之上政府补贴一部分，村集体也拿出一部分，施工中统一布设基础设施，并统一新民居的外立面建筑风格；这种方式叫"民办公助"。

这个办法导致了一种双赢的结果：农民的新居由于加入了一些公共投入，建筑质量有所提高，而后的生活水准也相应提高；同时景区的景观变得协调、精致。现在这些景中村清一色徽派建筑，坐落在绿水青山茶园间，蜿蜒的景区公路将其一一串起。村容整治的同时，村民的环境卫生习惯也在改变。由于这些农家多数开始经营茶楼，与城里人、外地人有了更多的交往，文明水平大大提高。他们的健康发展也让游客获得更美好的休闲体验。这种不多的公共投入既起到了美化景区景观的作用，又起到了引导和拉动农村消费、提高农村生活文明水平的积极作用。对于农户来说，这些公共投入可谓锦上添花；而对于景区来说，这部分投入可谓画龙点睛。这里我们又可以感受到浙江人的精明。

尽管有皆大欢喜的结局，事情起初并不顺利。要让所有的村民都乐于接受这种安排，也需要大量的说服工作，需要给时间，允许旁观。按管委会的计划，本来龙井村是第一批动工的，但由于村民思想不通，梅家坞成了起点。在旧村改造过程中,各级干部要做足思想工作,要将新村规划、将来的景观效果向村民公示,吸取村民的意见进行修改,最后才实施。由于思想工作细致,新村改造确实给农民带来实惠,改造后的农户多数有了茶楼,经营了产业,收入不断提高,对游客的吸引力也越来越大,这个局面对后进行改造的村庄作出了良好的示范。继2003年梅家坞改造,2004年又有两个村改造;2005年终于轮到龙井村,10月底完工。现在这个村庄与龙井景区水乳交融、浑然一体。到2005年,这些乡村的人均收入达11000元,高于全省农村人均可支配收入水平65%。梅家坞有了几百家农家茶舍,整个西湖周边有了1200多家茶楼,每户年收入达10万元。现在,管委会考虑的是要让这些茶楼的经营上档次,要成立茶楼协会,对经营户进行免费培训,搞服务质量评比,搞采茶竞赛、炒茶竞赛,要让景区服务质量提高的同时,村民的生活与文明素质不断提升。这种新农村的前景或城市化的进程是令人羡慕的。这里不断探索公共文化服务新途径的努力令人钦佩。

一些地方将公共文化设施建设看成面子工程,运作方式也回到了计划经济体制。这实际上是对提供公共文化服务的严重误解。严格地说,公共服务问题只是面对市场经济才真正出现;也只有在与市场经济互动互补的情况下才能做好。这是我们讨论西湖经验的意义所在。西湖景区作为公共文化设施免费开放为的是推动杭州市经济社会进入和谐和可持续的发展。西湖名胜风景区管委会及其严格的管理体制的建立正是为了提高公共服务的效率,也是为了避免传统事业单位的种种弊病。景中村改造和景区景观建设的巧妙结合更是将社区、社会的公共利益和农户的私人利益合理协调起来。这些经验对于构建我国全新的公共文化服务体系具有较为普遍的参考价值。当然,公共文化服务是一个复杂的新问题。从公共投入的预算形成到公共文化产品或服务的提供有一系列的中间环节,而每个环节都需要经过深刻的改革。我们希望在经济发展上已经"走在前列"的杭州看到公共文化服务体制构建的更多新鲜经验。

文化引领农村发展
——大村经验的文化经济学分析

我是在公共文化服务示范区建设验收的背景下，实地了解到云南保山腾冲大村的经验的，也和省市文化部门一些干部进行过探讨，看到一些材料。实际上，由文化部、财政部共同开展的公共文化服务示范区创建工作2011年正式启动，保山市成为云南的公共文化服务示范区创建城市。而"大村经验"这时已经产生。这样说的意思是，大村的经验可能是多方面的，已经有很多部门对其进行过总结，而我只是想从公共文化服务的角度再对大村经验进行一些解读。

事实上，大村经验也的确被作为保山创建公共文化服务示范区的一个"亮点"向验收组进行汇报。示范区验收当中，领导部门要求各创建市不仅对照多达六七十条的验收标准仔细衡量自己的创建工作，并且鼓励各地尤其是东部地区的工作成就稍稍超过申报时的指标。这时，这些工作的验收成绩就可能是"优秀"，而不仅仅是"达标"或"合格"。进而总结这些"优秀"成绩的取得，不少"亮点"就浮出水面。很多创建城市的"亮点"多达十数个。应该说，这些"亮点"的营造反映出各创建城市努力提供公共文化服务的积极性与创造性。

然而从稍稍不同的角度看，很多创建城市的创建"亮点"是通过对创建标准的研读，发挥地方条件的优势，在指标的数量值上有所突破。用一个术语说是在"规定动作"上获得高分数。而相对说，大村经验这个"亮点"属于"自选动作"，是"溢出性"的。并且一般说，公共文化服务体系建设是要花钱的，东中西部标准有差异就是考虑到各地经济发展水平尤其公共财政收入水平的不同。有钱的地方公共文化服务水平就高，创建工作的亮点更多，这是不争的现实。而作为一个西部城市，保山的经济实力不仅不能和东部或中部城市比，即使在云南省内也只是中游水平。因此它的亮点、大村经验的示范性尤其值得人们认真看待。

一、以少当多：公共文化服务建设资金的运用

财政实力不强，做起事来捉襟见肘，西部地区很多地方政府甚至几乎无力做更多的事。保山市的一个县，两年的创建工作千辛万苦，仅仅动员到200万的财政投入，图书馆、文化馆、乡镇文化站都要新建；而中部某个县级市，建一个综合文化中心就可能投入近两个亿。西部城市的领导的确难当，他们的工作必须经过认真谋划。村是中国社会的最基层，也是中国发展的最末端。2009年，云南省文化厅找到760万元的"惠农"资金，在包括大村（全称保山市腾冲县太和乡大村行政村）在内的全省38个行政村开展"文化惠民示范村"建设（国家级示范区抓住地级市，而云南省的示范点做在村里）。这些经费假如全部分配到村，每个村平均也只有20万元。用这点儿经费启动，大村成立了三个组织机构：一个农民演艺协会；一个农文网培学校（全称是"文化信息资源共享工程农民素质教育网络培训学校"）；一个农村文化产业合作社。在省文化厅看来，"惠民"包括三个方面，即"乐民、育民、惠民"，正好对应于这三个组织。三个组织的运作管理体系设计合理，操作也很到位。如"农民网络培训学校"是依托全国文化信息资源共享工程这一数字化网络平台建成的，总校在保山市文化局，县里、乡镇有相应的管理机构，课堂在村里（所谓"四级联动"）。又如大村的"农村文化产业合作社"下设若干分社，选举产生了理事会、监事会，制定了自己的章程和内部管理制度，明确了发展方向和经营范围，初步形成了"公司+合作社+农户"的生产经营格局、"产、供、销"一体化的市场模式和"技能培训+骨干培养+品牌培育"的效能机制。人们习惯于说我国广大农村地区的"文化基础设施建设依然滞后"，但他们所说的"基础设施"是指

这里提及的三个农村文化管理机构吗？恐怕很少是。目前人们所说的农村公共文化基础设施主要是指村文化室房屋的建设和基本设施的配备；而大村说的"基础设施"已经做到了服务制度的层面。因此大村经验具有开创性、超前性。这三个组织的有效运转，才真正搞活了大村这样的中国农村最基层的公共文化服务活动。

云南的"文化惠民示范村"创建也有明确的标准，被归纳为"十个一"：①有1个村民文化活动室（其中有一个阅览室，订阅报纸杂志10份以上，长期开放；一个电视培训室，有固定座位20个以上，长期开放；一个文体活动室，能开展乒乓球、台球、棋牌等内容的活动，长期开放）。②建有1支村民业余文艺演出队，10人以上，经常开展活动。③有一名专兼职管理人员、文化辅导员或文化志愿者。④建有1所村文化信息资源共享工程农民素质教育网络培训分校。⑤建有1个农家书屋。⑥建有1个可供农民群众自娱自乐和演出的能开展小型文体活动的"文化晒场"。每年组织开展一次以上文化活动。⑦建有1个非物质文化遗产保护传习和展示陈列所。⑧成立1个村文化产业协会。⑨拥有1个乡村特色文化产品。⑩有一个文化宣传及乡村文化产品推介橱窗。每年更换12次以上，有更换记录。这么多事年年办要花多少钱呢？20万会够吗[①]？我们在省里的相关文件上看到，"示范村创建点的行政村，省文化厅采取以奖代补的形式给予一定的创建经费补助"。原来是这样，大部分的钱还是农民自己出的，大村三层楼的文化活动中心就是集体财政出200多万元兴建的，财政的钱只是一个"点火费"或"启动资金"。钱真的用在刀刃上了。大村经验的产生也使"文化惠民示范村"建设工程在全省持续推开。

---

① 2011年前后，我们在江苏吴江市调研，当地文化部门介绍每个乡镇给1万元钱补贴可以排一台节目到村镇上巡演。那么大村有9支农民业余演出队，都排练节目就把钱花得差不多了。

二、"清闲":当前农村居民的基本公共文化需求

如果是这样,我们就要继续探寻,农民为什么会有积极性自掏腰包(既有集体的部分也有农户的部分)做这些事。很多时候,文化消费有明显弹性,政府免费提供,农民会来消费;而当要求付费时,农民恐怕就回避了。现实中我们看到很多农家书屋冷冷清清,政府的公共投入几乎完全无效。那么大村的情况就只有一个解释:这里的公共资金投入之所以能撬动农民个人、家庭或集体的投入(也可能还有其他社会部门的赞助),是因为这些投入符合农民的基本文化需求。

我一直不太赞成笼统地说公共文化服务满足公民基本文化需求。我认为公民的基本文化需求中事实上有很大一部分是公民个人通过市场得到满足的。公共服务只能去满足各种公共需求,即主要是对公共产品(纯公共品及准公共品)的需求;与公共品相对的私人产品就是商品(如新华书店里的图书和电影院里的电影),要由市场提供。后一种并不奢侈的文化需求公共财政根本没有能力全部提供。

尽管云南当地的一些政府文件上说"农村是人民群众文化需求最旺盛、最迫切的地方",但它接着就说农村"文化建设"和"农村公共文化服务体系的重点和难点又在农村","在村一级"。这看上去很矛盾:既然需求那么旺盛,为什么公共服务又那么困难?如果农民对文化已经嗷嗷待哺,就应该饥不择食才对,为什么那些农家书屋、老电影下乡不受待见呢?仅仅是农民没有钱或不愿意拿出钱来进行文化消费吗?

简单的答案当然是适销不对路、供需不匹配,当前国家提供的不少公共文化产品不符合农民的需求。我在南疆一个维吾尔族村的农家书屋里,看到过已经译成维语的《查拉图斯特拉如是说》,我想即使成了大学哲学系的本科生,也不是每个人都会对尼采这本书产生阅读冲动或真的看懂。现在是要弄弄明白,对于大村村民而言,到底什么是他们的"基本(文化)需求"?

今天中国广大农村居民的公共文化需求也许可以这样看：第一，尽管不是所有的农村都已经很富裕，甚至一些地区还未脱贫，但随着整个国家现代化进程，农业技术有了极大的推广，同时可耕地和可垦荒地已相对不足（近年来还有退耕还林、还草的生态建设要求），因此农业劳动力大批闲置。不仅北方农村有漫长的农闲期，南方各地的农民也已经"闲"下来了。应该说，这种"闲"就是（潜在的）生产力，生命不甘于闲下来就是基本需求。第二，当国家整体已经进入工业化后期甚至进入以知识经济和创意经济为代表的"第二次现代化"时期，他们各种新生活、新生计的努力可能都指向了文化。第三，这些人不是在已经富足以后才闲下来的，他们要求发展，要求释放自己的充沛精力，要求致富以及新的生活方式，但眼下缺少再创业的必要资本。我把这种意义的闲称为"清闲"：清贫而闲在。这里第一点表明他们需求的"基本性"；第二点表明这些需求的"文化性"；第三点表明这种需求的"公共性"。对于"失地农民"、很快就将不得不两手空空进入城市的农民，政府有使他们获得新的生活技能的责任。

至今仍然留在农村的剩余劳动力也许并不都是青壮年人，那些年龄较大的村民也许没有足够的勇气和能力再掌握新的生活技能，愿意慢慢闲下来安度晚年（看上去这才是通常所说的"清闲"）。但即使如此，他们也需要更多的交往活动，在哲学家的眼里这是在寻求人生的意义，在追求幸福感。因此，今天中国广大城乡的群众文化活动受到欢迎，这在大村也不例外。大村有9支自发组成的农民业余演出队，经常在各个村寨间开展文化表演活动。

与此同时，那些年富力强又不愿进城务工的剩余劳动力也找到了新的致富门路。在腾冲有大量的火山岩可以开发利用，加工成装饰建材销售到市场上去；随着旅游时尚的兴起，传统的农村刺绣可以变成旅游纪念品、家用装饰品销售给游客。于是大村有100多户农民在从事石材加工，还有140多名妇女在从事刺绣工作。这些生产都可以被归入广义的文化产业。政府应该采取行动让这些农村居民顺利进入新的生活。

三、培训：乐民育民富民的首要着力点

在大村，农民们"清闲"的人生用文化取向的活动充实了。凭着有限的公共投入扶助，村民们无奈的"赋闲"成了有趣的"休闲"，甚至成了再生产和再就业。然而这样的满足是简单和低水平的。如何可以使这些农村文化活动的质量不断得到提升从而成为可持续的呢？

带着这个问题我们会注意到大村的三个农民组织的活动方式：演艺协会、文化产业合作社和农文网培学校。农民的演出活动水平不高，与他们在广播电视里看到的还有差距，他们希望提高。于是农民演艺协会对农民演员进行艺术培训，并开展一些"村星"评选活动。农民们的石材或刺绣产品也有待提升质量，增加文化内涵，同时他们还希望提高自己在市场中的竞争地位与经营技巧。于是农村文化产业合作社不仅对农户的生产进行指导、规范，也有意识地引入商业和市场机制。今天是一个信息时代，无论娱乐方面的知识，还是市场方面的知识，都可能来自互联网。能上网就可以乘上社会发展的快车。于是农文网培学校既教农民如何上网，也教农民如何利用网络进行学习。这里教育与培训成了农村公共文化服务的核心方式；这里授人以渔而不仅是授人以鱼。文化惠民的三个分支"乐民、育民、富民"在培训这个环节上互通，区别仅仅是传授内容。村民通过学习，素质有了实际的提升，各项活动会产生更丰厚的回报，并因此产生继续学习的正反馈效应。不要小看教育或培训的作用。有了这个环节，低水平的自娱自乐就会变成经过交换环节的表演和鉴赏，小的快乐就会变成大的快乐，甚至是人生目标的实现、"高峰体验"以及"升华"等等。这就是农村公共文化服务对农民生活的具体影响，也是农村公共文化服务的可持续性所在。

在公共财政投入得到预算保障的前提下，农村公共文化服务的制度

化环节变得格外重要。大村的经验是将村民组织架构系统化，让市县乡镇文化部门与村级农民组织紧密衔接，每一个层级的组织建构都落实到人的编制和职责设置上。尽管基层的文化服务人员仅仅是享有财政补贴、具有志愿性质的，但毕竟人已经在位。在大村的三个村民组织中，文化产业合作社的制度化建设格外值得关注。不仅是产权较为明晰管理较为规范，省市文化管理部门甚至有意识地推动它们进行工商登记，成为真正的市场主体；村文化产业合作社则鼓励发展较好的成员也进行工商登记，成为独立的企业。它事实上具有了文化产业园区的孵化功能。这样做，农村各类新型社区组织就可能与整个国家不断创新转型的各项基本制度相衔接，促进了农村社会的发展进步。这样的农村公共文化服务为现代化、城市化进程中"三农问题"的解决提供了有益思路。

省市文化管理部门通过村级公共文化服务机制的构建也明确了进一步扩大统筹范围的思路。例如保山市文化馆下属职能部门设置正在尝试与城乡公共文化活动辅导工作相结合进行调整，村级公共文化服务活动的开展也希望进一步整合各级教育、科技等部门的资源。这样的延伸探索完全可能引起国家现有行政体制建设的渐进式改革创新。

四、结语：对国家公共文化服务体系示范区建设的有益示范

综上所述，大村的发展是文化引领的。无论乐民还是富民都是文化取向的，而育民更是基本的公共文化服务，三者构成一个惠民的体系。因此，可以说大村提供了一种公共文化服务的模式。与两年多来由文化部、财政部开展的国家公共文化服务体系示范区项目相比较，前者的体系建立在乡村；后者的体系则建在地级市。二者的内容有一定的重叠，但也相互不能替代。我们可以把两者视为中央政府和地方政府探索提供公共文化服务的两种着力方式。

公共服务是现代社会各国政府的一项重要职能，但同时对政府提供

公共服务也有不少批评和诟病，它的效率低下往往成为众矢之的。诺贝尔经济学奖获得者、美国公共经济学家弗里德曼对此有一针见血的分析。他当着布什总统的表彰回应说："当一个人花自己的钱给自己买东西的时候，他对于花多少钱和买什么东西都非常在意；当一个人花自己的钱给别人买东西的时候，它对于花多少钱仍然非常在意，但对于买什么东西却多少有些不那么太在意；当一个人花别人的钱给自己买东西的时候，他对花钱买什么非常在意，但对于花多少钱却压根不在意；而当一个人花别人的钱给别人买东西的时候，他对于花多少钱或买什么东西都不在意。这就是你们的政府。"① 我猜不出布什总统当时的表情，但我想弗里德曼并不主张取消公共服务，而是希望考虑到人性的弱点，采取措施提高公共服务的效率，以更好地维护社会公正。

公共服务（包括公共文化服务）要有效率，根本的办法在健全预算程序；其次是找到种种措施监督检查公共部门的实际工作。同时的确也不能排除还有公务人员发挥出弗雷德里克森所说的"公民精神"②，创造性地开展工作，建立符合具体实情的服务模式。我认为上述两种服务模式及项目的展开都和相关领导同志的深入思考、精心设计分不开。我觉得，尽管大村经验产生于村级单元，可能被国家或省市级示范区建设内容所覆盖，但对于当前在地级市一级正在开展的公共文化服务示范区创建工作也有一些特殊的示范意义。

首先，国家公共文化服务示范区的创建已经调动了一定量的国家财政资金，创建地市也还需要有相应的创建投入。这些投入有相当的部分会用于基础设施建设。但是，各地是否也应该将一定比例的资金投向高效率的公共服务本身呢？这里的服务指的是具体的文化类人工服务。就

---

① 沙夫里茨：《公共政策经典》，彭云望译，北京大学出版社，2008，第161页。

② 乔治·弗雷德里克森：《公共行政的精神》，张成福等译，中国人民大学出版社，2003，"第3部分：公共行政中的伦理、公民精神和乐善好施"。

像在大村，它在很大程度上表现在三个村级农民组织的组成工作及功能运行（主要是行之有效的教育培训工作），而且这种服务活动会产生杠杆效应，不仅简单满足农民的娱乐需求，也会撬动当地集体、个人或其他私人部门的进一步投入。"软件运行"显然比"硬件制造"走得更远。

第二，对公共文化服务提供的内容应有更全面的理解，而不是囿于当前行政管理部门的职权划分。比如当前的示范区建设对于乡镇和村的信息共享工程设备的设置有具体的量化要求，但在提供服务方面没有更多设计，很多时候只有有人上网浏览，工作就算完成了。大村却在利用公共网络平台开展农村农业技能培训方面做了不少工作，这更是手把手地教会了农民如何上网查找信息。与此同时，在当前行政体制之下，文化部门也可主动找当地有关部门进行协调，整合资源，低成本地提供各种公共文化服务。示范区建设已经将地方政府推上了地方文化发展的总协调地位，在这个大背景下，文化部门以及公共文化服务体系应该可以做更多的事。

第三，公共文化服务和文化市场、文化产业的发展往往被理解为两件不同的事，甚至有一些公共文化部门的领导同志对文化产业刻意回避。其实，文化发展的确是靠市场和公共服务这两个制度推进的，但作为政府的公共政策服务，对象应该是包括两者的。政府最多只插手公共文化服务的提供工作，但它必须有关于文化市场和公共文化服务的两种政策服务。政府应该更多地退出竞争领域，实现政企分开，进一步开放文化市场，但也应不断强化产业政策和市场管理服务。政府的公共文化服务提供还应与文化市场形成相互补充、相互促进的良好关系，通过政策和体制机制协调，让两者相得益彰。这方面，大村经验值得被深入学习理解。据了解，2011年前后，"大村文化产业合作社下设的石材文化工艺产业分社，从事石材加工的户数达100多户，年产值达到460万元，收入达240万元"；"下设的刺绣文化产业分社，有刺绣从业妇女145人，每月可增加收入700—800元"。农民们亲眼看到，被称为"会呼吸的石头"的火山石经过设计和高文化附加值开发，"过去粗加工的卖30

块钱一平方米的石材,现在能卖到100块钱一平方米。这一点对于正在经历城市化进程的中国农村,尤其那些城近郊区具有特殊的意义。记得我在安徽淮北市郊看到一个村庄的农家书屋使用得非常好,其原因是这个村的土地因采煤引起塌陷,农民们不得不转而生产、经营各类文化工艺品(中国结、剪纸等)。这种情境下,村民的文化学习积极性空前高涨。我们的政府文化部门,应该在将要推进的行政体制改革过程中,进一步调整内部职能的分工,适应整个社会的转型发展。

第四,公共文化服务示范区的创建对国家公共文化服务体系的构建具有引领的意义。但创建工作有一定的周期。两年时间创建完成了,后面的工作会不会出现停顿甚至放空?这个问题需要注意。示范区建设如果注重了制度建设,其可持续性就会有保障。大村最重要的经验在于,它把村级公共文化服务制度体系嵌入了国家基本(经济、社会、政治)制度当中。这是它的可持续性所在。公共文化服务部门并不图谋在示范区建设中获取更多特殊权力,而是希望伴随整个社会的现代化甚至"第二次现代化"[①]进程,伴随城镇化和普遍旅游时尚的兴起,让文化更多成为引领社会发展、促进社会和谐、推动市场建设的新能量。从一开始起,公共文化服务事业的发展就是科学发展观中的一个重要方面。而大村最初是被作为视野更宽广的"农村文化建设"试点打造的,是要让文化引领整个农村发展。我以为,真正要创建公共文化服务示范区,各地领导同志的视野一定要比当前设计的指标体系更扩大,要想得更多更深!这是我作为文化部聘任的国家公共文化服务体系建设委员会委员,愿意较深入讨论大村经验的思虑所在。

大村是中国农村尤其西部农村的缩影。希望有更多的人关注大村,也希望大村的发展更引人瞩目!

---

① 与制造业、工业化进程相比较,有社会学家把以知识经济为代表的新的全球发展趋势称作第二次现代化。